U0727425

公司法原理与实务

任春玲　主编

北京理工大学出版社
BEIJING INSTITUTE OF TECHNOLOGY PRESS

版权专有　侵权必究

图书在版编目（C I P）数据

公司法原理与实务 / 任春玲主编. -- 北京：北京
理工大学出版社，2021.7

ISBN 978 - 7 - 5682 - 9984 - 8

Ⅰ．①公… Ⅱ．①任… Ⅲ．①公司法 - 研究 - 中国
Ⅳ．①D922.291.914

中国版本图书馆 CIP 数据核字（2021）第 130822 号

出版发行 / 北京理工大学出版社有限责任公司

社　　　址 / 北京市海淀区中关村南大街 5 号

邮　　　编 / 100081

电　　　话 / （010）68914775（总编室）

　　　　　　（010）82562903（教材售后服务热线）

　　　　　　（010）68944723（其他图书服务热线）

网　　　址 / http：//www. bitpress. com. cn

经　　　销 / 全国各地新华书店

印　　　刷 / 唐山富达印务有限公司

开　　　本 / 787 毫米 × 1092 毫米　1/16

印　　　张 / 14　　　　　　　　　　　　　　　责任编辑 / 徐艳君

字　　　数 / 315 千字　　　　　　　　　　　　文案编辑 / 徐艳君

版　　　次 / 2021 年 7 月第 1 版　2021 年 7 月第 1 次印刷　　责任校对 / 周瑞红

定　　　价 / 56.00 元　　　　　　　　　　　　责任印制 / 李志强

图书出现印装质量问题，请拨打售后服务热线，本社负责调换

前　言

近几年来的公司立法出现较为频繁的更新。《中华人民共和国公司法》于 1993 年 12 月 29 日由八届全国人大常委会五次会议通过，后于 1999 年 12 月 25 日、2004 年 8 月 28 日、2005 年 10 月 27 日、2013 年 12 月 28 日与 2018 年 10 月 26 日经历了五次修改。其中 2005 年修订幅度最大，为中度修改；其余四次修正均为零星补丁。2006 年 3 月 27 日，最高人民法院审判委员会第 1382 次会议通过了《最高人民法院关于适用〈中华人民共和国公司法〉若干问题的规定（一）》；2008 年 5 月 5 日，最高人民法院审判委员会第 1447 次会议通过《最高人民法院关于适用〈中华人民共和国公司法〉若干问题的规定（二）》；2010 年 12 月 6 日，最高人民法院审判委员会第 1504 次会议通过了《最高人民法院关于适用〈中华人民共和国公司法〉若干问题的规定（三）》；2014 年 2 月 17 日，最高人民法院审判委员会第 1607 次会议通过了《最高人民法院关于修改关于适用〈中华人民共和国公司法〉若干问题的规定的决定》，对公司法司法解释（一）、（二）、（三）做了相应修改；2016 年 12 月 5 日，最高人民法院审判委员会第 1702 次会议通过了《最高人民法院关于适用〈中华人民共和国公司法〉若干问题的规定（四）》；2019 年 4 月 22 日，最高人民法院审判委员会第 1766 次会议通过了《最高人民法院关于适用〈中华人民共和国公司法〉若干问题的规定（五）》；2020 年 12 月 23 日最高人民法院审判委员会第 1823 次会议通过了《最高人民法院关于修改〈最高人民法院关于破产企业国有划拨土地使用权应否列入破产财产等问题的批复〉等二十九件商事类司法解释的决定》第二次修正（法释〔2020〕18 号），对公司法司法解释（二）、（三）、（四）和（五）做了相应修改。

本书是在总结已有教学经验的基础上，结合高职教学的特点和学生需求，突出公司法理解与应用而编写的一本教材。本书亮点之一是充分反映我国上述公司立法动态，从公司与公司法、公司设立、公司章程、股东与股权、公司组织机构、公司债券、公司财务会计、公司的变更、解散及清算等方面，强调理论与实务的结合，并打破了传统教材的模式，不再涉及系统的基本理论部分的内容，而是密切结合现有公司法等相关立法和司法实践中的突出问题进行编写，以扩展学生的视野，增强学生发现问题、分析问题及解决问题的能力。本书亮点之二是在工作任务和案例赏析实训两个环节，酌情选取了中国法律文书裁判网公开发布的案例，这些案例内容丰富、形式规范、要旨鲜明，不但对于司法实践有着重要的参考和示范作用，对于引导高职院校学生正确运用理论联系实际，培养学生观察问题、分析问题、解决问题的实务操作能力，也具有重要意义。

本书可供各大专院校作为教材使用，也可供从事相关工作的人员作为参考用书使用。

目　　录

第一章
公司与公司法概述

【知识目标】

1. 掌握公司、公司法的概念。
2. 掌握公司的类型。
3. 了解公司、公司法的性质。
4. 辨析公司与合伙企业、个人独资企业的关系。
5. 理解公司法的原则。

【工作任务】

2020年4月，王大有笔闲散资金想筹办企业经营，但又不想一人独干，于是找到朋友赵二、张三和李四。王大现拥有资金50万元，赵二拥有一处街面房，房产市价30万元，若出租开店月租金为5 000元左右，张三有一项专利，李四拥有经营管理能力和客户渠道。赵二的街面房因城市建设而处于商业中心地段，市价很可能会往上升。王大、赵二和张三对李四的经营管理能力不是很相信，希望尽可能地制约其行为。请尝试为他们设计至少两种投资方案；请你分析一下每种企业中每个人的风险；你认为选择投资模式时，投资者应考虑哪些问题？

第一节 公 司

一、公司的概念和特征

公司是指股东依照公司法的规定，以出资方式设立，股东以其认缴的出资额或认购的股份为限对公司承担责任，公司以其全部独立法人财产对公司债务承担责任的企业法人。

公司是以营利为目的的一种企业组织形态，又被称为营利法人。一般而言，公司具有三个基本的法律特征：

（一）公司具有法人资格

《中华人民共和国公司法》（以下简称《公司法》）第3条规定"公司是企业法人"。法人是与自然人并列的一类民商事主体，具有独立的主体性资格，具有法律主体所要求的权利能力与行为能力，能够以自己的名义从事民商事活动并以自己的财产独立承担民事责任。公司是最典型的法人类型，体现了法人的最本质特征。

依据我国公司法的规定，公司法人资格的取得需符合以下条件：

1. 公司必须依法设立

公司的依法设立主要指设立程序而言，即公司的设立必须依据法定的程序办理相关的登记手续，领取公司法人营业执照，有的公司如商业银行、保险公司、证券公司等的设立还须经审批程序。凡在我国境内设立的公司，必须依照我国公司法、公司登记管理条例及其他相关法律、法规所规定的条件和程序设立。公司法第6条规定："设立公司，应当依法向公司登记机关申请设立登记。符合本法规定的设立条件的，由公司登记机关分别登记为有限责任公司或者股份有限公司；不符合本法规定的设立条件的，不得登记为有限责任公司或者股份有限公司。"

2. 公司有自己独立的财产

一定的财产是公司得以存在的物质基础。公司作为一个以营利为目的的企业法人，必须有其可控制与支配的财产，以从事经营活动。我国公司法将公司享有的独立的法人财产称为法人财产权，《公司法》第3条规定："公司是企业法人，有独立的法人财产，享有法人财产权。"公司的财产一般被称为公司资产，包括由设备、材料、工具等动产和房屋、土地等不动产以及货币组成的有形财产，也包括企业名称、工业产权等无形财产；但就公司成立时的财产而言，主要是指有形财产。股东一旦履行了出资义务，其出资标的物的所有权即转移至公司，构成公司的财产。公司的财产与股东个人的财产相分离，这是公司财产的一个重要特征，它是公司能够独立承担民事责任进而取得法人资格的基础，也是股东只以出资额为限对公司债务承担责任的依据。

3. 公司必须有自己的名称、组织机构和场所

公司的名称相当于自然人的姓名，可以自由选用，但必须标明公司的种类即有限责任公司或股份有限公司。依照《公司法》第8条的规定，有限责任公司必须在公司名称中标明"有限责任公司"或者"有限公司"字样，股份有限公司必须在公司名称中标明"股份有限公司"或者"股份公司"字样。公司名称属于公司章程绝对必要记载事项之一，也为公司登记事项之一。

公司必须具有完备的组织机构。规范的内部治理结构是公司法人不同于很多其他法人组织的重要标志之一。公司作为法人并无自然实体，必须设立公司机关以决定和实施公司的意志。公司健全的组织机构是公司法人意志得以实现的组织保障，它包括公司的权力机构、执行机构和监督机构。依据我国公司法的规定，有限责任公司和股份有限公司的组织机构大体相同而略有差异，主要表现为前者有较多的灵活性而后者有更强的规范性。例如有限责任公司可以不设董事会，也可以不设监事会。

公司要有自己的经营场所，它是公司实现其设立目的所实施经营的地方；公司还必须有自己的住所，其住所可与其场所一致，也可以不一致。但住所是公司法律关系的中心地域，凡涉及公司债务之清偿、诉讼之管辖、书状之送达均以此为标准。依据我国公司法的规定，公司以其主要办事机构所在地为住所。

4. 公司必须能够以自己的名义从事民商事活动并独立承担民事责任

（1）公司的独立权利。原则上，对于公司的合法目的而言，公司几乎是与自然人一样的独立实体。公司若要与自然人一样，就必须拥有权利。这些权利是非常广泛的，如以自己的名义拥有财产包括不动产的权利、起诉和应诉的权利以及在公司经营范围内从事任何

合法的经营活动的权利。但是，基于公司本身固有的性质和某些法律政策上的原因，公司的权利受到一定限制。如公司不能享有某些只能由自然人享有的生命权、婚姻权、继承权、肖像权、隐私权、名誉权、人格尊严权等权利，又如公司在经营活动中的某些权利应依照公司法的要求与其经营范围相一致。

（2）公司的独立责任。公司必须在依法自主组织生产和经营的基础上自负盈亏，用其全部法人财产对公司债务独立承担责任。公司独立承担责任，就意味着股东除承担对公司的出资义务外，不再承担任何其他责任，即股东的有限责任。这也是公司与其他类型的经济组织形态如合伙、个人独资企业、法人的分支机构等的本质区别之一。《公司法》第3条规定："公司以其全部财产对公司的债务承担责任。"

公司的独立责任意味着公司股东的有限责任。《公司法》第3条第2款规定："有限责任公司的股东以其认缴的出资额为限对公司承担责任；股份有限公司的股东以其认购的股份为限对公司承担责任。"有限责任是公司制度的基石。但如果公司股东滥用有限责任或恶意利用有限责任制度而损害公司其他股东或公司债权人利益的，则否认其有限责任，而由股东承担无限责任。这在公司法理论和制度上称为公司法人格否认或股东直索责任，英美法称之为"刺破公司面纱"。我国新修订的公司法也对该制度作出了规定，即：公司股东不得滥用股东权利损害公司或其他股东的利益，不得滥用公司法人独立地位和股东有限责任损害公司债权人的利益。公司股东滥用权利给公司或者其他股东造成损失的，应当依法承担赔偿责任；公司股东滥用公司法人独立地位和股东有限责任，逃避债务，严重损害公司债权人利益的，应当对公司债务承担连带责任。

（二）公司是社团组织，具有社团性

依法人内部组织基础的不同，可将法人分为社团法人和财团法人，公司属于社团法人。公司的社团性表现为它通常由两个或两个以上的股东出资组成。股份有限公司具有完全的社团性，其股东为2人以上。有限责任公司同样体现了公司的社团性，只是法律允许存在例外情形。我国公司法关于有限责任公司社团性的例外情形包括两种情况：一是一人有限责任公司，二是国有独资公司。在这两种公司中，都只有一个股东。但是社团性除了含有社员因素，还含有团体组织性，即不同于单个个人的特性，而是一个组织体，就此特性而言，一人有限责任公司和国有独资公司同样体现了公司的社团性。

（三）公司以营利为目的，具有营利性

公司以营利为目的，是指设立公司的目的及公司的运作，都是为了谋求经济利益。为此，公司必须连续不断地从事某种经济活动，如商品生产、交换或提供某种服务。公司的营利性特征已为世界上许多国家和地区的公司立法所确认，从而成为公司的基本特征。

公司的营利性是公司区别于非营利性法人组织的重要特征。营利法人的宗旨是获取利润并将利润分配于成员（出资人或股东）；而非营利法人的宗旨是发展公益、慈善、宗教、学术事业，它们即使从事商业活动、赚取利润，也只是以营利为手段，旨在实现与营利无关的目的，而且其营利所得不能直接分配于成员。区分营利法人和非营利法人的主要法律意义在于对其设定不同的设立程序，赋予不同的权利能力，适用不同的税法等。

公司的营利性实质上是股东设立公司的目的的反映。公司只有以营利为目的，实现公

司利益最大化，才能让股东收回投资，并进而实现营利。法律承认并保护公司的营利性，方能鼓励投资、创造社会财富，促进市场经济的发展。

二、公司与其他企业的区别

（一）公司与个人独资企业的区别

1. 企业的法律地位不同

个人独资企业的投资人为一个自然人，财产也为该投资人所有，投资人对企业债务承担无限责任，故其不具有法人资格；有限责任公司和股份有限公司对公司承担有限责任，是企业法人，具有法人资格。

2. 投资人的人数和主体身份不同

个人独资企业的投资人是一个人，而且是自然人；而公司中的有限责任公司的投资人（股东）为50以下，股份有限公司的投资人可以是自然人也可以是法人。

3. 企业事务管理的组织机构不同

个人独资企业投资人可以自行管理企业事务，也可以委托或聘用其他具有民事行为能力的人负责企业的事务管理，也即投资者可以自任企业的厂长、经理，管理企业事务，也可以聘用其他人员管理企业事务；有限责任公司和股份有限公司则要求有完整的企业法人组织机构，它主要设有股东（大）会、董事会（或董事）、监事会（或监事）、经理等几个部分。

4. 投资人承担债务的责任形式不同

个人独资企业投资人的投资与个人财产是不分离的，故其承担的是无限责任；而有限责任公司和股份有限责任公司的股东仅以其出资额或其所持股份为限对公司债务承担有限责任。

（二）公司与合伙企业的区别

《中华人民共和国合伙企业法》第2条规定："合伙企业，是指自然人、法人和其他组织依照本法在中国境内设立的普通合伙企业和有限合伙企业。"

合伙企业一般无法人资格，不缴纳企业所得税，需缴纳个人所得税。

合伙人共同出资经营、共负盈亏、共担风险。合伙企业可以由部分合伙人经营，其他合伙人仅出资并共负盈亏，也可以由所有合伙人共同经营。

公司与合伙企业的区别如下：

1. 成立基础不同

合伙企业的成立是基于合同的，而公司的成立是基于章程的。合同与章程是性质不同的法律文件。合伙合同仅是合同当事人之间的协议，因而也只对签约的合伙人产生约束力。而公司章程是公司组织的自治规则，它虽由发起人订立，却对所有公司股东和公司的管理机构及其人员具有约束力。

2. 法律地位不同

与独资企业一样，合伙企业也是非法人企业，不具有法人地位。而公司具有独立的法律人格和法人地位，是典型的法人组织。

3. 财产关系不同

合伙企业的财产归全体合伙人共有，合伙的财产来源于合伙人的共同出资。公司财产属于公司而非股东所有，公司对公司财产享有法人财产权。

4. 人身关系不同

合伙企业是典型的人合企业，合伙人之间存在密切的人身信赖关系，合伙人的入伙、退伙都要经全体合伙人一致同意，甚至个别合伙人的死亡或退出会导致整个合伙企业的解散。而公司除无限责任公司外，多属资合企业，公司股东之间的人身联系较为松散，股东的入股、退股通常只需多数股东的同意，同时，公司的存续不受个别股东变动的影响。

5. 管理权利不同

合伙企业由全体合伙人共同经营管理，其议决方式由合伙协议加以规定。在法律上，全体合伙人都享有法定的业务执行权。而公司的管理权是依照公司法的规定，由法定公司组织机构统一行使的，每个股东个人并不享有对公司事务的直接管理权。

6. 盈亏分配不同

合伙企业合伙人可以按出资比例分配盈亏，也可以不按出资比例分配，甚至盈利的分配比例可以与亏损的分担比例不一致。而公司的盈亏分配由公司法统一规定，基本的法律原则是按股东出资比例或按股东持有的股份分配。

7. 责任承担不同

在对外财产责任上，由合伙的非法人地位决定，全体合伙人对合伙债务须承担连带无限责任。而公司股东则以其出资额对公司债务承担有限责任。

综上可知，合伙企业与公司的区别，可以总结为"人合"与"资合"之别、约定性与法定性之别。合伙企业作为典型的人合型企业，是以出资人（合伙人）个人条件作为合伙企业信用基础而组成的企业。而公司作为典型的资合型企业，是以公司资本和资产作为其信用基础的。

第二节　公司的类型

一、公司的学理分类

（一）人合公司、资合公司与人合兼资合公司

依公司的信用基础在于公司财产信用还是其成员的财产信用，作此分类。这一分类主要存于大陆法系公司法理论。

人合公司，是以其成员即股东的信用作为信用基础的公司。第三人与人合公司进行交易不基于对公司资产的信赖，而是基于对股东资产的信赖，因为股东对公司债务承担无限连带责任，即所谓信用在人。这种情况下，由于股东之间存在连带关系，彼此的财产多寡存在风险上关联，所以相互间需要具有相当的了解，这就进一步衍生出股东间较为密切的人身信任关、公司具有封闭性的特点。可以说，公司的人合性与公司封闭性、股东间的人身信任关系是高度关联的，但这三个概念并不是一回事。无限公司为典型的人合公司。

资合公司，指以公司资产作为信用基础的公司。第三人与资合公司进行交易不是依赖

股东个人信用如何,而是基于对公司自身资产状况的信赖,即所谓信用在资。所以对于资合公司,公司法须严格规制其设立、股东出资、公司资本与资产制度,严防股东对公司资产的侵害,以保护公司债权人利益。由于股东对公司债务只在各自的出资范围内承担有限责任,相互之间不存在责任上的连带关系,所以股东之间只以出资相结合,无须相互了解,这就进一步衍生股东间不需存在人身信任关系、公司客观上可以拥有众多股东而具有公众性的特点。

人合兼资合公司,指公司兼以股东的个人信用和公司资产信用为信用基础的公司,在这类公司中,有限责任股东的出资为公司提供资产信用基础,无限责任股东则以其个人信用为公司债务提供一般担保,两合公司、股份两合公司是典型的人合兼资合公司。

(二) 封闭公司与公众公司

以公司的股票是否公开发行及股票是否允许自由转让为标准,作此分类。

封闭公司的特点是:公司的股票只能向特定范围的股东发行,而不能在证券市场上公开向社会发行;股东的股票转让受到一定的限制,且不存在一个公开的交易市场。

公众公司的特点与封闭公司正相反,可以在证券市场上向社会公开发行行股票,股东的股票可以在公开交易市场如证券交易所自由交易。

此种分类主要为英美公司法所采用。若与我国的公司概念相比,从外延上看,封闭公致相当于我国的有限公司、发起设立股份公司、定向募集设立股份公司,公众公司大致相当于公开募集设立股份公司(尤其是上市公司)。

(三) 普通公司与特殊公司

依公司设立的部门法依据和营业业务的不同,作此分类。

普通公司,指依照普通公司法设立的从事普通商事营业的公司。这一定义包含两层意思:依据普通公司法如公司法而设立;从事普通的商事营业,如商品的制造、批发、零售,或者普通的服务业。

特殊公司,指依据商事特别法而设立的从事特别业务的公司。这一定义也包含两层意思:依据商事特别法如商业银行法、保险法、证券法、证券投资基金法而设立,如商业银行、保险公司、证券公司、基金管理公司等;从事特别的营业,如金融业。从我国现存的特殊公司的营业来看,主要指金融业,因此,这里对特殊公司的讨论主要限于金融机构。

这一分类的意义在于,特殊公司除适用公司法之外,还要适用特别法,这通常意味着特殊公司要受到更为严格的法律规制。比如关于公司设立,各国法律对于普通商事公司设立的管制越来越宽松;而对于特殊公司,因其从事金融业务的特殊性,均对其适用严格的法律管制,如实行实缴资本制、较高数额要求的最低资本制等。在公司治理方面,特殊公司也受到特殊监管机构的监管,对其内部控制与风险防范均有较高要求。

(四) 公营公司与民营公司

以公司资本构成的所有制和适用法律为标准,作此分类。

公营公司,指政府独资经营,或者政府与私人合资经营而政府控股的公司。其中,政府独资经营的称为国营公司,政府与私人合资经营的称为公私合营公司。

民营公司,又称私营公司,指完全由私人资本构成或者私人与政府合资经营而私人控股的公司。

这一分类主要适用于以私有制为主体的市场经济体制国家。市场经济体制国家的绝大多数公司都属于民营公司、公私合营公司，这两类公司都属于公司法上的公司。国营公司虽然冠以"公司"之名，但通常不被视为公司法意义上的公司，不受公司法调整。在西方各国尤其是第二次世界大战后的法国、英国、意大利，都有部分国营公司存在，其特点是完全由国家投资，公司的经营、管理由国家代表、企业代表和工会代表组成的董事会负责，同时资本也不分为股份，因而被视为国家"独资"经营的公司。

公营公司与民营公司可以互相变更：公营公司可以通过向公众出售股份，减少政府资本而变成民营公司，称为公营公司私有化；反之亦然。如日本电话电报公司于1985年通过向公众抛售其半数股票而由公营公司变成了民营公司。又如20世纪80年代初开始，英国保守党政府实行大规模的国有企业私有化政策，就是将大批公营公司的资产分为股份卖给私人，从而使之变成民营公司。

（五）总公司与分公司

依公司内部组织关系的标准，作此分类。

总公司，也称本公司，是一个独立的公司法人，相对于分公司而言，其必须首先设立，并且是管辖全部公司组织的总管理机构，以此为中心来支配公司的营业活动。分公司，则指在总公司设立后或同时设立的并受总公司支配的分支机构。

总公司以自己的名义直接从事经营活动，对公司系统内的业务经营、资金调度、人事安排等具有统一的决定权。分公司是总公司在其住所以外设立的从事经营活动的机构，属于总公司的组成部分而非独立的公司法人。其法律地位可以从两个方面描述：其一，在法律上不具有法人资格，没有独立的财产、组织章程、法人机关，也不能独立承担法律责任，其民事责任由总公司承担；其二，在我国被认为属于一种"其他组织"，具有民事主体资格和诉讼主体资格，在办理营业登记并领取营业执照后可以自己的名义对外营业并参与诉讼活动。

银行、保险公司等具有高度信用特征和经营风险的企业，通常采取设立分公司而非设立子公司的方式来拓展业务活动空间。《公司法》第14条第一款规定，公司可以设立分公司，设立分公司，应当向公司登记机关申请登记，领取营业执照。根据《企业名称登记管理规定》，有三个以上分支机构的公司，才可以在名称中使用"总公司"等字样。

（六）母公司与子公司

母公司是指拥有另一个公司一定比例以上的股份或通过协议方式能够对另一个公司实行实际控制的公司，具有法人资格，可以独立承担民事责任。子公司是与母公司相对应的法律概念，是指一定比例以上的股份被另一个公司持有或通过协议方式受到另一个公司实际控制的公司。子公司具有法人资格，可以独立承担民事责任。

母公司与子公司的联系与区别：

1. 子公司受母公司的实际控制

母公司对子公司的重大事项拥有实际决定权，能够决定子公司董事会的组成，可以直接行使权力任命董事会董事。

2. 母公司与子公司之间的关系基于股份的占有或控制协议而产生

一般说来，拥有股份多的股东对公司事务具有更大的决定权。因此，一个公司如果拥有了另一个公司 50% 以上的股份，就能够对该公司实行实际控制。在实践中，大多数公司的股份较为分散，因此，只要拥有一定比例以上的股份就能取得控制地位。除控制股份之外，通过订立某些特殊契约或协议，也可以使某一个公司控制另一个公司。

3. 母公司、子公司各为独立的法人

子公司虽然处于受母公司实际控制的地位，在许多方面受到母公司的制约和管理，有的甚至实际上类似于母公司的分支机构，但在法律上，子公司属于独立的法人，以自己的名义从事经营活动，独立承担民事责任。

子公司有自己的公司章程，有董事会等公司经营决策机构。子公司有自己的独立财产，其实际占有、使用的财产属于子公司，有自己的资产负债表。子公司和母公司各以自己全部财产为限承担各自的责任，互不连带。母公司作为子公司的最大股东，仅以其对子公司的出资额为限对子公司在经营活动中的债务承担责任。设立子公司必须严格按照设立公司的要求提出申请，依法取得营业执照、办理相关手续后方可营业。

二、我国的公司法定类型

《公司法》第 2 条规定，"本法所称公司是指依照本法在中国境内设立的有限责任公司和股份有限公司。"可见，我国的公司法定类型就是有限责任公司与股份有限公司。依据相关法律、法规的规定，这两种公司还可以按照不同标准进行再分类。

（一）有限责任公司与股份有限公司

《公司法》规定，有限责任公司是指由 50 个以下股东共同投资设立，每个股东以其所认缴的出资额为限对公司承担责任，公司以其全部资产对其债务承担责任的公司；股份有限公司是指全部资本分成等额股份，股东以其认购的股份为限对公司承担责任，公司以其全部资产对公司债务承担责任的公司。可以从三个方面来解读上述定义：

第一，我国公司法上的有限责任公司与股份有限公司的区别是形式上的。股份有限公司的注册资本须由等额股份构成，而有限责任公司没有这样的要求。股份等额化的意义在于，可以使资本单位小额化、标准化，便利更多的公众购买，从而适应股份有限公司作为公众公司面向社会公众集资的需要。而有限责任公司作为封闭公司，没有面向社会公众集资的需要。在股权的记载形式方面，股份有限公司是股票，有限责任公司则为出资证明书，区别在于股票比出资证明书更易于发行转让。

第二，立法者的定位，主要是从企业规模上区分有限责任公司与股份有限公司。在立法者的预设中，有限责任公司较适合于中小企业，股东人数少，经济规模较小；股份有限公司适合于大型企业，股东人数多，经济规模较大。为此，公司法从股东人数、最低注册资本额、出资缴纳要求等方面有意区分两类公司的不同要求，以突出其企业规模上的差异。但是，公司立法与公司实践之间的突出矛盾是，有限责任公司在现实生活中出现了企业规模悬殊不均的局面：一方面，许多特大型、大型国有企业在公司整体改制时采用了有限责任公司（包括国有独资公司）形式，成为规模巨大的有限责任公司，而后划出部分资产募集设立股份有限公司，其中有的成为上市公司，形成了有限责任公司（预设中的小型企业）控制股份有限公司乃至上市公司（预设中的大型企业）的局面，是为特色之一；另一方面，绝大多数中小企业与经济规模反差极大的企业都采用有限责任公司形式，是为中国特色之二。由此给公司法制带来的难题是，原本为中小企业量身定做的有限责任公司法律制度适用于大型企业，可能会发生异化。这一矛盾的解决，主要依靠国有企业整体改制为股份有限公司和国有控股公司整体上市工作的完成，目前此项改革工作正在获得推进。

第三，有限责任公司与股份有限公司内在的实质性区别在于封闭性与公众性，但在我国公司法上没有得到充分体现。现行公司法关于有限责任公司与股份有限公司的法律规定，在封闭性与公众性的差异定位方面远远不足，相应的立法规范没有充分体现出两类公司在封闭、公众方面的差异性，以及不同规模的企业对公司组织法律制度的不同需求。在股份有限公司内部，各类股份有限公司之间在封闭性与公众性方面也存在质的差异，这进一步加大了公司法分类规制的难度。

有限责任公司还可以进一步分为普通有限公司与特殊有限公司，后者包括三种情形：国有独资公司；一人有限责任公司；外商投资有限公司。

股份公司依其设立方式可以分为发起设立股份有限公司与募集设立股份有限公司，其中，以募集设立是否公开发行股票为标准，又分为定向募集股份有限公司与公开募集股份有限公司。依据《中华人民共和国证券法》（以下简称《证券法》）第9条，定向募集与公开募集的具体区分标准是：向特定对象发行股票且累计不足200人的为定向募集，向特定对象发行股票且累计在200人以上或者向不特定对象发行股票的为公开募集。其中，股票在证券交易所上市交易的公开募集股份有限公司，称为上市公司。上述区分的意义在于各类股份有限公司的公众性程度不同。如果加上有限责任公司，各类公司按照公众性由弱到强进行排列的顺序是：独资类也即特殊有限责任公司（一人有限责任公司、国有独资公司）→合资类也即普通有限责任公司→发起设立股份有限公司→定向募集股份有限公司→公开募集股份有限公司（上市公司）。依据英美法系上的公众公司与封闭公司的定义，我国各类公司中，有限责任公司与发起设立股份有限公司属于封闭公司范畴，公开募集公司（上市公司）属于公众公司范畴，定向募集股份有限公司介于二者之间，但偏于封闭公司。

依据公司法的规定，有限责任公司与股份有限公司之间还可以进行公司形态的相互转化，即公司形式变更。

（二）一人有限责任公司

一人有限责任公司，指出资（包括股份，下同）属于单一股东的公司。

一人有限责任公司作为公司的一种特殊类型，除具有公司的一般特征外，其鲜明的个性集中体现在股东的唯一性与资本的单一性上。一人有限责任公司的全部资本均由单一股东出资形成，投资主体具有排他性和唯一性。这是一人有限责任公司区别于其他公司的显著标志。同时，这一特点使得一人有限责任公司与个人独资企业十分相似。个人独资企业是指由个人出资经营、归个人所有和控制、由个人承担经营风险和享有全部经营收益的企业。二者的区别是：

（1）法律地位不同。一人有限责任公司具有法人资格，具有独立的财产与责任能力。作为业主制企业，个人独资企业不具有法人资格，企业没有独立财产与责任能力。实际上，与个人独资企业相比，一人有限责任公司最大的制度优势就是满足了个人投资者对有限责任的追求。

（2）治理模式不同。一人有限责任公司原则上遵循现代公司治理结构，个人独资企业不存在治理结构，实行业主管理模式。

（3）税负不同。税法对一人有限责任公司及其股东双重征税，即对公司征收企业所得税的同时对股东收益征收个人所得税；对个人独资企业只征收业主的个人所得税。

（4）投资人的身份限制不同。在我国，一人有限责任公司的股东包括自然人或法人，个人独资企业的投资人限定为自然人。

（三）国有独资公司

根据《公司法》第64条的规定，国有独资公司是指国家单独出资、由国务院或者地方人民政府授权本级人民政府国有资产监督管理机构履行出资人职责的有限责任公司。

国有独资公司具有以下特征：

（1）投资主体的单一性与特定性。所谓单一性，是指国有独资公司的投资主体只有一个。所谓特定性，是指国有独资公司的投资者只能是国家，但由国有资产监督管理机构代表国家履行出资人职责。

（2）适用范围的特定性。我国公司法删除了国有独资公司适用范围的规定。国有独资公司发展至今，其适用范围应严格限定于由国家垄断经营的特殊行业和企业。

（3）运作规则的特殊性。国有独资公司属于有限责任公司的一种，它符合有限责任公司的一般特征。但国有独资公司在组织机构、公司章程、财产管理等方面，都存在与一般有限责任公司的不同之处。

国有独资公司的设立分为两种情形：一是单独发起设立，由国资委单独投资设立；二是由原国有企业改制设立。根据有关法规，国有独资公司的设立采用核准主义，应当向公司登记机关提交国务院、省级人民政府或者设区的市级人民政府的国资委批准设立的文件。

国家是国有独资公司公司唯一的股东，但国家是一个抽象的概念，除了特殊情况，一般不以民事主体的身份出现，必须有机构代表国家行使股权。该代表机构为何，十几年来随着国有资产管理体制的改革进程而不断变换，依现行法律，是各级政府授权的国资委。由此，形成了国家—政府—国资委—公司的授权经营关系，这一法律关系由三个层次构成：

第一层次，国家和政府之间，是所有者与所有者代表之间的关系。按照国有资产由国家统一所有，中央和地方政府分级管理的国有资产管理体制，国家是公司国有资产的出资人，国家实行由国务院和地方人民政府分别代表国家履行出资人职责，即各级人民政府代表国家行使国有资产的所有权。

第二层次，政府与国资委之间，是行政上的委托授权关系。国务院和地方政府分别设立的国资委是政府特设的直属机构，根据政府授权履行国有资产出资人职责，其他机构不再担负此职责。

第三层次，国资委与国有独资公司之间，是出资者与被出资者即股东（代表）与公司之间的关系，国有独资公司对国家投资的财产享有法人财产权，国资委对国有独资公司行使股权，包括资产收益、参与重大决策和选择管理者等权利。

国有独资公司的产权可以总结为：国家出资；政府代表国家依法授权国资委享有股权，履行出资者职责，公司享有法人财产权。

国有独资公司治理结构具有特殊性。国有独资公司的内部组织机构相对简单，由于国有独资公司只有一个投资者，因此不需要设立股东会，主要通过董事会进行决策和经营管理。根据《公司法》第67条的规定，国有独资公司设董事会，国有资产监督管理机构可以授权公司董事会行使股东会的部分职权。董事每届任期不得超过三年，董事会成员中应当有公司职工代表。董事会成员由国有资产监督管理机构委派，但职工代表由公司职工代表大会选举产生。因此，从条文中，我们可以看到，国有独资公司的董事会相比而言，拥有相对较大的权力。法律规定了应当有一定数量的职工代表，这主要体现了职工作为国有企业公司的主人翁地位，也有利于保障职工的合法权益。根据《公司法》第70条的规定，国有独资公司监事会成员不得少于五人，其中职工代表的比例不得低于三分之一。其成员由国有资产监督管理机构委派，职工代表由公司职工代表大会选举产生，监事会主席由国有资产监督管理机构从监事会成员中指定。如此设立监事会，有利于国有资产监督管理机构加强对公司的监督和管理，设立职工代表有利于加强企业的民主管理，有利于保护职工的合法权益。国有独资公司的经理的特殊性在于：一是必设机构。《公司法》第68条规定，国有独资公司设经理，系强制性规范，但依《公司法》第49条，普通有限公司"可以"设经理，为任意性规范；二是严格限制兼职。董事会成员兼任经理的，须经国资委同意；在普通有限责任公司，董事会可以决定董事兼任经理。另外，国有独资公司的法定代表人是由董事长还是由经理担任，也取决于国资委。

（四）上市公司

根据《公司法》第120条规定，上市公司是指其股票在证券交易所上市交易的股份有限公司。作为股份公司的一种，上市公司最典型地展现了股份公司的法律特征。与非上市公司（非上市的股份公司与有限责任公司）相比，上市公司的特点有：

（1）股票公开发行且在证券交易所集中交易。"上市"的含义就是公司股票进入证券交易所集中交易。

（2）最具公众性。在大陆法系的公司分类体系中，上市公司无疑最具公众性。由于股票的公开发行与集中交易，上市公司与证券市场联系最为紧密，上市公司主要功能的形成和释放，都离不开证券市场。任何社会公众只要在证券市场购买了上市公司股票就成为其股东，且借助证券交易所自由交易。因此，上市公司的股东人数动辄数万、数十万乃至百万不足为奇，且一直处于频繁的变动之中。

（3）受法律规制最严格。上市公司的公众性以及与证券市场的紧密联系，直接关系到众多投资者的利益和整个社会经济的稳定，影响大，涉及面宽，各国立法都将上市公司作为规制的重中之重。比如，各国公司法中的强制性规范多是针对上市公司而设的，如信息强制披露就主要适用于上市公司。

（4）治理最规范。在国家立法、各种规范以及证券市场的多重规范下，上市公司的治理水平整体上要好于其他公司。

仅就《公司法》的规定看，对上市公司有4项特别的法律规范。

（1）绝对多数决议。《公司法》第121条规定，"上市公司在一年内购买、出售重大资产或者担保金额超过公司资产总额百分之三十的，应当由股东大会决议，且经出席会议的股东所持表决权的三分之二以上通过。

（2）独立董事。《公司法》第122条规定，"上市公司设立独立董事，具体办法由国务院规定。"可见上市公司必设独立董事，对其他公司没有此要求。

（3）董事会秘书。根据《公司法》第123条规定，董事会秘书在上市公司是一个必设职位。公司是否设置，由公司自主决定。《公司法》第216条规定董事会秘书属于高级管理人员。

（4）关联董事表决权回避。《公司法》第124条规定，"上市公司董事与董事会会议决议事项与所涉及的企业有关联关系的，不得对该项决议行使表决权，也不得代理其他董事行使表决权。该董事会会议由过半数的无关联关系董事出席即可举行，董事会会议所作决议须经无关联董事过半数通过。出席董事会的无关联关系董事人数不足三人的，应将该事项提交上市公司股东大会审议。"此之谓"关联董事表决权回避制度"，不适用于其他公司。

（五）外国公司的分支机构

外国公司是相对于本国公司而言的，区分两者的关键在于公司国籍的确定，凡是具有本国国籍的公司是本国公司，凡是具有外国国籍的公司是外国公司。所谓外国公司分支机构，是指外国公司依照《公司法》的规定，经中国政府批准，在中国境内设立的以外国公司名义从事生产经营活动的机构。可见，外国公司与外国公司的分支机构的关系，还原到民法典上就是法人和分支机构的关系，具体到公司法上就是总公司与分公司之间的关系。

外国公司要对我国直接投资，既可以与我国的投资者共同建立合资企业，也可以设立独资企业。但这些投资形式都涉及我国的利益问题，因而我国政府一般都会规定相对严格的准入门槛。比较而言，设立分支机构的门槛很低，设立条件和程序也简便得多，再加上外国公司容易操作，方便实现自己的经营意图等优点，设立分支机构成为外国公司普遍采取的投资形式。

外国公司的分支机构的主要形式有：外国公司、银行设立的从事营业的分公司、分行；从事勘探、承包经营，承包建筑安装、包储、转运等作业场所或经营场所；直接从事业务活动的代表机构、代理机构或联络机构。

外国公司的分支机构的主要法律特征有：

（1）具有外国国籍。外国公司就是具有外国国籍的公司，该外国公司的分支机构虽然在中国设立，仍具有与其相同的国籍。所以《公司法》第194条规定，外国公司的分支机构应当在其名称中标明该外国公司的国籍及责任形式，以示区别。

（2）依法在中国境内设立与经营。依照中国法律，经中国政府批准，在中国境内设立，受中国法律的保护和管辖，遵守中国的法律。

（3）不具有中国的法人资格。《公司法》第195条规定，"外国公司在中国境内设立的分支机构不具有中国法人资格。外国公司对其分支机构在中国境内进行经营活动承担民事责任。"外国公司的分支机构不具有法人地位，具体表现在：没有自己独立的公司名称和公司章程；机构非常简单，只是由外国公司指定代表人或代理人负责经营，没有独立的管理机构；没有独立的财产；经营活动产生的民事责任由外国公司承担。实际上，分支机构与外国公司之间的关系是总公司和分公司的关系，所以我国法律承认该分支机构具有民事主体资格与民事诉讼主体资格（《公司法》第195条、《中华人民共和国民事诉讼法》第48条）。

至于外国公司是否具有法人资格，我国公司法未作要求。1993年《公司法》第203条规定，"外国公司属于外国法人"，现行法删去了这一规定，说明现行法不要求该外国公司具有法人资格。在域外立法上并非所有公司均为法人，这一修订切合了域外的现实情况。

（4）在中国境内进行直接的经营活动。这是外国公司的分支机构与外国企业常驻代表机构的显著区别。常驻代表机构，是外国公司或其他经济组织经中国政府批准，在中国境内设立的从事非直接经营活动的机构（常见的名称有"办事处""代表处"等），其活动内容限制为：在中国境内为国外总机构或其客户提供了解市场情况、收集商情资料、业务联络、咨询等服务活动；在中国境内为其他企业从事代表业务，为其他企业之间的经济交往从事联络洽谈、居间介绍等，不能直接进行营利性的贸易、投资活动。因此，"办事处""代表处"等不具有商业代理权，以其名义签署合同当属无效。

外国公司分支机构特别规制措施有：

（1）关于设立程序。《公司法》第192条规定实行核准主义。外国公司在中国境内设立分支机构，必须向中国主管机关提出申请，并提交其公司章程、所属国的公司登记证书等有关文件，经批准后才能向公司登记机关依法办理登记，领取营业执照。外国公司分支机构的审批办法由国务院另行规定。

（2）关于代表人、代理人。《公司法》第193条规定，外国公司必须在中国境内指定负责该分支机构的代表人或者代理人。

（3）关于资金要求。《公司法》第193条同时规定，外国公司必须向该分支机构拨付与其所从事的经营活动相适应的资金。关于经营资金最低限额，由国务院另行规定。

（4）关于名称与章程置备。根据《公司法》第194条规定，分支机构应当在其名称中标明该外国公司的国籍及其责任形式，并应当置备该外国公司章程，以备相关利害关系人查阅。

（5）关于民事责任承担。《公司法》第197条规定，外国公司对其分支机构在中国境内进行经营活动承担民事责任。

（6）关于守法义务。《公司法》第196条规定，外国公司分支机构在中国境内从事业务活动，必须遵守中国的法律，不得损害中国的社会公共利益，其合法权益受中国法律保护。

（7）关于撤销与清算。《公司法》第197条规定，"外国公司撤销其在中国境内的分支机构时，必须依法清偿债务，按照本法有关公司清算程序的规定进行清算。未清偿债务之前，不得将其分支机构的财产转移至中国境外。"

第三节 公司法

一、公司法的概念

"公司法"有狭义和广义之分。狭义的公司法是指一部以"公司法"命名的法律——

《公司法》，狭义的公司法是形式意义上的公司法。广义的公司法是规定各种公司的设立、活动、解散以及其他对内对外关系的法律规范的总称。广义的公司法是实质意义上的公司法，它包括法律、行政法规、司法解释中关于公司的规范。

二、公司法的性质

（一）公司法是组织法，兼有行为法的性质

认为公司法是组织法，主要是从以下几点考虑的：

（1）公司法是有关市场主体的法。公司是参与市场交易的组织体，公司法规定了公司的法律地位，确立了公司的人格，即确立了公司的法人资格。

（2）公司是财产的组织形式。公司本质上是基于出资和经营而形成的人的组织关系，公司法对财产的组织和人的组织进行了规范。具体地说，公司法对公司的设立、组织机构、财产的构成、股东与公司的关系等作出了规范。

（3）公司法兼有行为法的性质，是指对公司的有关交易行为进行规范，也就是说、公司法也规范公司与外部的关系，公司的外部关系就是指公司与其交易当事人之间的关系。如公司法对公司股票、债券的发行、转让等作出了规定，公司法具有调整公司活动的行为法的性质，并不是指公司法要规范公司的全部交易活动。事实上，公司法主要是规范与公司特点密切相关的交易活动，其他一些与公司特点无直接关系的活动，如一般商品的买卖、金钱的借贷、财产的租赁、工作的承揽、服务的提供等，我国公司法并未予以规定。这类活动是由《中华人民共和国民法典》（以下简称《民法典》）等法律进行规范的。

（二）公司法是强制法，兼有任意法的性质

法律规范有强制性规范（也称为强行性规范）和任意性规范，强制性规范是必须遵守的，而任意性规范则可以适用，也可以不适用，也就是说，当事人可依照自己的意志排除对其的适用。为了保障交易安全和社会公共利益，我国公司法的规定主要体现为强制性规范。特别是对于股份有限公司这样的大公司的组织形式，它的成败或经营活动涉及面广，甚至会引起社会的波动，造成比较大的影响，因此，公司法对其组织机构和财务会计制度、分配制度、股票的发行等都有严格的规定。这些规定，当事人都必须遵守，不得排除适用。

公司法中也有任意性规范。对这种规定，当事人可以适用，也可以排除适用。这并不是说，任意性规范没有意义，任意性规范仍有规范作用、指导作用。2005年对《公司法》的第三次修订，增加了不少任意性规范，旨在使公司有更大的自主活动空间，但这并没有改变公司法作为强制法的基本性质。

（三）公司法是实体法，兼有程序法的性质

公司法就公司内部主体相互之间的财产利益关系、责任等作出了规定，还就公司与其他主体的财产利益关系等作出了规定，这些都是实体法的内容。公司法除规定实体内容以外，还规定了保障权利实现、追究法律责任的程序内容，也就是说，公司法中也有程序性的规范。

三、公司法的基本原则

部门法的基本原则，是指贯穿该部门法立法、司法、执法的基本理念和指导思想，展现了法律制度设计的目标和价值取向。我国公司法在吸收现代公司法原则的基础上，结合国情，形成了若干重要的基本原则。这些原则或者被直接规定为法律条款，或者体现在具体的制度和规则之中。概括起来，主要包括：

（一）鼓励投资原则

公司首先是股东投资的工具，公司法的重要原则之一就是鼓励投资，便利投资，激励投资。在全球经济激烈竞争的背景下，各国经济的竞争不仅是产品、市场的竞争，更是制度的竞争，其实质都是比试谁的规则最优，谁更能吸引投资者，谁更能为企业成长、发展提供最优越的制度环境。因此，现行公司法相当程度上改变了原来过分强调规范、限制和管理的立法价值倾向，转向为投资者提供便利、服务与激励的立法价值取向，如大幅降低乃至取消最低资本额、放宽出资形式、允许分期缴纳出资、取消股份公司设立审批等，都是鼓励投资原则在立法上的体现。

（二）公司自治原则

公司法本质上既为私法，私法自治原则当然贯彻于全部，具体体现就是公司自治与股东自治。公司自治，是指公司事务由公司主体及其参与人自主决策，并独立享受决策带来的利益与承担决策的后果，不受国家的干预。在中国法语境下需要强调，公司自治、股东自治的另一面是责任自负。自由与责任，如一枚硬币的两面，自由选择就要责任自负。比如，实行注册资本认缴制后，行政监管放松了，登记机关仅登记股东认缴的资本额，无须登记实收资本，无须提交验资证明文件，但同时也强化了公司、股东个人责任自负之间的平衡关系，按其规定，股东对注册资本缴付情况的真实性负责。

（三）股东平等原则

股东平等原则，指在各股东之间基于股东身份而发生的法律关系中，应该给予股东以平等待遇。股东平等的出发点是主体平等、实质平等，包括4重含义：①所有股东的法律人格一律平等；②基于同类股权，股东的权利、义务的性质与类型是相同的，禁止歧视待遇。股东平等原则不排斥股权在具体内容上的差异，如普通股与优先股的差异；③股东权利的享有和行使在现实状态下存在差异，如因为股份多寡而形成的分红差异，这一差异可以依据股东所持股份增减而发生转化；④股权行使应基于诚信原则，禁止股东权利滥用。

股东是公认的最主要的公司利益相关者，股东平等原则是民法典的平等原则在公司法领域的具体体现，也是平等保护投资者利益、调动投资者积极性的客观要求。它一方面承认多数股东凭借资本多数决控制公司的合法性，另一方面也对多数股东滥用控制权欺压少数股东保持警惕之心，通过课以股东间的诚信义务、禁止股东权利滥用、抑制多数股东控制权的行使、保护少数股东的特别规则等手段，来努力实现股东间实质意义上的平等。

所以，股东平等区别于股份平等。股份平等是指同类股份享有同等权利，承担同等义务。股份平等的出发点是资本平等、形式平等，由此必然要求少数资本服从多数资本。资本多数决这一计量化的决议方式内在地蕴含多数股东权力扩张的逻辑，所以导致股份平等原则内含的"资本多数决"与股东平等内含的"禁止权利滥用"之间存在着深层的抵触。可见，股东平等与股份平等之间存在实质平等与形式平等的差异，前者对后者有矫正作用，能够实现"矫正的正义"。现代公司法强调股东平等原则正体现了法治对于实质正义的追求。

股东平等原则在我国公司法上具有特别重要的意义。这是因为，我国绝大多数公司的股权结构相对而言绝对集中，多数股东与少数股东之间的矛盾比其他国家、地区更为突出，更为普遍。现行公司法有不少规定为实现股东平等原则而设，如少数股东的股东会召集权和主持权、累积投票等。

（四）保护利益相关者原则

现代公司不再仅仅被当作股东单一主体的利益工具，而被认为是股东、管理者、债权人、职工等诸多利益相关者利益的集合体。在现代社会，一方面，公司的设立和运营离不开各个利益相关者的要素贡献；另一方面，随着公司的规模扩大和实力膨胀，公司对利益相关者的影响力越来越强大。因此，保护股东、管理者、债权人和职工等所有公司利益相关者的利益，而不是仅限于股东的利益，是现代公司法的一项基本理念。

知识考核要点 ▶▶ ▶

1. 公司的概念。
2. 公司的特征。
3. 公司的类型。
4. 公司与个人独资企业、合伙企业的区别。
5. 公司法的原则。

思考练习 ▶▶ ▶

1. 公司有哪些法律特征？
2. 如果有公司打算对外投资，在该公司对应选择子公司还是分公司形式征求你的意见时，你应如何向公司分析其利弊？

第二章

公司设立

【知识目标】

    1. 掌握公司设立行为的性质。

    2. 了解设立中公司、公司人格、公司能力的概念。

    3. 能够正确理解公司的设立行为。

    4. 能够知道公司的设立程序和设立方式。

【工作任务】

    甲乙丙三人打算成立一家有限责任公司，甲用劳务出资，乙用专利技术出资，丙用房产出资。试分析：该公司能否被登记注册？

第一节　公司设立概述

一、公司设立的概念和法律特征

公司设立，是指设立人依公司法规定在公司成立之前为组建公司进行的，目的在于取得公司主体资格的活动。公司设立的法律特征可以概括如下：

（1）设立的主体是发起人。发起人包括先行出资、筹建并对公司设立承担责任的自然人、法人和国家等。在公司设立过程中，发起人对内执行设立业务，对外代表正在设立中的公司。

（2）设立行为只能发生在公司成立之前，并应当严格履行法定的条件和程序。各国或地区都有相关的法律规范对公司的设立条件和程序予以规定。未完成设立行为或设立行为虽已完成但未满足法律规定的条件的，均不能产生设立行为应有的法律效果。

（3）设立行为的目的在于最终成立公司，取得主体资格。设立人在设立阶段从事的与成立公司无关的活动，不应纳入公司设立范畴。

（4）公司的种类不同，设立行为的内容也就不尽一致。就各类设立行为的共同内容而言，主要包括发起人为筹建公司所进行的协商、订立公司章程、决定公司种类和名称、确定经营范围及资本的总额、选择营业地点、由发起人或股东认股并出资、召开创立会议、选举董事和监事，以及申请成立登记等。相对而言，在各种公司中，股份有限公司的设立无论在设立程序上，还是在设立行为的内容上，均较其他公司复杂。在我国，国有企业改组为公司，在设立程序和设立行为上，更较一般新设公司复杂。

公司成立是指已经具备了法律规定的实质要件，完成设立程序，由主管机关发给营业执照而取得公司主体资格的一种法律事实。公司的成立与设立的区别主要有：

（1）发生阶段不同。公司的设立和成立是取得公司主体资格过程中一系列连续行为的两个不同阶段：设立行为发生于营业执照颁发之前；成立则发生于被依法核准登记、签发营业执照之时。实质上，公司的成立是设立行为被法律认可后依法存在的一种法律后果。

（2）行为性质不同。设立行为以发起人的意思表示为要素，受平等、自愿、诚实信用等民商法基本原则的指导；而公司成立以主管机关发给营业执照为要素，发生在发起人与主管登记机关之间。

（3）法律效力不同。公司在被核准登记之前，被称为设立中的公司，此时的公司尚不具备独立的主体资格，其内、外部关系一般被视为合伙。因此，在设立阶段的行为，如果公司最终未被核准登记，设立行为的后果类推适用有关合伙的规定，由设立人对设立行为负连带责任；如果公司被核准登记，发起人为设立所实施的法律行为，其后果原则上归属于公司。公司成立则使公司成为独立的主体，公司成立后所实施行为的后果原则上由公司承担。

（4）行为人不同。公司设立的当事人主要是发起人和认股人；而公司成立的当事人主要是申请人和有权批准成立的政府机关。

（5）解决争议的依据不同。公司设立过程中，一般依发起人之间订立的设立协议来解决发起人之间的争议；但关于公司是否成立的争议，一般依据有关行政法规来解决。

二、公司设立的方式

从大陆法系各国或地区的公司立法来看，公司设立的方式有发起设立和募集设立两种。我国公司法对发起设立和募集设立方式均有规定。就某个股份有限公司而言，是采取发起设立方式还是募集设立方式，可以由发起人根据情况自由选择。当设立规模较大而本身资金不足，需要向社会广泛筹集资金，或者发起人出于其他如经营管理等方面的考虑时，可采取募集设立方式，否则可采取发起设立方式。

（一）发起设立

发起设立，是指由发起人认购应发行的全部股份而设立公司。因无限责任公司、两合公司、有限责任公司的人合性强，资本具有封闭性，所以其设立方式均为发起设立。

股份有限公司属于开放性公司，可以向社会发行股份，因而股份有限公司的设立既可以采取发起方式，也可采取募集方式。一般而言，采取发起设立方式设立，是由于各个发起人的资金比较雄厚或者公司的资本总额无须太高，在创立公司时，无须向社会公众募集资金，发起人的出资即可构成公司的资本总额。这种情形下，发起人采用发起设立方式设立公司，可以有效缩短公司设立的周期，减少公司的设立费用，降低公司的设立成本。不过，发起设立方式仅适合规模不大的公司。

（二）募集设立

募集设立，是指发起人只认购公司股份或首期发行股份的一部分，其余部分对外募集而设立公司的方式。募集设立既可以通过向社会公开发行股票的方式设立，也可以不发行股票而只向特定对象募集设立。这种方式只为股份有限公司设立之方式。由于募集设立的股份有限公司资本规模较大，涉及众多投资者的利益，故各国公司法均对其设立程序严格限制。如为防止发起人完全凭借他人资本设立公司，损害一般投资者的利益，各国大都规定了发起人认购的股份在公司股本总数中应占的比例。《公司法》第 84 条规定："以募集设立方式设立股份有限公司的，发起人认购的股份不得少于公司股份总数的百分之三十五；但是，法律、行政法规另有规定的，从其规定。"

三、公司设立的条件

《公司法》第 23 条规定："设立有限责任公司，应当具备下列条件：（一）股东符合法定人数；（二）有符合公司章程规定的全体股东认缴的出资额；（三）股东共同制定公司章程；（四）有公司名称，建立符合有限责任公司要求的组织机构；（五）有公司住所。"第 76 条规定："设立股份有限公司，应当具备下列条件：（一）发起人符合法定人数；（二）有符合公司章程规定的全体发起人认购的股本总额或者募集的实收股本总额；（三）股份发行、筹办事项符合法律规定；（四）发起人制定公司章程，采用募集方式设立的经创立大会通过；（五）有公司名称，建立符合股份有限公司要求的组织机构；（六）有公司住所。"

（一）主体条件

主体要件是指股东资格及人数要件，即股东须符合法定人数和资格。

《公司法》第 24 条规定："有限责任公司由五十个以下股东出资设立。特殊情况下，即国家和外商可以单独出资设立有限责任公司。有限责任公司股东人数的下限为一名股东，这名股东可以是一名自然人股东，也可以是一名法人股东，一名股东设立的有限责任公司为一人有限责任公司。

此外，依据我国公司法及相关法律的规定，有限责任公司的股东还必须具备相应的股东（出资人）的资格证明：股东为企业的，出具加盖本企业公章的企业法人营业执照复印件；股东为事业单位的，出具加盖本单位公章的事业单位法人证书复印件；股东为社会团体的，出具加盖本单位公章的社会团体法人登记证书复印件及民政社团管理部门确认的非党政机关所办社会团体证明；股东为自然人的，出具该人的身份证或其他合法身份证明的复印件；股东为工会法人的，应提交区、县级以上工会同意投资的批准文件。

以下单位（人员）不具有投资资格或投资能力受到限制：

（1）被锁入市场监督管理局信用信息系统的"警示信息系统"的市场主体（含自然人），在锁入期间其投资资格受到限制。例如：被锁入"警示信息系统"的自然人，在锁入期间不能担任其他公司的新股东；不能在已担任股东的公司中追加或受让股份。

（2）一个自然人只能投资设立一个一人有限责任公司，该一人有限责任公司不能投资设立新的一人有限责任公司。

（3）党政机关、司法行政部门以及党政机关主办的社会团体不得投资兴办企业。

（4）党政机关所属具有行政管理和执法监督职能的事业单位，以及党政机关各部门所办后勤性、保障性经济实体（企业法人）和培训中心不得投资兴办企业。

（5）会计师事务所、审计事务所、资产评估机构、律师事务所不得作为投资主体向其他行业投资设立企业。

（6）有限责任公司、股份有限公司可对公司制企业、集体所有制（股份合作）企业、联营企业投资。有限责任公司、股份有限公司可以设立分公司，分公司不得对外投资。

（7）个人独资企业、合伙企业可以作为有限责任公司的股东，并可以设立分支机构，但不得投资设立非公司企业法人，分支机构不得对外投资。

（8）非公司企业法人可以投资设立有限责任公司、股份有限公司、外商投资企业、非公司企业法人，也可以设立营业单位。其中，集体所有制（股份合作）的法人分支机构的经济性质核定为"集体所有制（股份合作）——全资设立"，并不得再投资设立非公司企业法人。

（9）工会经区、县级以上工会批准后可以投资设立公司或非公司企业法人，不得设立非法人企业。居委会、村委会可以投资设立公司或非公司企业法人，不得设立非法人企业。

（10）共青团、妇联、侨联、工商联可以投资设立公司或非公司企业法人，不得设立非法人企业。

（11）法律、法规禁止从事营利性活动的人，不得成为公司股东、合伙企业合伙人和个人独资企业投资人或其他市场主体的投资人。

（二）财产条件

财产条件也即股东出资要件。一般而言，有限责任公司的资本不必划分为股份，更不能发行股票，但也有一些国家公司法规定有限责任公司的资本可以分成股份，以便于计算股东的出资及其权利义务。我国公司法对有限责任公司的出资是否划分为股份及每股金额均未作规定，实践中可由公司自行掌握。

（三）组织条件

组织条件包括公司的名称、住所及依法建立符合有限责任公司要求的组织机构等。

（四）经营条件

经营条件是指公司须有固定的经营场所和必要的生产条件。

生产经营场所是公司进行生产经营等业务活动的所在地。与公司的生产经营场所有关的另一概念是公司的住所。固定的经营场所与公司的住所可能一致，也可能不一致。

必要的生产经营条件是保证公司的经营活动能够正常进行、其设立目的能够实现的必要条件，是对物质条件、资金条件、组织条件的具体化要求。

（五）设立行为条件

设立行为如公司要订立发起人协议、公司章程等。

第二节　公司的设立登记

一、公司登记概述

（一）公司登记的含义

公司登记是指公司在设立、变更、终止时，依法在公司注册登记机关由申请人提出申请，主管机关审查无误后予以核准并记载法定登记事项的行为。对于公司的设立采取准则设立主义原则的国家和地区，一般同时采取公示主义对公司进行登记注册。

（二）公司登记与营业登记

公司登记不同于营业登记。公司登记属于法人登记，目的是创设法律人格，赋予公司以独立主体资格。营业登记又称商事登记、商业登记，其作用则是政府承认某项营业及其某一商号的合法性，准许其开业。在我国，公司的这两种登记是合并进行的，并由同一机关主管。

（三）公司登记的类型

公司登记通常分为设立登记、变更登记和解散登记等。设立登记是设立过程中所作的登记。设立登记注册后，公司便告成立。变更登记是改变公司名称、住所、经营方式、注册资金、经营期限等原来的登记注册事项以及增设或撤销公司分支机构时等所作的登记。解散登记是指公司解散时进行的注销登记。

（四）公司登记的机关

公司登记须在国家规定的公司注册登记机关进行。依据《中华人民共和国公司登记管理条例》（以下简称《公司登记管理条例》）及相关法律文件的规定，我国的公司登记机关是国家市场监督管理总局和地方各级市场监督管理局。

无论是设立、变更、注销公司登记，均应在同一登记机关进行登记。而且，虽然企业迁移或跨地区设立分支机构需要在其他登记机关登记，但还须在原登记机关做变更登记。

二、公司设立登记的意义

（一）公司的设立审批

公司的设立审批是指在公司设立登记前，必须依法律、行政法规的规定报经政府主管部门或政府授权部门审查批准。依《公司法》的规定，审批及登记都是公司设立过程中依法所为的行政行为。

（二）公司设立登记的意义

公司的设立登记事项应当符合法律、行政法规的规定。设立登记的意义主要有：

（1）设立登记是公司进行经营活动的基本前提和首要条件。通过设立登记，可以从法律上确认公司设立的事实。公司设立一经登记，公司便即告合法成立，取得了从事生产经营和商业服务活动的资格。

（2）通过设立登记，可以确认公司的注册地，进而确认公司的住所和经营场所。

（3）通过设立登记，将公司的法律形式明确地记载下来，从而为确定投资人的责任范围提供依据。

（4）通过设立登记，可以使国家掌握公司的行业分布、区域分布及其他资料，便于国家实施宏观经济政策和对公司的微观活动进行监督管理。

（5）通过设立登记，可以对非法经营活动（如假冒伪劣产品的生产和销售）进行制止和打击。

三、公司设立登记的程序

公司登记的程序因各种不同类型的公司及不同种类的登记而异，我国公司法对于各种登记分别规定在不同的章节中。

（一）有限责任公司

有限责任公司是一种非公众性、人合性的法人，其设立只能以发起设立为限，不能采取募集设立方式。有限责任公司设立主要经过以下程序：

1. 发起人发起并签订设立协议

发起人协议，也称为设立协议，目的是明确发起人在公司设立中的权利义务。其主要内容包括：公司经营的宗旨、项目、范围和生产规模、注册资金、投资总额以及各方出资额、出资方式、公司的组织机构和经营管理、盈余的分配和风险分担的原则等。

2. 制定公司章程，认购出资

全体股东共同制定公司章程，章程内容应当包括：①公司名称和住所；②公司经营范围；③公司注册资本；④股东的姓名和住所；⑤股东的出资方式、出资额和出资时间；⑥公司的机构及其产生办法、职权、议事规则；⑦公司的法定代表人；⑧股东会议认为需要规定的其他事项。

3. 申请名称预先核准

企业名称预先核准是企业名称登记的特殊程序，指的是设立公司应当申请名称预先核准，这样可以使企业避免在筹组过程中因名称的不确定性而带来的登记申请文件、材料使用名称杂乱，并减少因此引起的重复劳动、重复报批现象。根据《公司登记管理条例》的规定，"设立有限责任公司，应当由全体股东指定的代表或者共同委托的代理人向公司登记机关申请名称预先核准"。申请名称预先核准，应当提交下列文件：①有限责任公司的全体股东或者股份有限公司的全体发起人签署的公司名称预先核准申请书；②全体股东或者发起人指定代表或者共同委托代理人的证明；③国家市场监督管理总局规定要求提交的其他文件。预先核准的公司名称保留期为6个月。预先核准的公司名称在保留期内，不得用于从事经营活动，不得转让。有限责任公司名称应当由行政区划、字号、行业、组织形式依次组成，且需在名称中标明有限责任公司或有限公司字样。分支机构的名称应冠以所属总公司的名称，并缀以分公司字样，同时标明分公司的行业名称和行政区划地名。

4. 设立审批

这一程序并非所有有限责任公司的设立都要经过的程序，一般公司只直接注册登记即可，仅对于法律、行政法规规定必须报经批准的，才办理批准手续。

5. 缴纳出资

有限责任公司的注册资本为在公司登记机关登记的全体股东认缴的出资额。法律、行政法规以及国务院决定对有限责任公司注册资本实缴、注册资本最低限额另有规定的，从其规定。股东可以用货币出资，也可以用实物、知识产权、土地使用权等可以用货币估价并可以依法转让的非货币财产作价出资；但是，法律、行政法规规定不得作为出资的财产除外。对作为出资的非货币财产应当评估作价，核实财产，不得高估或者低估作价。法律、行政法规对评估作价有规定的，从其规定。股东应当按期足额缴纳公司章程中规定的各自所认缴的出资额。股东以货币出资的，应当将货币出资足额存入有限责任公司在银行开设的账户；以非货币财产出资的，应当依法办理其财产权的转移手续。股东不按照前款规定缴纳出资的，除应当向公司足额缴纳外，还应当向已按期足额缴纳出资的股东承担违约责任。

6. 确立公司的组织机构

公司的组织机构一般包括权力机构股东会、执行机构董事会、监督机构监事会、高级管理人员。股东人数较少和规模较小的可以不设董事会，只设一名执行董事；可以不设监事会，只设一至两名监事。国有独资公司不设股东会，由董事会行使部分股东会职权。

7. 申请设立登记

公司设立登记由拟设立的公司向其所在地的市场监督管理机关提出设立登记申请，主要内容包括申请人、申请方式以及申请材料等。有限责任公司登记的申请人是全体股东指定的代表或者共同委托的代理人；设立国有独资公司的，是国资委。实务中，申请人往往委托专业中介机构代办有关申请事宜。申请人提出申请时应书面提交符合法定要求形式、格式的各类文件，同时，申请人要保证申请材料实质内容的真实性，否则将负法律责任。

8. 审查核准

登记机关受理登记申请后，于法定期限内依法进行审查。依《公司登记管理条例》的规定，登记主管机关对于设立登记申请的各种文件应进行审查，经过形式审查合格的，即发给申请人公司登记受理通知书。登记机关自发出公司登记受理通知书之日起 30 日内，经过实质审查，即对符合规定条件的申请，作出予以登记的决定，自作出予以登记的决定之日起 15 日内通知申请人，发给企业法人营业执照；对不符合规定条件的，作出不予登记的决定，自作出不予登记的决定之日起 15 日内通知申请人，发给公司登记驳回通知书。

《公司登记管理条例》第 51 条规定，"公司登记机关应当根据下列情况分别作出是否受理的决定：（一）申请文件、材料齐全，符合法定形式的，或者申请人按照公司登记机关的要求提交全部补正申请文件、材料的，应当决定予以受理。（二）申请文件、材料齐全，符合法定形式，但公司登记机关认为申请文件、材料需要核实的，应当决定予以受理，同时书面告知申请人需要核实的事项、理由以及时间。"

9. 公告

登记主管机关核准登记后，应发布公司登记公告。经公告后，公司登记程序才告全部完成。此时，登记事项可发生对抗第三人的效力。

（二）股份有限公司

依我国公司法的有关规定，股份有限公司的发起设立程序与募集设立程序相比较，募集设立程序除了与发起设立基本相同的程序，还需经过向社会公开招募股份及其相关的一些步骤。具体可以概括如下：

1. 签订发起人协议

发起人协议是发起人之间以书面形式表达的共同设立公司、各自承担一定设立义务的意思表示一致的行为。由于股份有限公司的设立主要依赖于发起人的发起行为，《公司法》对发起人的义务和责任作了明确规定。

2. 制定（订）公司章程

发起设立的，由发起人制定公司章程；采用募集方式设立的，由发起人制订公司章程，交创立大会审议，经出席会议的认股人所持表决权过半数通过。

3. 申请名称预先核准（与有限责任公司相同）

依据《公司登记管理条例》的规定，设立股份有限公司要在报送审批前，申请公司名称预先核准。

4. 认购股份

设立股份有限公司有发起设立和募集设立两种方式，《公司法》对这两种方式中股份的认购规定有很大差异。

以发起设立方式设立股份有限公司的，发起人认购应发行的全部股份。在以发起设立方式设立公司时，每一个发起人都应当以书面方式承诺自己将要购买多少股份，并且所有发起人所承诺购买的股份的总和应当等于应发行的全部股份，否则不能以发起设立方式设立。

以募集设立方式设立的认购程序：

（1）发起人认购法定数额的股份。《公司法》规定："以募集设立方式设立股份有限公司的，发起人认购的股份不得少于公司股份总数的百分之三十五；但是，法律、行政法规另有规定的，从其规定。"

（2）公开募集股份。这是公开募集设立的独特程序，发起设立与定向募集没有这一程序，因为公开募集股份涉及社会公众利益，法律规定了严格的程序要求。具体包括以下环节：

①报请核准。公开募集申请向社会公开募集股份，应当由发起人向国务院证券监督管理机构提出募股申请，需要报送的文件主要有：a. 批准设立公司的文件；b. 公司章程；c. 经营估算书；d. 发起人姓名或者名称、发起人认购股份数、出资种类及验资证明；e. 招股说明书；f. 代收股款银行的名称及地址；g. 承销机构名称及有关的协议。除上述文件外，还应当提交国务院证券监督管理机构规定的有关文件。由于公司的股份是采取股票的形式，因而公开募集股份就是公开发行股票，需要由国务院证券监督管理机构依照公司法规定的条件核准；国务院证券监督管理机构应当自受理股份发行申请之日起三个月内作出决定，不予核准的应当作出说明。公开募集股份的申请经核准后，发起人应当依照法律、行政法规的规定，在股份公开募集前，公告公开募集文件，并将该文件置备于指定场所供公众查阅。对已经作出的公开募集的核准，发现不符合法律、行政法规规定的，应当予以撤销；尚未募集股份的，停止募集；已经募集的，认股人可以按照所缴股款并加算银行同期存款利息，要求发起人返还。

②制作招股说明书并附发起人制定的公司章程。公开募集申请获得核准以后，发起人应当依照《公司法》第85条和《证券法》第23条的规定，在公开发行股份前，公告招股说明书，并将该文件置备于指定场所供公众查阅。发行股份的信息依法公开前，任何知情人不得公开或者泄露该信息。发起人不得在公告公开发行募集文件前发行证券。

根据《公司法》第86条规定，招股说明书应当附有发起人制订的公司章程，并载明下列事项：发起人认购的股份数；每股的票面金额和发行价格；无记名股票的发行总数；

募集资金的用途；认股人的权利、义务；本次募股的起止期限及逾期未募足时认股人可以撤回所认股份的说明。从法律性质上说，招股说明书是发起人对非特定的公众投资者发出的认购股份的要约邀请，也是向证券监督管理机构申请募股的必备法律文件。

③签订承销与代收股款协议。代收股款的银行应当按照协议代收和保存股款，向缴纳股款的认股人出具收款单据，并负有向有关部门出具收款证明的义务。

5. 缴纳股款

以发起设立方式设立股份有限公司的，发起人应当书面认足公司章程规定其认购的股份，并按照公司章程规定缴纳出资。以非货币财产出资的，应当依法办理其财产权的转移手续。

发起人向社会公开募集股份，应当由依法设立的证券公司承销，签订承销协议。发起人向社会公开募集股份，应当同银行签订代收股款协议。代收股款的银行应当按照协议代收和保存股款，向缴纳股款的认股人出具收款单据，并负有向有关部门出具收款证明的义务。

发行股份的股款缴足后，必须经依法设立的验资机构验资并出具证明。发行的股份超过招股说明书规定的截止期限尚未募足的，或者发行股份的股款缴足后，发起人在 30 日内未召开创立大会的，认股人可以按照所缴股款并加算银行同期存款利息，要求发起人返还。

为保障股份有限公司资本尽快充实，《最高人民法院关于适用〈中华人民共和国公司法〉若干问题的规定（三）（以下简称《公司法司法解释三》）第 6 条实质上授予了发起人的另行募集权："股份有限公司的认股人未按期缴纳所认股份的股款，经公司发起人催缴后在合理期间内仍未缴纳，公司发起人对该股份另行募集的，人民法院应当认定该募集行为有效。认股人延期缴纳股款给公司造成损失，公司请求该认股人承担赔偿责任的，人民法院应予支持。"

6. 召开公司创立大会

这是募集设立方式的独特程序，发起设立没有这一程序。发起人应当自股款缴足之日起 30 日内主持召开公司创立大会。创立大会由发起人、认股人组成。发起人应当在创立大会召开 15 日前将会议日期通知各认股人或者予以公告。创立大会应有代表股份总数过半数的发起人、认股人出席，方可举行。创立大会是股东大会的前身，也是设立中公司的最高决策机构。创立大会的主要职权包括：①审议发起人关于公司筹办情况的报告；②通过公司章程；③选举董事会成员；④选举监事会成员；⑤对公司的设立费用进行审核；⑥对发起人用于抵作股款的财产的作价进行审核；⑦发生不可抗力或者经营条件发生重大变化直接影响公司设立的，可以作出不设立公司的决议。创立大会对前款所列事项作出决议，必须经出席会议的认股人所持表决权过半数通过。

7. 建立公司机构

以发起设立方式设立股份有限公司的，发起人认足公司章程规定的出资后，应当选举董事会和监事会，由董事会向公司登记机关报送公司章程以及法律、行政法规规定的其他文件，申请设立登记。

以募集设立方式设立股份有限公司的，发起人应当在缴足股款、验资证明出具之后 30

日内召开公司创立大会，公司创立大会行使与股东大会类似的职权，选举董事会、监事会。

8. 申请设立登记

股份有限公司的设立登记申请由首届董事会负责，具体环节与有限责任公司相同，但申报文件的内容不同。

9. 核准登记

与有限责任公司相同。

10. 公告

公司成立后，应该进行公告。公告的设立登记的内容应当与登记机关核准登记的内容一致。

四、公司登记的电子化

公司登记全程电子化是指公司的设立、变更、注销、备案等各个业务环节均可通过互联网办理。

国务院2014年《注册资本登记制度改革方案》规定，要推行电子营业执照和全程电子化登记管理。具体内容为：建立适应互联网环境下的商事登记数字证书管理系统，积极推行全国统一标准规范的电子营业执照，为电子政务、电子商务提供身份认证和电子签名服务保障；电子营业执照载有工商登记信息，与纸质营业执照具有同等法律效力；大力推进以电子营业执照为支撑的网上申请、网上受理、网上审核、网上公示、网上发照等全程电子化登记管理方式，以提高市场主体登记管理的信息化、便利化、规范化水平。

第三节　公司设立的效力

公司设立的效力即公司设立行为的法律后果。设立行为的后果无非有三：一是经过设立程序，符合法定条件，被核准登记，公司取得法律人格；二是经过设立程序，不符合法定条件，未被核准登记，公司设立失败或公司被确认设立无效或被撤销；三是无论公司成立还是不成立，发起人对其设立行为都要承担相应的法律责任，这也是设立行为效力的重要表现。

一、公司设立完成

（一）设立完成的一般效力

公司设立完成，意味着公司自此取得法律人格，获得从事经营活动的合法凭证，可依注册登记的经营范围和经营方式开展生产经营活动。企业法人营业执照签发日期为公司成立日期。公司凭据此执照刻制印章、开立银行账户、申请纳税登记。公司在登记注册的范围内从事经营活动，受国家法律的保护。

（二）设立中公司的法律地位

从发起人设立公司到公司正式成立，需要经过一段时间。这一时期的公司，称为设立中的公司。对于设立中公司的法律地位，理论上存有不同观点。一般认为，设立中的公司是一种权利能力受限制的社团，而发起人则为设立中公司的执行机关。设立中的公司并不以要使发起人之间产生债权债务关系为目的，而是要设立一个有独立主体资格的法人，即设立中的公司与其后成立的公司具有密不可分的联系。因此，设立中的公司所形成的权利义务关系原则上应由成立后的公司承继，但发起人的权限范围应该以与公司设立有关的行为为限。

二、发起人的责任

《公司法司法解释三》第1条规定，发起人是指为设立公司而签署公司章程、向公司认购出资或者股份并履行公司设立职责的人，包括有限责任公司设立时的股东。发起人因从事公司设立行为可能发生的法律责任有：

（一）公司设立失败的法律责任

公司不能成立时，对设立行为所产生的债务和费用负连带责任；公司不能成立时，对认股人已缴纳的股款，负返还股款并加算银行同期存款利息的连带责任。

《公司法司法解释三》规定：公司因故未成立，债权人请求全体或者部分发起人对设立公司行为所产生的费用和债务承担连带清偿责任的，人民法院应予支持。部分发起人依照前款规定承担责任后，请求其他发起人分担的，人民法院应当判令其他发起人按照约定的责任承担比例分担责任；没有约定责任承担比例的，按照约定的出资比例分担责任；没有约定出资比例的，按照均等份额分担责任。因部分发起人的过错导致公司未成立，其他发起人主张其承担设立行为所产生的费用和债务的，人民法院应当根据过错情况，确定过错一方的责任范围。

发起人因履行公司设立职责造成他人损害，公司未成立，受害人请求全体发起人承担连带赔偿责任的，人民法院应予支持。无过错的发起人承担赔偿责任后，可以向有过错的发起人追偿。

（二）公司成立后发起人的设立责任

1. 资本充实责任

资本充实责任，也叫资本填补责任，是指股份有限公司发行的股份未按期募足，或有限责任公司的股东未缴足出资额，或实物出资的股东低价高估的差额，由发起人承担填补资本的责任。这是一种无过失的设立责任，也叫严格责任，是一种连带责任。

有限责任公司成立后，发现作为设立公司出资的非货币财产的实际价额显著低于公司章程所定价额的，应当由交付该出资的股东补足其差额；公司设立时的其他股东承担连带责任。

《公司法司法解释三》规定：股份有限公司成立后，发起人未按照公司章程的规定缴足出资的，应当补缴；其他发起人承担连带责任。股份有限公司成立后，发现作为设立公司出资的非货币财产的实际价额显著低于公司章程所定价额的，应当由交付该出资的发起人补足其差额；其他发起人承担连带责任。股东未履行或者未全面履行出资义务，公司或者其他股东请求其向公司依法全面履行出资义务的，人民法院应予支持。公司债权人请求未履行或者未全面履行出资义务的股东在未出资本息范围内对公司债务不能清偿的部分承担补充赔偿责任的，人民法院应予支持；未履行或者未全面履行出资义务的股东已经承担上述责任，其他债权人提出相同请求的，人民法院不予支持。股东在公司设立时未履行或者未全面履行出资义务，依照本条第一款或者第二款提起诉讼的原告，请求公司的发起人与被告股东承担连带责任的，人民法院应予支持；公司的发起人承担责任后，可以向被告股东追偿。股东在公司增资时未履行或者未全面履行出资义务，依照本条第一款或者第二款提起诉讼的原告，请求未尽公司法第一百四十七条第一款规定的义务而使出资未缴足的董事、高级管理人员承担相应责任的，人民法院应予支持；董事、高级管理人员承担责任后，可以向被告股东追偿。有限责任公司的股东未履行或者未全面履行出资义务即转让股权，受让人对此知道或者应当知道，公司请求该股东履行出资义务、受让人对此承担连带责任的，人民法院应予支持；公司债权人依照本规定第十三条第二款向该股东提起诉讼，同时请求前述受让人对此承担连带责任的，人民法院应予支持。受让人根据前款规定承担责任后，向该未履行或者未全面履行出资义务的股东追偿的，人民法院应予支持。但是，当事人另有约定的除外。

2. 损害赔偿责任

这是指发起人在实施设立公司行为过程中，其行为损害了公司、其他股东和公司债权人利益而引起的赔偿责任。

《公司法司法解释三》规定：发起人因履行公司设立职责造成他人损害，公司成立后受害人请求公司承担侵权赔偿责任的，人民法院应予支持。公司承担赔偿责任后，可以向有过错的发起人追偿。

3. 违约责任

当发起人实施认购行为后，没有按期认缴出资额或认购股份，应当对公司负违约责任。如虚假出资。

4. 合同责任

《公司法司法解释三》规定：发起人以设立中公司名义对外签订合同，公司成立后合同相对人请求公司承担合同责任的，人民法院应予支持。公司成立后有证据证明发起人利用设立中公司的名义为自己的利益与相对人签订合同，公司以此为由主张不承担合同责任的，人民法院应予支持，但相对人为善意的除外。

第四节　公司的名称和住所

一、公司的名称

公司名称的意义主要有三：其一，公司的名称是公司成为独立民事主体的重要标志之一，是法人人格的表现；其二，公司的名称也是法人人格特定化的标志，公司可以其名称区别于其他民事主体；其三，公司的名称也是商誉的主要组成部分，是一种无形资产。

（一）公司名称的特性

在公司成立之前，就应当拟定公司的名称。我国公司法规定公司名称为公司成立的条件之一，同时也是公司章程的必备条款。公司名称从公司成立之日起具有法定效力。依我国有关法律的规定，公司的名称具有下列法律特征：

（1）公司名称具有唯一性，即一定时期一个公司只准用一个名称。

（2）公司名称具有排他性，即一定范围内只有一个公司可使用经过注册的特定名称。根据我国《企业名称登记管理条例》的规定，公司名称的排他范围是相当有限的：其一，在同一登记机关辖区内，同行业的企业不能有相同或类似的名称。因此，在两个登记机关各自的辖区内，同行业企业出现相同或类似的名称是难以受制约的。其二，对不同业务的公司，是否使用相同或类似名称，我国公司立法未作禁止规定。针对上述问题，我国台湾地区规定："同类业务之公司，不问是否同一种类，是否同在一省（市）区域以内，不得使用相同或类似之名称；不同类业务之公司，使用相同名称时，登记在后之公司，应于名称中加记可资区别之文字。"

（3）公司名称具有可转让性。公司名称可以依法转让，或许可他人有偿使用名称中的商号。

（二）公司名称的构成

我国《企业名称登记管理规定》规定："企业名称应当由行政区划、字号、行业、组织形式依次组成，法律、行政法规和本办法另有规定的除外。"依该规定，除法律另有规定外，公司名称应当依次包括下列4个部分。

（1）公司所属的行政区划名称，即注册机关的行政管辖级别和行政管辖范围。

（2）字号，即公司的特有名称，一般由两个或两个以上的汉字或少数民族文字组成。这是公司名称的核心内容，也是公司名称中唯一可由当事人自主选择的内容。不过，法律对此往往规定一些禁用条款。

（3）公司的行业或营业种类，即公司的名称应显示出公司的主要业务和行业性质。

（4）公司的形式，即公司的种类，如"股份有限公司"或"有限责任公司"。《公司法》规定："依照本法设立的有限责任公司，必须在公司名称中标明有限责任公司字样。依照本法设立的股份有限公司，必须在公司名称中标明股份有限公司字样。"

企业名称不得含有下列内容和文字：有损于国家、社会公共利益的；可能对公众造成欺骗或者误解的；外国国家（地区）名称、国际组织名称；政党名称、党政军机关名称、群众组织名称、社会团体及部队编号；汉语拼音字母（外文名称中使用的除外）、数字。

下列企业，可以申请在企业名称中使用"中国""中华"或者冠以"国际"字词：全国性公司；国务院或其授权的机关批准的大型进出口企业；国务院或者授权的机关批准的大型企业集团；国家市场监督管理总局规定的其他企业。

在企业名称中使用"总"字的，必须下设三个以上分支机构。只有私营企业、外商投资企业才可以使用投资人姓名作字号。

（三）公司名称的核准和登记

我国法律对公司名称实行强制注册制，即公司名称权的取得以设立登记为要件；公司名称变更，须经变更登记。我国的公司登记机关是各级市场监督管理部门。

（四）公司名称预先核准制度

为防止公司名称发生混淆并提高注册的效率，许多国家或地区实行公司名称预先核准制度，我国也不例外。公司申请名称预先核准，是公司启动设立申请程序的第一步。《企业名称登记管理规定》规定："企业名称在企业申请登记时，由企业名称的登记主管机关核定。企业名称经核准登记注册后方可使用，在规定的范围内享有专用权。"公司只有经过名称预先核准后，才能够按照公司法和有关法律制度的规定，在银行申请开设临时账户，办理股东出资的存取和转账手续。对于法律、行政法规或者国务院决定规定设立公司必须报经批准，或者公司经营范围中属于法律、行政法规或者国务院决定规定在登记前须经批准的项目的，应当在报送批准前办理公司名称预先核准，并以公司登记机关核准的公司名称报送批准。

预先核准的公司名称保留期为 6 个月。自市场监督管理机关作出准予公司名称预先核准决定，并出具企业名称预先核准通知书之日起算。在 6 个月的保留期内未申请公司登记注册，或者未获得市场监督管理机关的准予登记决定的，预先核准的公司名称即告失效，其他公司即可申请以此名称作为自己公司的名称。预先核准的公司名称在保留期内，不得用于从事经营活动，不得转让。

（五）公司的名称权

公司的名称权是指公司对其依法取得的名称享有的独占和排他的权利。公司名称经登记注册后，即取得其名称的专用权。

1. 确定公司名称权的原则

为保证名称权的专属性，使得在一定地域范围内公司名称不至于混同，在申请登记时，如有两个以上公司向同一登记机关申请注册同一名称的，由登记主管机关依照申请在先原则核定；如有两个以上公司向不同登记机关申请注册同一名称的，由登记主管机关依照受理在先原则核定；如果两个以上公司因已注册的名称相似或相同而发生争议，由登记主管机关依照注册在先原则处理。这就是公司名称权确定上的登记对抗主义。我国现行法规即采用登记对抗主义。

2. 公司名称权的转让

公司的名称权是可转让的，但对于是否可以单独转让，各国或地区的规定不尽相同。依我国相关法律的规定，公司名称可以随公司或者公司的一部分一并转让，即我国不允许公司名称的单独转让。由于法律禁止在一定地域范围内同行业的企业重名，因此，公司名称权转让后，转让人应停止使用已转让的公司名称。同时，公司名称也只能转让给一户企业，公司名称权的转让不经登记不得对抗第三人。

3. 公司名称权的效力

公司名称经登记注册后，即取得该名称的专用权，在法律上具有排他的效力。我国现行法规采用的是"登记对抗主义"，这种排他性主要表现在两个方面：一是表现在排除其他登记、使用同一或相近似名称的权利；二是停止其他不正当使用同一名称的权利。凡擅自使用他人已经登记注册的公司名称的行为，均构成对他人名称专用权的侵犯，被侵权人可以向侵权人所在地登记主管机关要求处理，也可以直接向人民法院起诉，请求责令侵权人停止侵权行为，并可请求赔偿因该侵权行为所遭受的损失。

（六）企业名称预先核准的办理（以北京市为例）

1. 申请方式

申请人除直接到企业登记场所提出申请外，还可以通过邮寄、传真、电子数据交换和电子邮件等非固定形式提出。

申请人以非固定形式申请行政许可所提交的格式文本应当使用北京市市场监督管理局提供的申请书格式文本。

申请人以非固定形式提交行政许可申请的，应当在提交材料的同时，提供申请人或者经申请人依法委托的代理人详细的联系电话、通信地址、电子邮箱、委托文件等。

申请人以信函方式向市场监督管理机关的行政许可机构提出行政许可申请的，应当是有关申请文件、证件的原件，申请文件签字、盖章应当真实、有效。

2. 名称的构成

名称一般由四部分依次组成：行政区划＋字号＋行业特点＋组织形式。

3. 受理审核时限

可直接到市场监督管理机关申请名称预先核准登记，凡材料齐全，符合法定形式，市场监督管理机关当场予以核准。（申请人以非固定形式提交行政许可申请的，受理审核时限按国家市场监督管理总局《企业登记程序性规定》执行）。

4. 登记管辖

市场监督管理机关对企业名称实行分级登记管理。

国家市场监督管理总局登记管辖范围：①冠以"中国""中华""全国""国家""国际"字样的；②在名称中间使用"中国""中华""全国""国家"等字样的；③不含行政区划的。为避免在同行业内国家市场监督管理总局预先核准的企业名称与北京市登记注册的企业名称相同或者近似，建议申请人在向国家市场监督管理总局申请企业名称前，先到北京市市场监督管理局进行企业名称预先查询。

北京市市场监督管理局登记管辖范围：①北京市人民政府国有资产监督管理机构履行出资人职责的公司以及该公司投资设立的控股50%以上的公司；②注册资本3 000万元人民币（含）以上的有限责任公司；③股份有限公司；④依照法律、行政法规规定或者国务院的决定，应当由北京市市场监督管理局登记的公司；⑤国家市场监督管理总局授权登记的其他公司；⑥会计师事务所、资产评估机构、典当、中小企业信用担保、期货经纪、旧机动车经纪、因私出入境中介、境外就业中介、人才中介、征信、商标代理、登记注册代理机构；⑦北京市市场监督管理局认为应当由其登记的其他企业；⑧西客站地区、首都机场地区、天安门地区、机动车交易市场、古玩城市场、潘家园旧货市场内设立的企业；⑨外商投资企业。

北京市各区县市场监督管理分局登记管辖范围：负责本辖区内国家市场监督管理总局及北京市市场监督管理局登记的企业以外其他内资企业、内资企业分支机构及个体工商户、国家市场监督管理总局及北京市市场监督管理局授权登记的公司名称登记，并根据北京市市场监督管理局复核意见进行核准。

5. 收费标准

办理名称预先核准登记不收取登记费用。

6. 名称预先核准登记程序

办理名称预先核准登记，一般要经以下步骤：

第一步：咨询后领取并填写名称（变更）预先核准申请书、投资人授权委托意见，同时准备相关材料；

第二步：递交名称（变更）预先核准申请书、投资人授权委托意见及相关材料，等待名称核准结果；

第三步：领取企业名称预先核准通知书或企业名称变更核准通知书。

特别注意：申请人应当向具有登记管辖权的名称登记机关申请名称核准登记。名称预先核准登记后，申请人不得跨地域或跨级别向其他登记机关申请设立（变更）登记注册；法律、行政法规或者国务院决定规定设立公司必须报经批准，或者经营范围中属于法律、行政法规、国务院决定规定在登记前须经批准的项目的，申请人应当在取得名称预先核准后凭核准的名称报送批准。在登记注册时应提交符合法定形式的批准文件。名称预先核准时不审查投资人资格和企业设立条件，投资人资格和企业设立条件在企业登记时审查。

7. 名称预先核准登记、名称变更预先核准登记应提交的文件、证件

有以下情况之一的，除填写名称（变更）预先核准申请书、投资人授权委托意见外，还应当提交相关文件证件：

①使用自然人姓名（该自然人应当是投资人）作字号的应当提交该自然人身份证复印件及该自然人同意使用其姓名的授权（许可）文件。需要注意的是，所用投资人姓名如与党和国家领导人或老一辈革命家及名人的姓名相同的，不得作为字号使用。

②在同一行业内申请使用相同字号的应当由字号所有权人出具授权（许可）文件以及加盖其印章的执照复印件。授权（许可）的名称不得对公众造成欺骗或引起误解。

③使用商标中的文字作为字号的应当提交商标所有权人出具的授权（许可）文件、商标注册证书（不能提交原件的，可以提交加盖商标注册权人印章的复印件）以及商标所有权人的资格证明（商标所有权人为经济组织的，需在资格证明上加盖经济组织公章；商标所有权人为自然人的，提交该自然人身份证复印件）。

④外商投资企业在名称中使用与外国（地区）投资人相同字号（英文字母）的应当提交该外国（地区）投资人的资格证明文件。

⑤申请在名称中冠以企业集团名称或者简称的，应当提交企业集团登记证。

⑥分支机构办理名称预先核准时应当提交其所从属企业的营业执照复印件并加盖印章。

⑦使用外文译音作字号、字号有其他含义或者使用新兴行业表述用语的应当在申请书"备注说明"栏目中作出解释说明并提交全体投资人签署的其他有关证明材料。

⑧名称中使用"中关村"字词的，应当出具"建设中关村科技园区领导小组办公室"的意见。

⑨名称中使用"北京商务中心区"字词的，应当取得"北京商务中心区管理委员会"的批准。

8. 名称（变更）预先核准申请书的填写方法及提示

名称由四部分组成：行政区划+字号+行业特点+组织形式。例如：北京（北京市）+

康达来＋商贸＋有限公司。北京（北京市）为行政区划；康达来为字号，为减少重名，建议使用三个以上的汉字作为字号；商贸是行业特点，应与申请经营范围中的主营行业相对应；有限公司是组织形式。分支机构的名称应冠以主办单位的全称，如北京市康达来商贸有限公司方庄分店。需要注意：

①建议至少取 3 个以上的备用字号，市场监督管理局将按申请人所填写的顺序依次查重，以首先不重名的名称为核准使用的名称。

②名称中的行业特点应与主营行业相一致，不应当明示或者暗示有超越其经营范围的业务。例如：主营销售百货，那么名称应以商贸或经贸为行业特点；主营科技开发业务，那么名称应以科技为行业特点。申请跨行业从事经营活动的，经营范围中的第一项应当作为主营行业。

③使用外文译音作字号、字号有其他含义的或者使用新兴行业表述用语的应当在"备注说明"栏目中作出解释说明。

9. 投资人授权委托意见的填写方法

投资人授权委托意见应当明确被授权委托的代表或代理人、授权权限及授权期限，并由全体投资人签名盖章（注：投资人为自然人的由自然人签名，投资人为单位的加盖公章）

投资人授权委托意见应粘贴代表人或代理人身份证明复印件。身份证明包括居民身份证、护照、长期居留证、港澳台永久性居民身份证、军官退休证等表明申请人身份的证明文件。

预先核准的名称有效期为 6 个月，有效期届满，预先核准的名称失效。

预先核准的名称在有效期内，不得用于从事经营活动，也不得进行转让。

预先核准的名称有效期届满前 30 日内，申请人可以持企业名称预先核准通知书或企业名称变更预先核准通知书向名称登记机关提出名称延期申请。

申请名称延期应由全体投资人签署预先核准名称有效期延期申请表，有效期延长 6 个月，期满后不再延长。

10. 名称注销

申请人可以在名称有效期内向名称登记机关申请注销原预先核准名称。申请注销名称时应当提交由全体投资人签署的预先核准名称注销申请表并同时缴回企业名称预先核准通知书或企业名称变更核准通知书及其附件预核准名称投资人名录表。

名称预先核准后，登记管辖机关因申请人改变拟设企业登记事项而发生变化的，申请人应当向原名称登记机关申请注销预先核准的名称，名称注销程序依照前文规定。

名称注销后，申请人应向变更后有登记管辖权的登记机关重新申请名称预先核准。

11. 补发名称核准通知书

企业名称预先核准通知书或企业名称变更核准通知书丢失的应当向名称登记机关申请补发。申请时应当提交由全体投资人签署的名称预先核准通知书补发申请表。

12. 变更投资人

申请设立（变更）登记的投资人与名称预先核准登记的投资人有变化的，按以下规定办理：

投资人部分变化的，应当提交由全体投资人（包括变更前和变更后的投资人）签署的已核准名称企业信息调整申请表，同时交回企业名称预先核准通知书或企业名称变更核准通知书及其附件预核准名称投资人名录表。全体投资人发生变更的应当重新申请名称预先核准。投资人不具备投资资格的，应当退出或更换投资人。使用投资人姓名作为企业名称字号的，该投资人退出投资的，应当重新申请名称预先核准登记。

13. 已核准名称企业信息调整

企业名称预先核准登记后，预核名称的主营业务、投资人或字号许可方式等信息发生变化的，申请人可向名称登记机关申请企业信息调整。

申请已核准名称企业信息调整的，申请人应当向名称登记机关提交由全体投资人签署的已核准名称企业信息调整申请表。因投资人部分改变申请调整信息的，申请人还应同时缴回预核准名称投资人名录表；字号许可方式改变的还应重新提交授权（许可）文件。

特别注意：全体投资人发生变化的，或因前述信息调整导致企业名称构成发生变化的或导致同行业内企业名称相同或者近似，登记机关不予调整企业信息，申请人应当重新申请名称预先核准。

二、公司的住所

（一）公司住所的确定

关于公司的住所的确定，各国或地区的法律规定不尽相同，大致有下列三种做法：一是管理中心主义，即以登记时的常设管理机关所在地为住所；二是营业中心主义，即以公司的业务执行地为住所；三是由公司的章程确定。《公司法》规定：公司以其主要办事机构所在地为住所。由此可见，我国公司法实质上是采用管理中心主义。

（二）公司住所的法律意义

住所赋予公司的行为以一定的法律意义，并使其参加的法律关系集中于一处。法律规定要明确公司住所的意义主要有：确定诉讼管辖地、法律文书或其他函件的送达地、债务履行地；确定登记、税收等其他管理机关；在涉外民事法律关系中确认准据法。

（三）法律对公司住所的规定

（1）住所是公司章程的必备条款之一，而公司章程又是申请注册登记的必备文件之一。所以，公司成立之前就应有拟定的住所，经注册登记后，具有法律效力。

（2）住所是应当进行注册登记的事项，住所应登记而不登记或变更住所而不做变更登记，不得以其事项对抗第三人。

（3）一个公司只能有一个住所。如果有多个办事机构，则以统辖全部事务和分支机构的办事机构所在地为住所。

（4）设立分公司的，分公司也有营业场所，并需要在营业场所所在地的登记机关办理登记。但分公司不是法人，且我国法律不承认可以有多个住所，故分公司的营业场所不具有住所的地位和效力。

（四）选择住所（经营场所）时的注意事项

（1）对使用下列未取得房屋主管部门颁发的合法有效产权证明房屋从事经营活动的，

应提交经区县政府批准或授权的乡、镇政府、其他部门或街道办事处、村民委员出具的临时住所（经营场所）使用证明，以及由生产经营场所的使用人与场所提供人签署的不索取拆迁补偿费用的承诺书。

①属于使用城镇地区未取得规划、建设等政府部门批准建设的建筑物；

②已被区县政府或有关部门列入拆迁范围但并未实施拆迁的建筑物；

③农村地区的建筑物；

④房屋所有权证明文件上用途一栏空项或商住用途位置无法识别且规划未明确用途的建筑物；

⑤临时建设的商亭、摊点（不含邮政报刊亭、社区便民菜站）。

（2）除上述情形外，申请登记的住所（经营场所）取得房屋所有权证的，提交由产权单位盖章或产权人签字的房屋所有权证复印件。使用下列房产作为住所的，应当提交相应的住所证明。

①自建房作为住所但尚未取得房屋所有权证的，可提交建设单位出具的施工许可证、建设许可证复印件作为住所使用证明。

②原属区县房屋管理局直管公房作为住所，但因房屋管理局机构调整无法再由其出具权属证明的，可由区县政府明确的部门出具产权证明。

③使用国有企业尚未取得房屋所有权证的房产作为住所，可由主管该单位的国有资产管理部门或其上级单位出具产权证明。

④使用科技园区（开发区）内尚未取得房屋所有权证的房产作为住所，由所在区县政府或其授权的部门出具房屋权属证明文件。

⑤房屋提供者系经市场监督管理机关核准的具有出租房屋经营项目的，即经营范围含有"出租商业用房""出租办公用房""出租商业设施"等项目的，由该企业提交加盖公章的营业执照复印件及房屋产权证明复印件作为住所使用证明。

⑥使用宾馆、饭店（酒店）作为住所的，提交加盖公章的宾馆、饭店（酒店）的营业执照复印件作为住所（经营场所）使用证明。

⑦使用人防工程作为住所的，提交人防行政主管部门审查同意的使用人防工程申报表以及消防部门同意使用的证明文件的复印件。

⑧使用中央各直属机构的房屋作为住所的，由中央各直属机构的房屋管理部门出具房屋使用证明。

⑨使用国务院各部委的房屋作为住所的，由国务院机关事务管理局的房屋管理部门出具房屋使用证明。

⑩使用中央所属企业的房屋作为住所的，由该企业的房屋管理部门出具房屋使用证明。

⑪使用铁路系统的房屋作为住所的，由北京铁路局的房屋管理部门出具房屋权属证明。

⑫使用军队房产作为住所的，提交加盖中国人民解放军房地产管理局专用章的"军队房地产租赁许可证"复印件。

⑬使用中、小学校的非教学用房作为住所的，由所在区县教委出具同意经营的意见。

⑭经市商务局确认申请登记为社区便民菜店的，由所在街道办事处或社区综合服务中心出具同意使用该场所作为住所从事经营的证明。

⑮申请从事报刊零售亭经营的，按照北京市《关于加强全市报刊零售亭建设的意见》的规定，由市政管理委员会出具住所证明。

⑯在已经登记注册的商品交易市场内设立企业或个体工商户，住所证明由市场服务管理机构出具，并提交加盖该市场服务管理机构公章的营业执照复印件。

（3）将住宅楼内的房屋改变为经营性用房作为住所（经营场所）的，应当符合国家法律、法规、管理规约的规定，并按以下要求提交有关文件：

①已经取得房屋所有权证的，提交由产权人签字的房屋所有权证复印件；

②购买的商品房未取得房屋所有权证的，提交由购房人签字或购房单位盖章的购房合同复印件及加盖房地产开发商公章的商品房预售许可证复印件；

③租赁商品房或开发商以所开发的商品房自用作为住所，尚未取得房屋所有权证的，可提交开发商的房屋预售许可证及营业执照的复印件；

④取得再就业优惠证的下岗失业人员以其租赁的公有住房作为住所的，应当提交公有住房租赁合同复印件，并由本人在"产权人签字"处签字，但该签字不具有证明产权归签字人所有的效力；以其购买单位房改房作为经营住所的，应提交购买单位房改房合同及购房发票的复印件。

除提交上述文件外，还应提交申请人签署的将住宅改变为经营性用房做出承诺的住所（经营场所）登记表，以及由所在地居民委员会或业主委员会出具的有利害关系的业主同意将住宅改变为经营性用房的证明文件。

住宅楼及住宅楼底层规划为商业用途的房屋不得从事餐饮服务、歌舞娱乐、提供互联网上网服务场所、生产加工和制造、经营危险化学品等涉及国家安全、存在严重安全生产隐患、影响人民身体健康、污染环境、影响人民生命财产安全的生产经营活动。

（4）根据建设部等部门制定的《关于规范房地产市场外资准入和管理的意见》的有关规定，不得使用境外机构和境外个人购买的房屋作为住所（经营场所）从事经营活动。

第五节　公司人格与能力

一、公司人格

（一）公司人格的概念

公司人格，就是指公司作为民事权利主体的资格。公司具有人格即意味着公司具有民事权利能力和民事行为能力，可以以自己的名义独立从事法律行为，独立享有民事权利与承担民事义务。

（二）公司人格的特征

1. 公司是独立于其成员的法律实体

公司经依法成立，便在法律上获得独立人格，使公司成为一个独立的实体并与其成员的人格相互独立，这是公司人格的最基本内容。因此，公司以自己独立的名称，表彰其独立的存在。

2. 公司财产与其成员财产相分离

公司具有的独立财产是公司人格的物质基础，也是公司人格不可或缺的要素和标志之一。公司财产虽来自成员的投资，但其成员一旦把财产投入公司，就与这些财产相分离，这些财产成为公司财产，由公司来支配。

3. 公司具有独立的权利能力和行为能力

公司的权利能力和行为能力不依赖其成员，而是取决于公司自身，由法律赋权，公司通过其机关为意思表示，以其代表人体现公司意志，由执行机关予以具体落实。因此，公司必有自己的组织机构，机构的涣散和缺失，必然对其意志和能力造成危害。

4. 公司独立责任与其成员的有限责任

公司对其自身的债务负责，其成员仅以其出资额为限对公司负责。正是这种公司成员承担有限责任和公司独立责任使公司人格得到了充分体现，被誉为现代公司制度的基石。

（三）公司法人人格否认

公司法人人格否认，是指为阻止公司独立人格的滥用和保护公司债权人利益及社会公共利益，就具体法律关系中的特定事实，否认公司与其背后的股东各自独立的人格及股东的有限责任，责令特定股东对公司债务直接负责的一种法律措施。

公司股东应当遵守法律、行政法规和公司章程，依法行使股东权利，不得滥用股东权利损害公司或者其他股东的利益；不得滥用公司法人独立地位和股东有限责任损害公司债权人的利益。公司股东滥用股东权利给公司或者其他股东造成损失的，应当依法承担赔偿责任。公司股东滥用公司法人独立地位和股东有限责任，逃避债务，严重损害公司债权人利益的，应当对公司债务承担连带责任。

一人有限责任公司的股东不能证明公司财产独立于股东自己的财产的，应当对公司债务承担连带责任。

二、公司的权利能力

（一）公司权利能力的概念

公司的权利能力是指公司享有权利和承担义务的资格，而公司权利能力的范围则是指公司有资格享有的权利范围和承担的义务范围。公司的权利能力及其范围的概念是判断公司是否享有某种特定权利或承担某种特定义务的首要标准，也是判断公司的法律行为（意思表示）效力的首要标准，如果公司的法律行为超越公司的权利能力范围，则为无效。公司的权利能力从公司营业执照签发之日开始，至公司注销登记并公告之日终止。

（二）公司权利能力范围的限制

公司权利能力范围的限制主要存在性质上的限制、法律上的限制和目的上的限制：

1. 性质上的限制

作为法律上的主体，公司不同于自然人。公司不具有自然人所具有的自然性质，如身体、性别、种族等，所以，公司也不享有自然人基于其自然性质而享有的权利，如生命权、健康权、肖像权、婚姻权等人身权。但是，公司仍享有某些特定的人身权，如名誉权和荣誉权。

2. 法律上的限制

公司法对于公司权利能力的限制，主要是资产处置能力的限制。这里所谓的"资产"，是指公司拥有或实际支配的财产；所谓"处置"，主要指投资、出借、为他人担保、赠与等行为。限制公司权利能力的目的：保护股东的利益、保护债权人的利益、保护公司的利益。对于公司财产处分权的限制，其意义在于防范公司风险，保护股东和债权人的利益。

（1）对公司资金借贷的限制。公司不得直接或者通过子公司向董事、监事、高级管理人员提供借款；违反公司章程的规定，未经股东会、股东大会或者董事会同意，将公司资金借贷给他人或者以公司财产为他人提供担保。

（2）公司对外担保转投资的限制。公司可以向其他企业投资；但是，除法律另有规定外，不得成为对所投资企业的债务承担连带责任的出资人。

公司向其他企业投资或者为他人提供担保，依照公司章程的规定，由董事会或者股东会、股东大会作出决议；公司章程对投资或者担保的总额及单项投资或者担保的数额有限额规定的，不得超过规定的限额。前款规定的股东或者受前款规定的实际控制人支配的股东，不得参加前款规定事项的表决。该项表决由出席会议的其他股东所持表决权的过半数通过。

公司违反内部表决程序提供担保的情况非常常见，也是公司、股东或债权人经常向律师咨询的问题。《民法典》第153条规定，"违反法律、行政法规的强制性规定的民事法律行为无效，但是，该强制性规定不导致该民事法律行为无效的除外。"那么违反《公司法》第16条规定提供担保，是否会因违反法律强制性规定而导致合同无效呢？实践中，法院对担保合同的效力认定不一。非上市公司违反内部表决程序提供担保的合同效力判决日趋统一，即普遍认定为担保有效；而上市公司违反内部表决程序提供担保的合同效力则仍存争议。"强制性规定"仅指效力性强制性规定。法律法规明确规定违反禁止性规定将导致合同无效或不成立的，该规定属于效力性强制性规范；法律法规虽没有明确规定违反禁止性规定将导致合同无效或不成立，但违反该规定以后若使合同继续有效将损害国家利益和社会公共利益的，也应当认为该规范属于效力性强制性规范；法律法规没有明确规定违反禁止性规定将导致合同无效或不成立，违反该规定以后若使合同继续有效并不损害国家利益和社会公共利益，而只是损害当事人的利益的，应认定为管理性强制性规范。但《公司法》并未直接明确公司违反法定程序为股东或实际控制人提供担保的行为将导致合同无效，且合同继续有效并不会违反国家利益和社会公共利益，损害的仅仅是当事人的利益，因此应为管理性强制性规范而非效力性强制性规范。

（3）对公司股份回购的限制。《公司法》第74条规定："有下列情形之一的，对股东会该项决议投反对票的股东可以请求公司按照合理的价格收购其股权：（一）公司连续五年不向股东分配利润，而公司该五年连续盈利，并且符合本法规定的分配利润条件的；（二）公司合并、分立、转让主要财产的；（三）公司章程规定的营业期限届满或者章程规定的其他解散事由出现，股东会会议通过决议修改章程使公司存续的。自股东会会议决议通过之日起六十日内，股东与公司不能达成股权收购协议的，股东可以自股东会会议决议通过之日起九十日内向人民法院提起诉讼。"

《公司法》第 142 条规定："公司不得收购本公司股份。但是，有下列情形之一的除外：

（一）减少公司注册资本；

（二）与持有本公司股份的其他公司合并；

（三）将股份用于员工持股计划或者股权激励；

（四）股东因对股东大会作出的公司合并、分立决议持异议，要求公司收购其股份；

（五）将股份用于转换上市公司发行的可转换为股票的公司债券；

（六）上市公司为维护公司价值及股东权益所必需。

"公司因前款第（一）项、第（二）项规定的情形收购本公司股份的，应当经股东大会决议；公司因前款第（三）项、第（五）项、第（六）项规定的情形收购本公司股份的，可以依照公司章程的规定或者股东大会的授权，经三分之二以上董事出席的董事会会议决议。

"公司依照本条第一款规定收购本公司股份后，属于第（一）项情形的，应当自收购之日起十日内注销；属于第（二）项、第（四）项情形的，应当在六个月内转让或者注销；属于第（三）项、第（五）项、第（六）项情形的，公司合计持有的本公司股份数不得超过本公司已发行股份总额的百分之十，并应当在三年内转让或者注销。

"上市公司收购本公司股份的，应当依照《中华人民共和国证券法》的规定履行信息披露义务。上市公司因本条第一款第（三）项、第（五）项、第（六）项规定的情形收购本公司股份的，应当通过公开的集中交易方式进行。

"公司不得接受本公司的股票作为质押权的标的。"

三、公司的行为能力

（一）公司行为能力概述

公司的行为能力是指公司基于自己的意思表示，以自己的行为独立享有民事权利和承担民事义务的资格。

董事会是公司事务的执行机关，是公司的意思表示机关，是实现公司行为能力的机关。公司董事、经理、业务人员等根据董事会或者公司章程的授权，也可以代表公司对外作意思表示，其行为性质属于代理行为。

（二）公司的法定代表人

公司的行为能力通过法定代表人实现，公司法定代表人依照公司章程的规定，由董事长、执行董事或者经理担任，并依法登记。公司法定代表人变更，应当办理变更登记。

公司的法定代表人由自然人担任，但是作为公司法定代表人的自然人在生活中具有多重身份，他所实施的行为既可能是其个人行为，也可能是公司的代表行为。如果一种行为被认定为个人行为，则行为的法律后果由其个人承担，而与公司无关；如果一种行为被认定为代表行为，则行为的后果由公司承担。所以，如何认定公司法定代表人的某一项具体行为是个人行为还是代表行为，是司法实践中的一个重要问题。代表行为有效表明董事长的意思表示构成公司的意思表示，而公司的意思表示有效以代表行为有效为前提，并且符合意思表示（法律行为）的生效要件而产生法律效力。所以，董事长代表行为有效并不表明董事长代表公司所为的意思表示如合同就一定有效，后者是否有效还要看其是否符合意思表示（法律行为）的生效要件。但是，在司法实践中容易出现这样的问题：将董事长的代表行为无效和董事长代表公司签订的合同无效混为一谈，从而错误地适用责任规则，将本应由董事个人来承担的责任却认定由公司来承担合同无效的过错责任。

法定代表人的行为构成公司的代表行为，一般应具备以下构成要件：

1. 具有代表人的身份

一个自然人经过公司法和公司章程规定的程序被选举为董事长，并经工商登记而公示，即具有法定代表人的身份。但是，在实践中，存在这样的问题：某自然人经无效程序被选举为董事长，却经工商登记而公示；或者某自然人已经工商登记为公司的法定代表人，但其后被公司董事会罢免，但未及工商变更登记。在上述两种情形下，该自然人是否具有公司法定代表人的身份？处理此类问题，应遵循公司法的一项重要的原理，即公司登记的公信力原则，其含义指，公司法定代表人一经登记，即使其任命手续中存在瑕疵，其法定代表人资格对于善意第三人亦为有效。

2. 以法人的名义

董事长必须以公司法定代表人的名义进行活动，如果不以公司法定代表人的名义而以个人的名义进行活动，如董事长以个人名义购买家具，则必然为个人行为，而非代表行为。

3. 在权限范围内

如果法定代表人的行为超越权限，其代表行为无效，除非其行为构成表现代表。所谓表现代表是指，相对人不知道也不应该知道公司的法定代表人的行为超越权限，则法定代表人的代表行为有效。《民法典》第504条规定："法人的法定代表人或者非法人组织的负责人超越权限订立的合同，除相对人知道或者应当知道其超越权限外，该代表行为有效，订立的合同对法人或者非法人组织发生效力。"

但是，如何判断在公司董事长的行为超越权限的情形下相对人"知道或应当知道"？对董事长权力的限制一般有三种：一是法律法规的直接限制；二是公司章程的限制；三是公司董事会和股东会的决议的限制。所以，董事长的越权行为也可分为相应的三种：一是超越法律法规的直接限制；二是超越公司章程的限制；三是超越公司董事会和股东会的决议的限制。从我国的实践来看，有些地方查阅公司章程手续烦琐，受到限制，并且，在交易中，相对人认真查阅对方章程的情形也不普遍；所以，我们认为，在我国的司法实践中，章程的备案公开本身也不足以构成"相对人知道和应当知道"的证据。股东会和董事会直接以决议的形式限制董事长的权力，决议一般也不具有公示性，所以，相对方一般是不知道或不应当知道的，是善意的；即使股东会或董事会决议在媒体上公开，也不足以构成"相对人的应当知道"的证据。

🎯 知识考核要点 ▶▶▶ ▶

1. 公司的设立。
2. 公司设立与成立的区别。
3. 公司的设立条件和设立程序
4. 发起设立、募集设立。

🎯 思考练习 ▶▶▶ ▶

1. 设立中的公司如何签署合同？
2. 公司法定代表人超越权限签署的合同效力如何认定？

案例赏析 ////

曹可等与王乐毅发起人责任纠纷

【基本案情】

绿野公司的股东为郭军、杨似茹、乔锐、国权军安国际商务咨询（北京）股份有限公司，董事长为郭军，其他董事为杨凤秋、曹可，监事为杨似茹。

2017年5月5日，和青娟向绿野公司转账15万元，2017年5月18日，牛霄敏向绿野公司转账100万元。前述两笔款项共计115万元，诉讼中，和青娟、牛霄敏均明确表示作为王乐毅向绿野公司的转账款。

2017年5月20日，发起人甲方王乐毅、发起人乙方曹可和绿野公司、发起人丙方康普公司签署房车露营公司发起人协议（以下简称发起人协议），约定共同出资设立房车露营公司，房车露营公司住所为通州运河公园。

2017年4月21日，杨似茹向乔锐转款1万元；2017年5月4日，曹可汇入绿野公司5万元；2017年5月5日，曹可汇入绿野公司25 000元；2017年5月18日，曹可汇入绿野公司5万元；2017年5月5日和5月22日，北京中天光华会计师事务所有限责任公司分别向绿野公司汇入75 000元和37万元（附言：借款）。2017年6月29日，绿野公司向北京中天光华会计师事务所有限责任公司还款30万元。绿野公司在诉讼中称，提交的上述相关证据，用以证明杨似茹向乔锐转款1万元为代绿野公司、曹可分别出资5 000元，北京中天光华会计师事务所有限责任公司为绿野公司出资14.5万元，曹可出资12.5万元，合计绿野公司出资15万元，曹可出资13万元。

诉讼中，王乐毅提交了其与曹可、郭军、杨敏、靳晓峰等参加的微信群聊天记录，载明本群仅限股东议事所用，聊天记录部分内容如下：2017年4月19日曹可称："正在核名：1. 星空露营（北京）房车旅游文化传媒有限公司；2. 大地星空（北京）露营旅游文化传播有限公司；3. 露营联盟（北京）旅游文化研究院；4. 房车露营（北京）旅游文化研究院；5. 房车联盟（北京）旅游文化研究院；6. 大地星空（北京）旅游文化研究院"。2017年4月28日，杨敏称："大地星空名称审核通过"。曹可称："用绿野传奇先干活了！

同意晓峰意见！"靳晓峰称："大地星空（北京）旅游管理咨询有限公司，看看这个能不能过吧。"2017年5月4日杨敏称："房车露营（北京）旅游文化传播有限公司也核准了。"2017年5月10日靳晓峰称："大运星空品牌以九哥为灵魂人物，从京杭大运河北京段起点开始逐步串联起运河流域、长江流域、黄河流域、五大名岳，以房车旅行这一新型旅游业态弘扬中华传统文化，乃至通过一带一路走出国门，开展民间国际友好交流的系列房车露营活动，是中国最具号召力的露营活动组织实施者、露营文化倡导者，没有之一"。2017年5月10日乔锐报大运星空房车旅游项目预算表。2017年5月11日，乔锐称："1. 确定公司名称，2. 提供核名通知书，3. 王总身份证复印件，这三样资料交给程总帮助落注册地址，然后拿注册地址办理工商税务"。2017年5月18日，乔锐在群内请大家确认大运星空房车旅游广告牌字体和价位，付定金后制作，10天后挂牌。2017年7月17日杨敏称：今天执照申领不下来，估计十天左右才能下来。曹可称："大运星空呢，那个先下来，先用那个吧……"王乐毅称："我找工商局局长帮忙，同时我们也启动大运星空营业执照的申领吧"。杨敏称：房车露营公司的资料已提交，等待审核，大运星空的正在提交。2017年7月18日杨敏称：公司名称房车露营（北京）旅游文化传播有限公司被工商局审查退回修改，审查意见为：请上传产权人的全套房产证照片进行核查。杨敏希望王乐毅找人联系加急办理，同时一起办大运星空的手续。2017年7月19日，杨敏称：大运星空初审过了。2017年7月28日，杨敏在群内发了大运星空公司营业执照照片，靳晓峰称："终于有个公司的执照下来了"。

2017年7月27日，大运星空公司注册成立，注册资本100万元，登记股东为曹可、绿野公司，其中绿野公司认缴出资80万元，曹可认缴出资20万元。

2017年7月30日，中国黄河文化房车摄影发现之旅启动仪式在通州运河公园举办，王乐毅以大运星空公司董事长身份出席，曹可以大运星空公司联合创始人、执行董事九丁的身份出席。

2017年9月20日，靳晓峰、曹可、郭军签字确认《营地项目支出明细表》，载明自2017年4月1日至7月19日的项目支出明细。

【诉讼请求】

1. 依法判令绿野公司、曹可连带返还王乐毅投资款115万元；2. 本案诉讼费由绿野公司、曹可承担。

【一审裁判】

一审法院认为，发起人协议系各方当事人真实意思表示，不违反国家法律法规的强制性规定，应属合法有效，各方当事人均应当严格履行合同义务。公司法司法解释三第四条第三款规定，因部分发起人的过错导致公司未成立，其他发起人主张其承担设立行为所产生的费用和债务的，人民法院应当根据过错情况，确定过错一方的责任范围。

本案中，王乐毅提供发起资金115万元后，与绿野公司、曹可、康普公司共同参与了发起公司设立前相关项目的经营及公司设立过程中的洽商，但最终经曹可、绿野公司申请并经工商核准登记注册成立的大运星空公司，其发起人及股东仅登记为曹可和绿野公司，曹可和绿野公司的该登记行为并未取得出资人王乐毅的认可，故大运星空公司并非发起人王乐毅、曹可、绿野公司、康普公司签署的发起人协议中所约定的发起公司，故应视为三方发起人共同出资设立的公司未实际成立。因王乐毅实际投入发起资金后，并未登记成为大运星空公司股东，无法取得相关股东权利和利益，给其造成了实际损失，对此作为发起人协议共同乙方的曹可、绿野公司均有过错。因王乐毅的发起资金已入绿野公司账户，且为经营大运星空公司项目所用，相关利益由股东曹可及绿野公司所享有，故王乐毅有权要求违约方曹可、绿野公司共同承担相应违约责任，赔偿王乐毅因此受到的出资损失。故曹可及绿野公司应当向王乐毅共同承担返还出资款的责任，王乐毅的诉讼请求有事实及法律依据，该院予以支持。综上所述，依据《中华人民共和国合同法》第八条、第六十条第一款、第一百零七条、《最高人民法院关于适用〈中华人民共和国公司法〉若干问题的规定（三）》第四条第三款的规定，判决：绿野公司、曹可于判决生效之日起10日内共同向王乐毅返还投资款115万元。

【二审裁判】

本院认为，本案系王乐毅以发起人责任纠纷提起诉讼，请求曹可、绿野公司返还其投资款115万元。通观各方诉辩意见，本案二审期间争议焦点有二：一是本案案由的确定问题，二是曹可、绿野公司应否向王乐毅返还投资款的问题。本院对上述争议焦点分别予以评析：

第一，关于本案案由的确定问题。

本院认为，公司法司法解释三第四条规定："公司因故未成立，债权人请求全体或者部分发起人对设立公司行为所产生的费用和债务承担连带清偿责任的，人民法院应予支持。部分发起人依照前款规定承担责任后，请求其他发起人分担的，人民法院应当判令其他发起人按照约定的责任承担比例分担责任；没有约定责任承担比例的，按照约定的出资比例分担责任；没有约定出资比例的，按照均等份额分担责任。因部分发起人的过错导致公司未成立，其他发起人主张其承担设立行为所产生的费用和债务的，人民法院应当根据过错情况，确定过错一方的责任范围。"据此可知，上述规定应当适用于公司未设立，债权人请求全体股东、发起人承担责任时，各发起人、股东的责任认定。而本案涉及的是各发起人之间，因发起人协议的履行而产生的纠纷，并未涉及公司债权人，因此一审法院适用上述司法解释的规定，将本案案由确定为发起人责任纠纷错误。本院认为，本案王乐毅依据发起人协议的约定，主张绿野公司及曹可未将其登记为大运星空公司股东的违约责任，故本案应以各方基础法律关系为依据，将案由确定为合同纠纷，一审法院对此认定有误，本院予以纠正。

第二，关于绿野公司、曹可应否向王乐毅返还投资款的问题。

本院认为，依据《中华人民共和国合同法》第一百零七条的规定："当事人一方不履行合同义务或者履行合同义务不符合约定的，应当承担继续履行、采取补救措施或者赔偿损失等违约责任。"按照王乐毅、康普公司、曹可、绿野公司签署的发起人协议，各方共同设立房车露营公司，注册资本为300万元，其中王乐毅出资120万元，占注册资本40%，曹可、绿野公司出资90万元，占注册资本30%，康普公司出资45万元，占注册资本15%。曹可、绿野公司于2017年7月27日成立大运星空公司，注册资本100万元，曹可、绿野公司分别认缴20万元、80万元。由此，曹可、绿野公司成立的大运星空公司与房车露营公司就注册资本、出资方式、登记股东、各股东持股比例等基本情况均有不同，曹可、绿野公司并未按照发起人协议的约定履行合同义务。二审中，曹可、绿野公司提出王乐毅、康普公司曾在大运星空登记注册前明确表示放弃股东身份，但对上述事实并未提交有效证据加以证明，应当承担举证不能的法律后果。故，王乐毅现依据发起人协议主张曹可、绿野公司返还其投资款具有合同及法律依据，一审判决依据上述法律规定对此认定正确，本院予以维持。

综上所述，绿野公司、曹可的上诉请求不能成立，应予驳回；一审判决结果正确，本院予以维持。依照《中华人民共和国合同法》第六十条、第一百零七条，《中华人民共和国民事诉讼法》第一百七十条第一款第一项，《最高人民法院关于适用〈中华人民共和国民事诉讼法〉的解释》第九十条规定，判决如下：驳回上诉，维持原判。

第三章

公司章程

【知识目标】

    1. 了解公司章程的概念和特征。

    2. 掌握公司章程的内容。

    3. 掌握公司章程的效力。

【工作任务】

    小朱为某财务会计公司的股东，持股 1.11%，同时也是公司员工，从事审核会计工作。该公司章程载明：股东身份必须首先是员工身份，新加入的股东若三年内离开公司，其股份由公司强行回购。股东若利用在公司的地位和职权为自己谋私利的，必须全部转让其股份，由股东会强制取消其股东身份，股东会有权决议其罚款。小朱在公司章程上进行了签名，但该章程中未明确记载罚款的标准及幅度。工作两年后，小朱向公司提交书面辞职报告解除双方的劳动关系。于是该公司召开股东会，决议：因小朱在公司不满三年即离职，在职期间以个人名义为与公司存有竞争业务关系的公司提供私下服务，利用职务之便为与公司没有任何服务协议的企业提供过相同类型的服务业务，决定如下：由公司强行回购小朱在公司的全部股权，且处以人民币 50 000 元的罚款。经核实，小朱存在上述违反公司章程的行为。请尝试分析：小朱是否就罚款事宜起诉该公司？该公司章程中关于罚款的法律效力如何？

第一节　公司章程概述

一、公司章程的概念

    公司章程是公司必须具备的由发起设立公司的投资者制定（订）的，并对公司、股东、董事、监事及公司高级管理人员具有约束力的调整公司内部组织关系和经营行为的自治规则。

    公司章程是公司必备的规定公司组织及活动基本规则的书面文件。作为公司自治规则，公司章程即公司宪章，在公司自治规则体系中居于十分重要的地位。

二、公司章程的特征

    公司章程是股东共同一致的意思表示，载明了公司组织和活动的基本准则，是公司的宪章。公司章程具有法定性、真实性、自治性和公开性的基本特征。公司章程与公司法一样，共同肩负调整公司活动的责任。作为公司组织与行为的基本准则，公司章程对公司的成立及运营具有十分重要的意义，它既是公司成立的基础，也是公司赖以生存的灵魂。

公司章程的主要法律特征可以概括为：

（一）法定性

所谓法定性是指公司章程的制定、内容、效力和修改均由公司法明确规定。这是各国的立法通例。具体来讲，公司章程的法定性表现在以下几方面：

（1）制定的法定性。《公司法》第11条规定，设立公司必须依照该法制定公司章程。公司章程制定于公司设立阶段，成为公司的设立依据，是公司得以成立必不可少的法律文件。

（2）内容的法定性。各国公司法对公司章程应当记载的事项均有明确的规定，而且，绝对必要记载事项的欠缺可能会导致章程的无效。

（3）效力的法定性。公司章程的效力是由公司法赋予的。《公司法》第11条明确规定，公司章程对公司、股东、董事、监事、高级管理人员具有约束力。这一规定明确规定了公司章程的效力范围。

（4）修改权限和程序的法定性。公司章程的修改必须遵照公司法的明确规定进行。例如，根据《公司法》的规定，公司章程的修改须经股东会或者股东大会以特别决议的方式为之。

（5）公司章程须经登记。登记程序的设定是保证章程内容合法和相对稳定的措施之一。公司章程是申请设立登记必须报送的文件之一。同时，公司章程经修改变更内容之后，也必须办理相应的变更登记。

（二）公开性

公司章程记载的所有内容都是可以为公众所知悉的。而且，公司和公司登记机关应当采取措施，方便股东及潜在的投资者、债权人及潜在的交易对象可以不同的方式从不同的途径了解公司章程的内容。公司章程的公开性特征制度化地表现在以下几方面：

（1）公司章程须经登记。公司章程须经登记本身即是章程公开性的表现之一。

（2）股东有权查阅公司章程。在公司日常经营过程中，股东有权查阅公司章程，公司应当将公司章程置备于本公司。

（3）公司章程是公司公开发行股票或者公司债券时必须披露的文件之一。如发起人向社会公开募集股份时，在向国务院证券管理部门递交募股申请的同时，公司章程也是必须报送的文件之一。

（三）自治性

公司章程是公司的自治规则，是公司的行为规范，对特定公司的权利能力和行为能力均有重要影响。公司章程的自治性特征，表现为公司不同则章程也有所不同。每个公司在制定章程时，都可以在公司法允许的范围内，针对本公司的成立目的、所处行业、股东构成、资本规模、股权结构等不同特点，确定本公司组织及活动的具体规则。因此，不同公司的章程必然会存在差异。公司章程的自治性特征，体现了公司经营自由的精神。

三、公司章程的性质

（一）公司章程性质的一般认识

关于公司章程的性质，主要有契约说和自治法说两种不同观点。契约说主要流行于以英美为代表的英美法系国家，自治法说则主要流行于以德日为代表的大陆法系国家。契约说认为，章程的制定是基于发起人的共同意思，而且，章程制定后即对发起人产生约束力，因此具有契约的性质。自治法说认为，章程不仅约束制定章程的设立者或者发起人，而且当然也约束公司机关及新加入公司的股东，因此，章程具有自治法规的性质。在我国，学术界和实务界的通说认为公司章程是公司自治性质的根本规则。无论是契约说还是自治法说，自治性是两者共同点。

（二）公司设立协议与公司章程的区别

公司设立协议又称发起人协议，是在公司设立过程中，由发起人订立的关于公司设立事项的协议。公司设立协议与公司章程之间存在着密切联系，两者的内容有许多相同之处。例如，公司名称、注册资本、经营范围、股东构成、出资形式等事项，既是公司章程的绝对必要记载事项，也是设立协议的主要内容。设立协议的基本内容通常都为公司章程所吸收。

公司章程与公司设立协议尽管目标一致，但是两者毕竟在性质和功能等方面不同。在我国，除采取有限责任公司形态的外商投资企业之外，公司设立协议是任意性文件；而公司章程则是必备性文件，任何公司成立都必须以提交章程为法定要件。设立协议是不要式法律文件，而公司章程则是要式法律文件。公司设立协议与公司章程的效力不同：由合同效力的相对性决定，设立协议只在发起人之间具有法律约束力；而公司章程调整的则是所有股东之间、股东与公司之间、公司的管理机构与公司之间的法律关系。从效力的期间来看，设立协议调整的是公司设立过程中的关系，因而它的效力期间是从设立行为开始到设立过程终止，公司的成立即意味着协议的终止；而公司章程的效力则及于公司成立后整个的存续过程，直至公司完全终止。

第二节　公司章程的制定和修改

一、章程的制定

章程的制定是针对公司的初始章程而言的，章程是公司的设立要件之一，因此，章程的制定发生在公司设立环节。

根据我国公司法的规定，公司章程的制定主体和程序因公司的种类不同而异，具体而言，有限责任公司与股份有限公司不同，发起设立的股份有限公司与募集设立的股份有限公司也不同。当然，无论是上述何种情形，发起设立公司的投资者都是制定公司章程的重要主体。

在我国，公司章程是要式文件，必须采用书面形式。有的国家公司章程不仅要采用书面形式，而且还应当办理公证登记等手续，我国没有类似的强行性要求。

（一）有限责任公司章程的制定

设立有限责任公司，应当由股东共同制定公司章程。国有独资公司的公司章程由国家授权投资的机构或者国家授权的部门依照公司法制定，或者由董事会制订，报国家授权投资的机构或者国家授权的部门批准。可见，国有独资公司章程制定主体有两类：第一类是国家授权投资的机构或者国家授权的部门；第二类则是国有独资公司的董事会。不过，这两类主体的权限并不完全相同。

（二）股份有限公司章程的制定（订）

设立股份有限公司，发起人制订公司章程，并经创立大会通过。这是针对股份有限公司的一般要求。由于股份有限公司有发起设立和募集设立两种方式，公司章程的制定过程并不完全一致。

1. 发起设立的股份有限公司

对于发起设立的股份有限公司，在公司成立之后将成为公司股东的投资者还是限于发起人，投资者并没有社会化。因此，发起设立的股份有限公司仍然具有封闭性的特点。发起人所制订的章程反映了公司设立时的所有投资者的意志。发起人认足公司章程规定的出资后，应当选举董事会和监事会，由董事会向公司登记机关报送公司章程以及法律、行政法规规定的其他文件，申请设立登记。

2. 募集设立的股份有限公司

对于募集设立的股份有限公司，在公司成立之后成为公司初始股东的不仅有发起人，而且还有众多的认股人，公司的股东已经社会化，因此，募集设立的股份有限公司属开放式的公众性公司。这样，发起人制订的公司章程并不一定能够反映公司设立所有投资者，特别是认股人的意志。因此，在公司申请设立登记之前，必须召开创立大会，对公司章程等与设立公司有关的事宜进行审议。根据《公司法》的规定，由认股人组成的创立大会，其职权之一就是通过公司章程。只有经过创立大会通过的章程，才能反映公司设立阶段的所有投资者的意志。可见，对于这类公司，其章程的制定过程比较复杂，既需发起人制订，又需创立大会决议通过。

二、公司章程的内容

（一）公司章程内容的分类

公司法将公司设立及组织所必备事项预先规定在公司法之中，成为公司章程的准据，并由公司章程予以针对性地细化和作出具体规定。公司法关于公司章程记载事项的规定，依据其效力不同，可分为绝对必要记载事项、相对必要记载事项、任意记载事项。

1. 绝对必要记载事项

所谓绝对必要记载事项，是指公司法规定的公司章程必须记载的事项。公司法有关公司章程绝对必要记载事项的规定属于强行性规范。从法理角度讲，若不记载或者记载违法，则章程无效。而章程无效的法律后果之一就是公司设立无效。绝对必要记载事项一般都是与公司设立或组织活动有重大关系的基础性的事项，例如公司的名称和住所、公司的经营范围、公司的资本数额，公司机构、公司的法定代表人等。

2. 相对必要记载事项

所谓相对必要记载事项，是指公司法中规定的可以记载也可以不记载于公司章程的事项。就性质而言，公司法有关相对必要记载事项的法律规范，属于授权性的法律规范。这些事项记载与否，都不影响公司章程的效力。事项一旦记载于公司章程，就要产生约束力。当然，没有记载于公司章程的事项不生效。

3. 任意记载事项

所谓任意记载事项，是指在公司法规定的绝对必要记载事项及相对必要记载事项之外，在不违反法律、行政法规强行性规定和社会公共利益的前提下，经由章程制定者共同同意自愿记载于公司章程的事项。任意记载事项的规定充分地体现了对公司自主经营的尊重。

（二）我国公司章程的记载事项

有限责任公司章程应当载明的事项：①公司名称和住所；②公司经营范围；③公司注册资本；④股东的姓名或者名称；⑤股东的权利和义务；⑥股东的出资方式和出资额；⑦股东转让出资的条件；⑧公司的机构及其产生办法、职权、议事规则；⑨公司的法定代表人；⑩公司的解散事由与清算办法；⑪股东认为需要规定的其他事项。

股份有限公司章程应当载明的事项：①公司名称和住所；②公司经营范围；③公司设立方式；④公司股份总数、每股金额和注册资本；⑤发起人的姓名或者名称、认购的股份数；⑥股东的权利和义务；⑦董事会的组成、职权、任期和议事规则；⑧公司法定代表人；⑨监事会的组成、职权、任期和议事规则；⑩公司利润分配办法；⑪公司的解散事由与清算办法；⑫公司的通知和公告办法；⑬股东大会认为需要规定的其他事项。

三、公司章程的修改

为了更好地适应经营环境的变化，需要适时地修改章程的内容。在不违反法律、行政法规强行性规范的前提下，公司可以修改包括绝对必要记载事项、相对必要记载事项和任意记载事项在内的所有内容。公司法规定了修改公司章程的规则。

1. 修改公司章程的权限专属于公司的权力机构

在大陆法系国家，例如德国、法国、日本、意大利等国家，修改公司章程的权限属于公司股东会。《公司法》规定，有限责任公司、股份有限公司章程的修改，分别属于股东会和股东大会的职权范围。

2. 修改公司章程须以特别决议为之

公司章程的修改涉及公司组织及活动的根本规则的变更，对公司关系甚大，而且还可能关系到其他不同主体的利益调整，因此，公司法将公司章程的变更规定为特别决议事项，从而提高了通过章程修改所需表决权的比例。

此外，公司变更章程须办理相应的变更登记，登记程序的设定可以保证章程内容合法和相对稳定。《公司法》多项法条均规定了公司章程是申请设立登记必须报送的文件之一。因此，公司章程经修改变更内容之后，也必须办理相应的变更登记，否则，不得以其变更对抗第三人，这是章程变更的效力。

第三节　公司章程的效力

一、公司章程的时间效力

（一）公司章程的生效时间

关于章程的生效时间，目前主要有两种不同的观点：一种观点认为，章程自发起设立公司的投资者签字时生效；另一种观点认为，章程自公司成立时生效。我国公司法没有将公司设立协议规定为设立公司的必备文件，公司章程需要调整公司成立前后两个不同阶段的民事关系，许多本来属于应当由设立协议调整的在设立过程中发起人之间权利义务关系也规定在了章程之中。大多数公司章程包括了两部分内容：一部分调整公司成立前，即公司设立过程中发生的民事关系；一部分调整公司成立之后才可能发生的民事关系。受制于内容的不同，加之我国公司法分别针对有限责任公司和股份有限公司的章程使用了"制定"和"制订"不同表述，我国公司章程的生效时间就显得更加复杂。

章程中调整发起设立公司的投资者的内容，相当于公司设立协议，可以适用《民法典》的一般规则，签字盖章时成立并生效。发起设立公司的投资者均自章程成立时受其约束。章程中调整尚未成立的公司、尚未产生的董事、监事、经理以及未来可能加入公司的其他股东的那些内容，则自公司成立时生效。

（二）公司章程的失效

根据《公司法》的规定，"公司的解散事由与清算办法"属于有限责任公司和股份有限公司章程的绝对必要记载事项。可见，公司章程并不因解散事由发生而失效。在公司清算过程中，仍然应当按照章程规定的清算办法组织清算组进行清算。因此，公司章程于公司终止时失效。当然，在清算过程中，公司的能力、股东的权利以及高级管理人员的行为都要受到很大限制。

（三）设立公司过程中的章程约束力及其保障机制

在没有订立设立协议的情况下，公司章程在设立阶段的效力主要表现为对发起设立公司的投资者的约束。股东应当足额缴纳公司章程中规定的各自所认缴的出资额；以发起设立方式设立股份有限公司的，发起人以书面认足公司章程规定发行的股份后，应即缴纳全部股款；股东不按章程规定履行出资义务的，应当向已足额缴纳出资的股东承担违约责任。公司法的这些规定，就是为了确保公司章程对发起设立公司的投资者的约束力。

二、公司章程对人的效力

所谓公司章程对人的效力，即是指公司章程可以对哪些人产生约束力。章程对人的效力既包括哪些人可以依据章程取得相应的权利，同时也包括这些人的权利应受到公司章程的制约。《公司法》规定，公司章程对公司、股东、董事、监事、高级管理人员具有约束力。

（一）公司章程对公司的效力

公司章程是公司的自治性规范，公司当然应当在章程所规定的经营范围内开展经营活动。公司超越其组织章程，从事其经营范围以外的活动，其行为为越权。对于这种越权，法律赋予其无效的后果，这就是公司法上的越权行为原则。对于公司的越权行为，在英国普通法时代是绝对排斥的，因而其行为也是绝对无效的。公司越权不仅涉及公司、股东的合法权益，而且还必然要影响到与公司从事交易的第三人的利益。公司越权绝对无效的观点不仅无视了对第三人的保护，甚至也不利于对公司利益的维护，所以，有些国家通过诸如全体股东追认、禁止反言原则等规则，来保障公司和第三人的利益，严格限制公司越权行为无效的适用范围。值得注意的是，一些国家甚至作出了明令废止公司越权行为无效的规定。

在我国，章程对公司的约束力集中地表现在《公司法》的规定上，即公司的经营范围由公司章程规定，并依法登记。公司的经营范围中属于法律、行政法规限制的项目，应当依法经过批准。公司应当在登记的经营范围内从事经营活动。公司依照法定程序修改公司章程并经公司登记机关变更登记，可以变更其经营范围。

关于公司章程对公司的效力，还应当注意《民法典》第505条规定，"当事人超越经营范围订立的合同的效力，应当依照本法第一编第六章第三节和本编的有关规定确定，不得仅以超越经营范围确认合同无效。"

（二）公司章程对股东的效力

公司是一个具有独立人格的实体，作为自治规则的章程与当事人之间的协议不同。在公司成立之后，无论是何种方式取得股东身份，都是以承认公司章程为前提的。

在公司制度中，特别是在有限责任公司和股份有限公司制度中，一旦股东履行了出资义务之后，对公司不再负其他积极义务。公司章程的一个重要任务就是将公司法赋予股东的权利作出更加具体的规定，使之更加具有可操作性。股东在其权利受到损害的情况下，可以依据章程获得救济。

（三）公司章程对董事、监事、高级管理人员的效力

公司章程是公司的自治规则，董事、高级管理人员和监事对公司负有信赖义务，而且，董事、高级管理人员和监事是公司机关的成员，负责公司日常经营决策、执行和监督，在公司的组织和活动中扮演着十分重要的作用。一方面，公司章程有关公司的机构及其产生办法、职权、议事规则的规定，也是董事、高级管理人员、监事行使职权的重要依据；另一方面，董事、监事、高级管理人员应当遵守公司章程，忠实履行职务，维护公司利益，不得利用在公司的地位和职权为自己谋取私利。同时，公司法还建立了民事责任机制，以强化公司章程对董事、监事、高级管理人员的约束力。例如，根据《公司法》的规定，董事、监事、高级管理人员执行公司职务时违反公司章程的规定，给公司造成损害的，应当承担赔偿责任。

知识考核要点 ▶▶ ▶

1. 公司章程的效力

2. 绝对必要记载事项。

3. 相对必要记载事项。

思考练习 ▶▶▶ ▶

1. 公司章程有哪些法律特征？

2. 某有限责任公司召开股东会，以超过表决权三分之二的多数通过了《关于修改〈公司章程〉的决议》之后，原告张某等 21 个股东向法院提起诉讼，要求判决该决议无效。其中争议的公司章程内容包括以下四项：（一）自然人股东死亡后，合法继承人继承部分股东权利和所有义务，继承人可以出席股东会议，但必须同意由股东会作出的各项有效决议；（二）股东按照出资比例分取红利，公司新增资本时，按照股东会决议可以优先认缴出资；（三）股东会议作出有关公司增加资本或者减少注册资本，分立、合立、解散或者变更公司形式及修改章程的决议必须经出席会议的股东所持表决权的三分之二以上通过；（四）公司不设监事会，设监事一名，由公司工会主席担任。公司董事、总经理及财务负责人不得兼任监事。股东会决议还对被告公司原有章程的其他部分内容作了修改。张某等 21 人认为修改后的公司章程中上述四条内容违法，故向法院提起诉讼要求确认修改公司章程的决议无效。试分析：《公司法》哪些规范属于强制性规范？当公司章程与《公司法》强制性规范之间发生冲突时，其效力如何认定？

案例赏析 ////

卢玮娟与王勇股权转让纠纷

【基本案情】

徐州市市政设计院有限公司原名为徐州市城市建设管理局设计室，于 1985 年 12 月 30 日核准开业，后于 1986 年变更名称为"徐州市城市建设管理局市政设计室"，1991 年 9 月 28 日变更名称为"徐州市市政设计院"，2004 年 10 月 10 日变更名称为"徐州市市政设计院有限公司"，其股东为多个自然人。

2011 年 5 月 15 日，徐州市市政设计院有限公司召开股东会议，其中部分股东到会。股东会会议主要议程包括：对 2010 年度监事工作报告、2010 年度财务决算方案和 2011 年度财务预算方案、2010 年度利润分配方案、关于用盈余公积金转增注册资金的报告、公司章程修改方案及股权管理办法修改方案进行表决。其中，修改后的公司章程第 13 条第 4 款规定：离职的股东自离开公司之日、股东无民事行为能力之日起，其必须在离开本公司三个月之内转让其股权，若没有指定受让人时，其股权由公司执行董事决定受让人；第 5 款规定：股权转让的股权价格，按公司上年度财务审计报告中的资产负债表所有者权益标准执行。

《股权管理办法》第 18 条第 5 款规定：股权转让价格，应根据本人离职、退休、丧失行为能力、受到刑事处理或者死亡之日为准的公司上一年度财务审计报告结果确定。第 35 条：公司章程不明确的、本办法与公司章程规定发生冲突的，以本办法为准。

经表决，公司章程修改方案赞成股权占比 98.14%，股权管理办法修改方案赞成股权占比 98.14%，均获得通过。

2017 年 11 月，原告与徐州市市政设计院解除了劳动合同关系。

至 2017 年 6 月 2 日，徐州市市政设计院有限公司的股东分别为王＊＊（出资比例 80.81%），文志刚（13.09%），汪黎明（2.8%），赵林文（3.3%）。

2018 年 2 月 6 日，原告卢玮娟（转让方）与被告王＊＊（受让方）签订《股权转让书》一份，约定：本人自愿将徐州市市政设计院有限公司 1% 的股权即人民币 3 万元，以人民币 28.011 万元的价格转让给王＊＊。关于股权转让价格，依据为江苏淮海会计师事务所于 2017 年 2 月 6 日出具的 2016 年度审计报告，该报告所附资产负债表中载明所有者权益年末数为 28 039 901.39 元。

【诉讼请求】

依法撤销原、被告于 2018 年 2 月 6 日签订的《股权转让合同》，判令被告赔偿损失 54 万元（以鉴定为准）；本案诉讼费由被告承担。

【答辩意见】

1. 按照公司章程和股权管理办法的规定，原告离职或者退休时应当将所持股权进行转让，双方签订的股权转让协议既是履行公司章程和股权管理办法的约定，也是双方真实意思表示，不违反法律法规的规定。

2. 股权转让价格是双方依据公司章程和股权管理办法的约定计算得出，不存在显失公平的情形。

3. 股权价值与北京光大水务投资管理有限公司收购价格除以股份数额所得价值并非等值，不能以收购价格作为确定股权转让价格的标准，并且双方之间股权转让是股东的内部转让，与股权对外转让以及资产整体收购不同。

4. 案涉股权已经合法程序转让给了北京光大水务投资管理有限公司，不存在可撤销的情形，并且原告的权益也并未受到损失。综上，请求法院依法驳回原告诉请。

【一审裁判】

本案的争议焦点是：原告与被告王＊＊签订的股权转让行为是否存在法律规定的显失公平的情形，双方签订的股权转让协议是否应予撤销。

本院认为，原、被告签订的股权转让协议合法有效，不存在因显失公平而应予撤销的情形。理由如下：

首先，徐州市市政设计院有限公司在 2011 年 5 月 15 日召开股东大会，表决通过了公司章程修改方案及股权管理办法修改方案。根据公司章程规定，该公司对股权的管理原则为"岗在股在，岗变股变，在职持股，离职转股"，离职股东须在离开公司三个月之内转让其股权；股权转让的股权价格，按公司上年度财务审计报告中的资产负债表所有者权益标准执行。徐州市市政设计院系有限责任公司，其基于有限责任公司封闭性和人合性的特点，由公司章程对公司股东转让股权作出的限制性规定，系公司自治的体现，不违反法律、行政法规的禁止性规定，应属合法有效。

其次，徐州市市政设计院有限公司股权管理办法是为落实公司章程确定的股东持股规则而制定的具体细则，该办法进一步规定了股权转让的程序、股权转让对价的确定等具体事项，明确股权转让价格，应根据本人离职、退休、丧失行为能力、受到刑事处理或死亡之日为准的公司上年度财务审计报告结果确定。该办法亦经公司股东大会表决通过而上升为公司自治规范，具有与公司章程同等的效力，对全体股东均具有普遍约束力。原告卢玮娟出资占股由被告王**代持，但作为委托人其也在股东到会记录上签字，相关投票记录上反映出其出资占股对公司章程修改方案及股权管理办法修改方案均投同意票，能够表明其对上述股权转让对价的确定规则知晓并认同。

第三，原告卢玮娟与徐州市市政设计院有限公司于2017年解除劳动合同关系，后将其股权转让给被告王**，双方根据公司章程及股权管理办法签订股权转让协议，结合原告出资占股比例及徐州市市政设计院有限公司2016年度财务审计报告中的资产负债表所有者权益值来看，股权转让协议中约定的股权转让价格与规定相符。至于被告王**再次向中国光大水务有限公司转让股权按何种标准确定对价，对本案原、被告间的股权转让价款并不产生影响。

第四，虽然北京光大水务投资管理有限公司收购徐州市市政设计院有限公司由舍曼估值有限公司所做的评估报告显示公司资产为8 200万元，但公司会计年度审计报告和评估报告用途不同，所依据的财务标准也不一样，两者对于企业资产的含义、评判标准、指示对象均不一致，评估报告中的8 200万元是评估值，既包括公司资产的整体价值也包括北京光大水务投资管理有限公司对徐州市市政设计院有限公司未来收入预期的溢价判断，因此以评估报告作为基础判定显示公平缺乏依据。

第五，北京光大水务投资管理有限公司收购徐州市市政设计院有限公司时，对于徐州市市政设计院有限公司应收账款有关事项进行了披露，因不确定该部分应收账款是否可以收回，采取了"不确定应收款项的利益由卖方保留"，不确定应收账款未被确认为目标资产的做法。因此，对于依据企业会计准则未被编入公司财务报表，且徐州市市政设计院有限公司2016年度审计报告中未被计入的应收账款，如经清收已经收回的部分，在清偿徐州市市政设计院有限公司相应期间债务后，原告有权要求依据其出让前出资占股比例进行分配。

故，案涉股权转让价款是原、被告按照公司章程、股权管理办法而达成的合意，且已完成了工商变更登记，原告主张股权转让价款显失公平而要求撤销涉案股权转让协议，缺乏法律依据，本院不予支持。

综上，依照《中华人民共和国合同法》第六十条，《中华人民共和国公司法》第十一条、第七十一条第一款、第四款，《中华人民共和国民事诉讼法》第一百四十四条之规定，判决如下：驳回原告卢玮娟的诉讼请求。

第四章

股东与股权

【知识目标】

1. 了解公司股东的构成。

2. 掌握股东资格的取得与丧失、股东的法律地位、股东的权利和义务、股权的法律性质及股权法律关系、有限责任公司的出资和股份有限公司的股份、股权的行使和救济。

【工作任务】

2015年4月，红都公司成立。工商局记载：注册资本50万元，王大出资35万元，占股70%；赵二出资15万元，占股30%。其中，赵二于2017年退股，但未作工商变更登记。事实上，王大实际出资30%，其余40%均系其友张三出资、王大代持；赵二实际未出资，其替张三代持3.33%，替李四代持26.67%。张三和李四均为公务员。2018年8月，张三、李四与王大签订红都公司股东协议，共同确认：张三占股43.33%，王大占股30%，李四占股26.67%。该协议由三人签名，红都公司盖章。红都公司并未按照股东协议内容进行工商变更登记，但各股东每年均按协议比例进行分红。此后，王大与张三、李四产生矛盾，张三和李四要求公司确认股东资格，王大和红都公司以张三和李四具有公务员身份等原因否认其股东资格，并拒绝办理工商登记。为此，张三和李四向法院提起诉讼。试分析：张三李四与王大签订红都公司股东协议的效力问题；张三和李四能否取得红都公司的股东资格。

第一节　股　东

一、股东的概念

（一）股东的含义

股东是指对公司投资或基于其他的合法原因而持有公司资本的一定份额并享有股东权利的主体，也就是股份持有人。由于公司的类型、投资人向公司出资的时间以及取得股权的方式等方面的不同，对股东的含义可以有不同的表述。一般而言，有限责任公司的股东是指因在公司成立时向公司投入资金或在公司存续期间依法继受取得出资而对公司享有权利和承担义务的人；股份有限公司的股东是指在公司设立时或在公司成立后合法取得公司股份并对公司享有权利和承担义务的人。

（二）股东的构成

公司可能由下列3种类型的股东构成：

（1）参与公司设立或者认购公司首次发行股份或出资的原始股东。

（2）公司成立后因依法转让、继承、赠与或法院强制执行等原因取得股东地位的继受股东。

（3）公司成立后因公司增资而加入的新股东。

二、股东资格的取得与丧失

（一）股东资格的取得方式

投资人通过认购公司的出资或股份而获得股东资格。就取得股东资格的时间及原因而论，可将股东资格的取得方式分为原始取得和继受取得。

1. 原始取得

凡在公司成立时就因创办公司或认购公司首次发行的出资或股份而成为公司股东的，属于股东资格的原始取得，这些股东属于公司的原始股东。在有限责任公司及发起设立的股份有限公司中，原始股东主要包括公司的发起人或创办人，而在募集设立的股份有限公司中，还包括其他在公司设立时即认购了公司股份的人。此外，因在公司成立后认购公司新增资本而取得公司股东资格的，也属于股东资格的原始取得。

2. 继受取得

继受取得也称传来取得、派生取得，是基于股权投资以外的其他原因，如转让、继承、公司合并等概括继承取得公司出资或股份并成为公司股东的，这类股东即为继受股东。继受股东主要包括受让原始股东的出资或股份的人，以及因其他事由继受他人的出资或股份的人。

（二）股东资格的限制

从各国或地区公司立法的规定看，多对股东资格作一些限制性规定。这些限制主要体现为以下方面：

1. 自然人作为发起人应当具备完全行为能力

设立行为属于法律行为，并对发起人直接产生实体上的权利义务关系，因此应适用《民法典》关于自然人行为能力的规定，限制无行为能力人和限制行为能力人参与公司设立。而且，对于一些特殊的行业，发起人还需具备特殊的民事权利能力和民事行为能力。法律禁止不可设立公司的自然人，当然不可成为公司的股东。

2. 发起人应是法律上不受限制的法人

关于到底哪些法人不能作为公司的发起人，应根据社会经济、政治等因素来确定。

3. 公司不得自为股东

《公司法》规定："公司不得收购本公司股票，但为减少公司注册资本而注销股份或者与持有本公司股票的其他公司合并除外。"根据该规定，在我国只有两种情形下公司可以购买自己的股票，但这两种情形实质上只是解决减资和合并中遇到的特殊问题的手段而已，公司并不能最终成为自己的股东。

4. 公司章程约定不得成为股东的人不得为公司的股东

以有限责任公司为例，为保持公司的人合性，公司章程往往对股东资格加以严格限制。

5. 对发起人的国籍和住所的限制

为防止发起人利用设立公司来损害广大社会公众的利益，一些国家或地区的公司法对发起人的国籍和住所有一定限制。我国现行立法主要规定了发起人住所的限制。

（三）股东资格的丧失

正常情况下，股东资格一直保留。但符合下列情况之一的，股东将丧失其资格：

（1）公司终止。股东身份相对于公司法人而言，股权是股东对公司享有的权利，公司终止，股权与股东的概念亦不复存在。

（2）自然人股东死亡或法人股东终止。主体不复存在，身份自然丧失。

（3）失权。股东违反法律、公司章程的，经过催告失权程序而丧失股权，股东身份自然不保。

《公司法司法解释三》第 17 条规定："有限责任公司的股东未履行出资义务或者抽逃全部出资，经公司催告缴纳或者返还，其在合理期间内仍未缴纳或者返还出资，公司以股东会决议解除该股东的股东资格，该股东请求确认该解除行为无效的，人民法院不予支持。在前款规定的情形下，人民法院在判决时应当释明，公司应当及时办理法定减资程序或者由其他股东或者第三人缴纳相应的出资。在办理法定减资程序或者其他股东或者第三人缴纳相应的出资之前，公司债权人依照本规定第十三条或者第十四条请求相关当事人承担相应责任的，人民法院应予支持。"

（4）公司注销股份。公司因减资等原因而注销股份的，被注销的股份消灭。标的不存，权利自然无以立身，该股份的持有人因此丧失股东身份。

（5）股票的丧失。《公司法》第 143 条规定："记名股票被盗、遗失或者灭失，股东可以依照《中华人民共和国民事诉讼法》规定的公示催告程序，请求人民法院宣告该股票失效。人民法院宣告该股票失效后，股东可以向公司申请补发股票。"这说明，记名股东的股票被盗、遗失或者灭失的，可以依据特定的法律程序获得救济，该股东的身份得以保持；但无记名股票被盗、遗失或者灭失，则可导致股东身份的丧失。

（6）股份让与。股东转让股权的原因与方式有很多，包括买卖、赠与、被公司回购、强制执行等。

（7）法律规定的其他原因，如股份的抛弃等。

三、股东资格的确定及相关责任

（一）股东资格确认纠纷

法律意义上的资格，是指法律主体享有权利、承担义务的能力或条件。相应地，股东资格，则是指法律主体取得股东地位，享有股东权利、承担股东义务的能力或条件。股东资格的认定是公司法案件审理中经常涉及的问题。如：在股权确认纠纷中，认定当事人是否享有股权实际上就是认定当事人是否具有股东资格；在股权转让纠纷中，股权转让人是否具有股东资格，决定了该股权转让是合法转让或是无权处分；在债权人追究股东瑕疵出资责任时，当事人是否具有股东资格决定了其是否需要承担股东责任；同样，股东资格的认定对于各类股东权如投票权、知情权、派生诉讼权等权利的行使也具有重要的意义。然而现阶段我国公司法律制度不够完善，公司的设立与运作也不够规范，造成各地法院对股东资格的认定做法不一，给处理这类纠纷造成了一定的混乱，亟须统一。鉴于股份有限公司的股东资格认定是以是否持有公司发行的股票为认定标准，一般不存在歧义。

当事人向人民法院起诉请求确认其股东资格的，应当以公司为被告，与案件争议股权有利害关系的人作为第三人参加诉讼。当事人之间对股权归属发生争议，一方请求人民法院确认其享有股权的，应当证明以下事实之一：①已经依法向公司出资或者认缴出资，且不违反法律法规强制性规定；②已经受让或者以其他形式继受公司股权，且不违反法律法规强制性规定。当事人依法履行出资义务或者依法继受取得股权后，公司未根据公司法第31条、第32条的规定签发出资证明书、记载于股东名册并办理公司登记机关登记，当事人请求公司履行上述义务的，人民法院应予支持。

（二）认定股东资格的依据及效力

股东资格认定纠纷是一个较为复杂的公司实务问题。我国的股东资格认定纠纷主要发生在有限责任公司，主要矛盾也都是集中在发起人股东身上。认定股东资格要依托多种方式来证明，公司章程、股东名册、出资证明书、工商登记记载都可以成为认定股东资格的依据。理想状态下，这些证明股东资格的文件是应当齐备而统一的；但是，我国现阶段投资人的财产状况不透明、公司设立与运作不规范、社会失信现象严重、执法不严等都是促成股东资格认定纠纷频发的原因。

1. 公司章程

公司章程很大程度上是股东意思自治的产物，公司章程的签署，即表明签署者愿意成为社团法人的成员。股东签署公司章程主要约束的是公司和股东以及股东之间的权利义务。同时，公司法以及现代的行政管理制度赋予章程以对外公示的效力，相对人可以依据章程判断公司股东的情况。故以签署章程作为股东资格认定的法律标准，具有典型的法律意义，法律对此虽然没有明确规定，但有限责任公司必须在公司章程上记载股东的姓名或名称，这是我国公司法规定的章程条款绝对必要记载事项；在发生股权转让改变股东姓名或名称时，亦须修改公司章程，重新记载股东姓名或名称。若有限责任公司股东姓名或名称未记载于公司章程，将难以产生取得公司股东资格的法律后果，所以以签署公司章程对有限责任公司股东资格的认定具有决定性的效力。

2. 股东名册

股东名册是指有限责任公司依据公司法的规定必须置备的用以记载股东及其所持股份数量、种类等事宜的簿册。《公司法》规定有限责任公司应当置备股东名册。依据《公司法》第32条的规定，有限责任公司的股东名册应记载下列事项：股东的姓名或名称及住所；股东的出资额；出资证明书的编号。各国法律普遍认为，股东名册是具有当然授予股东资格的法律效力。《公司法》第32条明确了股东名册的权利推定效力，有力地提升了股东名册在证明股东资格方面的证明效力，股东名册上记载的股东可直接确认其股东资格，否认股东名册上记载的股东的股东资格应当承担举证责任。当然，股东名册对认定股东资格的效力也仅限其作为形式化的证据，而不能等同于股东实质性的股权所有权。股东名册未记载的股东，不必然没有股东资格，因为将股东记入公司股东名册，是公司的一项义务，如果公司拒不作股东登记或登记错误，属于履行义务不当，不能产生剥夺股东资格的法律效力。

3. 工商登记

市场监督管理部门对公司股东的登记本身并无创设股东资格的效力，其本质上属于证权性登记，只具有对善意第三人宣示股东资格的证权功能。第三人仅对工商登记的记载承担信赖义务，依此与公司、登记股东发生交易后，要求公司及登记股东承担责任，公司、登记股东不得以工商登记有误为由对抗该第三人。市场监督管理部门对公司股东的登记材料可以作为证明股东资格并对抗第三人的表面证据。相反，第三人也有理由信赖登记材料的真实性，如果登记有瑕疵，按照商法外观、公示主义原则，第三人仍可认为登记是真实的，并要求所登记的股东按登记的内容对外承担责任。因此，市场监督管理部门对公司股东的登记在股东资格认定时具有相对优先的效力，但不具有决定性的法律效力。

4. 出资证明书

出资证明书是有限责任公司股东出资的凭证。

根据公司法规定，有限责任公司成立后，应当向股东签发出资证明书。出资证明书是一种物权性凭证，其本身并无创权性效力，其功能主要是证明股东已向公司真实出资。出资证明书是认定股东资格的初步证明，不能仅以出资证明书来认定股东资格；持有出资证明书不是认定股东资格的必要条件，没有持有出资证明书的也可能被认定为股东，因此出资证明书在认定股东资格中仅起辅助作用，无决定性的法律效力。

5. 实际出资

实际出资是股东对公司最重要的义务，依据资本法定原则，实际向公司缴纳出资是取得股东资格的必备要件。但公司法规定，股东应当按期足额缴纳公司章程规定的各自认缴的出资额，未按规定缴纳出资的，应当向公司足额缴纳，还应当向已按期足额缴纳出资的股东承担违约责任。据此规定，在对外关系上，股东不出资并不必然否定其股东资格；即使在公司内部关系中，也只是规定公司或已出资股东对未实际出资的股东可行使抗辩权，或者由公司通过调整股权结构、依法减资的方式取消未出资股东的股东资格。所以，是否实际出资不是股东资格的决定性条件，不能以股东未出资、虚假出资而一律否定股东资格。

（三）实际出资人与名义出资人

1. 实际出资人与名义出资人双方就出资、代持所签署的协议具有法律效力

有限责任公司的实际出资人与名义出资人订立合同，约定由实际出资人出资并享有投资权益，以名义出资人为名义股东，实际出资人与名义股东对该合同效力发生争议的，如无《民法典》规定的无效情形，人民法院应当认定该合同有效。

2. 认定出资坚持实际出资原则，而不是形式登记

实际出资人与名义股东因投资权益的归属发生争议，实际出资人以其实际履行了出资义务为由向名义股东主张权利的，人民法院应予支持。名义股东以公司股东名册记载、公司登记机关登记为由否认实际出资人权利的，人民法院不予支持。

3. 实际出资人变更为显名股东，应经过公司其他股东半数以上同意

实际出资人未经公司其他股东半数以上同意，请求公司变更股东、签发出资证明书、

记载于股东名册、记载于公司章程并办理公司登记机关登记的，人民法院不予支持。

4. 名义股东对股权的处分

名义股东将登记于其名下的股权转让、质押或者以其他方式处分，实际出资人以其对于股权享有实际权利为由，请求认定处分股权行为无效的，人民法院可以参照《民法典》第311条的规定处理。名义股东处分股权造成实际出资人损失，实际出资人请求名义股东承担赔偿责任的，人民法院应予支持。

5. 名义股东对出资义务的责任

公司债权人以登记于公司登记机关的股东未履行出资义务为由，请求其对公司债务不能清偿的部分在未出资本息范围内承担补充赔偿责任，股东以其仅为名义股东而非实际出资人为由进行抗辩的，人民法院不予支持。名义股东根据前款规定承担赔偿责任后，向实际出资人追偿的，人民法院应予支持。

（四）一股二卖

一股二卖，是指股权转让后尚未向公司登记机关办理变更登记，原股东将仍登记于其名下的股权转让、质押或者以其他方式处分的行为。

记载于股东名册的股东，可以依股东名册主张行使股东权利。公司应当将股东的姓名或者名称向公司登记机关登记；登记事项发生变更的，应当办理变更登记。未经登记或者变更登记的，不得对抗第三人。股权转让后尚未向公司登记机关办理变更登记，原股东将仍登记于其名下的股权转让、质押或者以其他方式处分，受让股东以其对于股权享有实际权利为由，请求认定处分股权行为无效的，人民法院可以参照《民法典》第311条的规定处理。原股东处分股权造成受让股东损失，受让股东请求原股东承担赔偿责任，对于未及时办理变更登记有过错的董事、高级管理人员或者实际控制人承担相应责任的，人民法院应予支持；受让股东对于未及时办理变更登记也有过错的，可以适当减轻上述董事、高级管理人员或者实际控制人的责任。

（五）冒用他人名义出资的责任

冒用他人名义出资并将该他人作为股东在公司登记机关登记的，冒名登记行为人应当承担相应责任；公司、其他股东或者公司债权人以未履行出资义务为由，请求被冒名登记为股东的承担补足出资责任或者对公司债务不能清偿部分的赔偿责任的，人民法院不予支持。

第二节 股东出资

一、股东出资概述

股东出资是指股东（包括发起人和认股人）在公司设立或者增加资本时，为取得股份或股权，根据协议的约定以及法律和章程的规定向公司交付财产或履行其他给付义务。

（一）股东出资与公司资本

股东出资制度与公司资本制度紧密联系，公司资本来源于股东的出资，全体股东的出资总和就是公司的资本总额，公司法既有严格的资本制度，必有与之配套的股东出资制度。在法定资本制之下，资本确定、维持和不变的原则正是通过股东出资行为的规则加以实现的。股东必须一次认缴出资到位的规则保证了公司资本的确定，股东不得抽逃出资的规则体现了资本维持的要求。没有严格的股东出资制度，就无法建立真正的公司资本制度。就此而言，公司资本制度的价值和功能同时也就是股东出资制度的价值和功能。

（二）股东出资与有限责任

公司法上的有限责任与无限责任是以股东的出资额为界限的，有限责任就是股东以其认缴出资额为限对公司债务负责，无限责任就是股东不以其出资额、而以其全部财产对公司债务负责。实际上，股东只要履行了出资义务，就不再对公司承担财产责任，所谓的责任不过是已经缴纳的出资不能收回而已。由此，股东出资成为其承担有限责任的前提条件，又是公司取得独立法人人格并承担独立责任的必要条件。

（三）股东出资与股权

出资既是股东的基本义务，也是其取得股权的事实根据和法律根据。股东既享有股权，就应承担出资的义务。出资实质上是股权的对价，任何人欲取得公司股东的身份和资格，必以对公司的出资承诺为前提，而要获得实际的股东权益，则应以出资义务的实际履行为前提。同时，股东享有股权的大小取决于其出资的比例或数额，有限责任公司股东通常按出资比例享有股权，股份有限公司则按股东出资的金额享有股份。

（四）股东出资义务

出资是股东最基本最重要的义务，这种义务既是一种约定义务，同时也是一种法定义务。股东一般是通过签署公司设立协议（或发起人协议）或认股书的形式约定其各自的出资比例或金额，出资条款构成公司设立协议的主要内容之一。同时，出资又是公司法规定的股东必须承担的法定义务，作为公司成立的条件，公司设立必须制订章程，而出资义务的分配则是公司章程的必备事项，不论股东之间作何种约定，都不能免除股东的出资义务。

按行为方式不同，股东违反出资义务的行为可表现为完全不履行、未完全履行和不适当履行三种形式。

完全不履行是指股东根本未出资，具体又可分为拒绝出资、不能出资、虚假出资、抽逃出资。拒绝出资，是指股东在设立协议或认股协议成立且生效后拒绝按规定出资；不能出资，是指因股东客观条件的变化而不能履行出资义务，如出资的房产在办理财产权移转手续前毁损或灭失；虚假出资，是指宣称其已经出资而事实上并未出资，其性质为欺诈行为；抽逃出资，是指在公司成立或资本验资之后，将缴纳的出资抽回，其性质亦属欺诈。

未完全履行，又可称为未足额履行，是指股东只履行了部分出资义务，未按规定数额足额交付，包括货币出资的不足，出资的实物、工业产权等非货币出资的价值显著低于章程所确定的价额等。

不适当履行，是指出资的时间、形式或手续不符合规定，包括迟延出资、瑕疵出资。迟延出资是指股东不按规定的期限交付出资或办理实物等财产权的转移手续；瑕疵出资是指股东交付的非货币出资的财产存在权利或物的瑕疵，如所缴纳的财产存在着第三人的合法权利或不符合约定的质量标准等。

按行为发生的时间不同，股东违反出资义务的行为可分为公司成立前不履行和公司成立后不履行。公司成立前不履行有可能导致公司不成立，公司成立后不履行有可能导致公司变更注册资本或解散，严重者也可能导致公司被撤销。

（五）股东出资责任

股东出资责任是股东违反出资义务的法律后果。股东必须依法履行出资义务，违反出资义务的行为，在公司成立之前，属民法典上的违约行为，已足额缴纳出资的股东可采取违约救济手段，并就其自身遭受的损失向未缴纳出资的股东请求赔偿。在公司成立之后，则同时构成公司法上的违法行为和损害公司利益的行为，公司有权向其追究责任。公司法学理一般将股东的出资责任分为出资违约责任和资本充实责任。

1. 出资违约责任

从各国公司立法看，对股东出资违约责任的追究可以采取的救济手段主要有：

（1）追缴出资。即公司对违反出资义务但仍有履行可能的股东要求其继续履行出资义务。经公司追缴，股东如仍不履行出资义务的，公司有权请求强制履行。追缴出资作为一种救济手段，它常用于非货币出资的情形。

（2）催告失权。又称失权程序，是指公司对于不履行出资义务的股东，可以催告其于一定期限内履行，逾期仍不履行的，即丧失其股东权利，其所认购的股份可另行募集。此种失权是当然失权，已失权之认股人即使其后缴纳了股款，也不能恢复其地位，因而有督促认股人及时履行出资义务的作用。

（3）损害赔偿。股东的出资义务是一种债的义务，股东违反出资义务给公司和其他股东造成损失的，应承担损害赔偿责任。在公司成立的情况下，违反出资义务的股东应向公司承担损害赔偿责任，如果由于股东违反出资义务而导致公司不能成立或被撤销、解散的情况下，违约的股东应向其他守约的股东承担损害赔偿责任。大多数国家公司法都规定损害赔偿是可以和其他救济手段并用的一种救济方式，当其他救济手段不足以弥补其所遭受的损失时，公司或其他守约股东仍可要求股东承担损害赔偿责任。

2. 资本充实责任

在股东不履行出资义务的情况下，公司法亦规定了资本充实责任。发起人既要对自己违反出资义务的行为承担出资责任，又要对公司资本的充实相互承担出资担保责任，通过在公司发起人之间建立起一种相互督促、相互约束的出资担保关系，达到资本充实的目的。资本充实责任具体可分为：

（1）认购担保责任。即设立股份有限公司而发行股份的，如果其发行股份未被认购或认购后又取消的，则应由发起人共同认购。

（2）缴纳担保责任。亦称出资担保责任，即股东虽认购股份但未缴纳股款或未交付非现金出资标的，应由发起人承担连带缴纳股款或交付非现金出资财产价额的义务。公司发起人履行缴纳担保责任后，除非公司已对违反出资义务的股东采取了失权程序的救济手段，否则其不能因此而取得代为履行部分的股权，而只能向违反出资义务的股东行使追偿权。

（3）差额填补责任。在公司成立时，如果出资的非货币财产价额显著低于章程所定价额时，发起人应对不足的差额部分承担连带填补责任。履行差额填补责任的发起人可向出资不实的股东行使求偿权。

资本充实责任是只适用于公司发起人的特殊出资责任，由于发起人在公司设立过程中的特殊地位，通常会享有较其他股东更多的机会或权利，其承担此种责任，既为确保公司的设立，也是公平价值原则的体现。资本充实责任是公司法强制规定的法定责任，不以发起人之间的约定为必要，也不能以公司章程或股东大会的决议来免除。同时，这种责任都是连带责任，全体发起人中的任何一人对全部公司资本的不足均负充实责任，先行承担资本充实责任的发起人，可向违反出资义务的股东求偿，亦可要求其他发起人分担。

二、股东出资的形式

《公司法》第 27 条明确规定："股东可以用货币出资，也可以用实物、知识产权、土地使用权等可以用货币估价并可以依法转让的非货币财产作价出资；但是，法律、行政法规规定不得作为出资的财产除外。对作为出资的非货币财产应当评估作价，核实财产，不得高估或者低估作价。法律、行政法规对评估作价有规定的，从其规定。"

（一）货币出资

货币出资是法律关系最为简单、当事人间最少发生争议和纠纷的出资形式，只要当事人按约定的金额和时间将货币交付与公司或汇入公司的设立账户，出资义务即为履行。其原因在于货币出资直接表现为货币的金额，不涉及财产价值的评估，同时，作为一般等价物，货币出资只需简单的交付，不涉及特殊的权利移转形式。

货币出资的一个特别法律问题是能否以借贷资金作为公司注册资本。所谓以借贷资金作为资本或出资，包括两种情况：一是以公司为借款人对外借贷，并由公司承担还款责任；二是以股东为借款人对外借贷，并由股东承担还款责任。前者虽由股东联系安排借款使公司获得资金，却同时形成公司对外负债，股东并未实际地承担出资的责任，这种借贷出资应为法律所禁止。后者对股东来说是借贷资金，但对公司却不是借贷资金，并不形成公司负债，股东则实质上履行了出资的义务，只不过这种履行的条件是通过对外的负债而获得，因而这种借贷出资应得到承认和允许。

（二）实物出资

实物出资，包括房屋、车辆、设备、原材料、成品或半成品等。用于出资的实物首先应具有财产价值，因而才可能进行出资额和资本额的界定。其次，出资的实物可以是公司经营所需，也可以与公司的经营使用无关，其允许用于股东出资在于公司可以对其变现支配并实现其财产价值。此种实物是否可以用作出资，应由股东协商确定。

（三）知识产权出资

以知识产权出资的，股东或者发起人应当对其拥有所有权。也就是说，用于投资入股的知识产权必须同时具备两个基本条件：一是出资人拥有完全、合法、有效的相关知识产权权利，产权关系明晰；二是用于投资入股的知识产权具有一定的价值，可以依法转让。

（四）土地使用权出资

土地使用权是公司实践中十分普遍而又重要的出资标的，由中国土地制度和土地使用权本身的特点所决定，又形成了对土地出资的以下特殊法律条件和要求：

（1）土地的出资是使用权的出资，而不是所有权的出资。公司对土地享有的权利是使用权，而不是所有权，当公司以土地出资的时候，所出资的标的是土地的使用权而不是土地的所有权。

（2）用于出资的土地使用权只能是国有土地的使用权，而不能是集体土地的使用权。如果集体组织欲以集体所有的土地对外投资，则必须首先将集体土地通过国家征用的途径变为国有土地，再从国家手里通过土地出让的方式获得国有土地的使用权，然后，才能进行有效的投资。

（3）用于出资的土地使用权只能是出让土地的使用权，而不能是划拨土地的使用权。以土地使用权出资，是土地使用者营利性的投资行为，因而只能以有偿取得的出让土地使用权出资，划拨土地的使用权只能由原使用人自己使用，而不能用于对外投资。

（4）用于出资的土地使用权应是未设抵押等权利负担、没有权利瑕疵的土地使用权；否则，将使投资者或股东的出资变得不实，在内部会损害其他投资者的利益，在外部则会损害公司债权人的利益。

三、其他出资形式问题

实际上，在各国公司法和企业法上，能够作为出资的并不只是上述法定的几种出资形式，除此之外，股权、债权、劳务、信用等也都是各国公司实践和立法中存在的出资形式，只是不同国家的立法对不同类型的公司和企业，规定有不同的出资形式，上述法定的五种出资形式通常适用于有限公司和股份有限公司，而无限公司和合伙企业的出资形式则较为灵活，除上述法定出资形式外，一般都允许股东或合伙人自行约定，而劳务和信用的出资恰是较为普遍的出资形式。在我国，尽管公司法只规定了五种出资形式，但实践中，存在着大量的股权、债权的出资，公司法司法解释虽然也认可了股权出资的效力，但包括劳务、信用、经营权、采矿权、承包经营权等各种财产权的出资，是需要进一步研究和论证的问题。

四、出资证明书与股票

（一）出资证明书

出资证明书是表现有限责任公司股东地位或者股东权益的一种要式证券。有限责任公司不同于股份有限公司，其全部资本并不分为股份，但是，有限责任公司的股东也有自己的出资额。在有限责任公司中记载股东出资的法律文书就是出资证明书，有的学者也主张称为"股单"。

出资证明书的主要特征如下：

（1）出资证明书为非股权证券。即股东所享有的股东权并非由出资证明书所创设，股东所享有的股东权来源于股东的出资，出资证明书只是记载和反映股东出资的客观状况，因此，它与设定权利的股权证券不同。

（2）出资证明书为要式证券。即出资证明书的制作和记载事项必须按照法定的方式进行。

（3）出资证明书为有价证券。出资证明书是股东享有股东权的重要凭证。但是，出资证明书与股票不同，股票是可流通的有价证券，而出资证明书则为不流通的有价证券或者是称为流通受到严格限制的有价证券。

（4）出资证明书为有限责任公司所特有。该特有是相对于股份有限公司来讲的，股份有限公司表现股东权益的凭证称为股票，而不称为出资证明书。

（5）出资证明书是有限责任公司成立后签发的证明股东权益的凭证。公司未成立之前不能向公司的股东签发。

（二）股票

1. 股票的概念

股票是一种有价证券，是股份公司在筹集资本时向出资人发行的股份凭证，代表着其持有者（即股东）对股份公司的所有权，购买股票也是购买企业生意的一部分，即可和企业共同成长发展。这种所有权为一种综合权利，如参加股东大会、投票表决、参与公司的重大决策、收取股息或分享红利差价等，但也要共同承担公司运作错误所带来的风险。获取经常性收入是投资者购买股票的重要原因之一，分红派息是股票投资者经常性收入的主要来源。

一般来说，股票的持有者包括个人投资者和机构投资者，在证券市场的初期，市场参与者主要是个人投资者，即以自然人身份从事股票买卖的投资者。一般的股民就是指以自然人身份从事股票买卖的投资者。《公司法》规定，股份有限公司的资本划分为股份，每一股的金额相等。公司的股份采取股票的形式。股份的发行实行公平、公正的原则，同种类的每一股份具有同等权利。股票一经发行，购买股票的投资者即成为公司的股东。股票采用纸面形式或国务院证券监督管理机构规定的其他形式。

股票应当载明下列主要事项：①公司名称；②公司成立的日期；③股票种类；④票面金额及代表的股份；⑤股票的编号。股票由法定代表人签名，公司盖章。发起人的股票，应当标明"发起人股票"字样。

2. 股票的性质

（1）股票是有价证券。有价证券是财产价值和财产权利的统一表现形式。持有有价证券，一方面表示持有人拥有一定价值量的财产，另一方面也表明有价证券持有人可以行使该证券所代表的权利。股票属于有价值证券，因此具有有价证券的特征：

第一，虽然股票本身没有价值，但它包含着股东可以依其持有的股票要求股份有限公司按规定分配股息和红利的请求权；

第二，股票与其代表的财产权有不可分离的关系，两者合为一体。换言之，行使股票所代表的财产权，必须以持有股票为条件，股东权利的转让应与股票占有的转移同时进行，股票的转让就是股权的转让。

（2）股票是要式证券。股票应具备《公司法》规定的有关内容，如果缺少规定的要件，股票就无法律效力。

（3）股票是证权证券。证券可以分为设权证券和证权证券。设权证券是指证券所代表的权利本来不存在，而是随着证券的制作而产生，即权利的发生是以证券的制作和存在为条件的。证权证券是指证券是权利的一种物化的外在形式，它是权利的载体，权利是已经存在的。

股票代表的是股东权利，它的发行是以股份的存在为条件的，股票只是把已存在的股东权利表现为证券的形式，它的作用不是创造股东的权利，而是证明股东的权利。所以说，股票是证权证券。

（4）股票是资本证券。发行股票是股份有限公司筹措自由资本的手段。股票是投入股份有限公司资本份额的证券化，属于资本证券。但是，股票又不是一种现实的资本，股份有限公司通过发行股票筹措的资金，是公司用于营运的真实资本。股票独立于真实资本之外，在股票市场上进行着独立的价值运动，是一种虚拟资本。

（5）股票是综合权利证券。股票既不属于物权证券，也不属于债券证券，而是一种综合权利证券。物权证券是指证券持有者对公司的财产有直接支配处理权的证券；债券证券是指证券持有者为公司的债权人的证券；股票持有者作为股份有限公司的股东，享有独立的股东权利。换言之，当公司股东将出资交给公司后，股东对其出资财产的所有权就转化为股东权（股权）了。股东权是一种综合权利，股东依法享有资产收益、重大决策、选择管理者等权利。股东虽然是公司财产的所有人，但对于公司的财产不能直接支配处理，而对财产的直接支配处理是物权证券的特征，所以股票不是物权证券。另外，一旦投资者购买公司股票，即成为公司部分财产的所有人，但该所有人在性质上是公司内部的构成分子，而不是与公司对立的债权人，所以股票也不是债券证券。

五、股份的类型

股份发行的方式分为两种，而股票的种类按划分标准也有不同的种类。

（一）普通股和优先股

以股东承担的风险和享有的权益的大小为标准，可分为普通股和优先股。普通股是指对公司的财产享有的权利都平等的股份，它是公司资本构成中最基本的股份。普通股在公司支付了公司债券利息和优先股的股息后才可获得股息，但其股息是不固定的，根据公司净利润的变化而变化；当公司破产进行清算时，普通股在公司债权人、优先股股东之后分得公司的剩余财产；当股东大会讨论公司重大问题时，普通股拥有表决权。

优先股又称特别股，是与普通股相对而言的，对公司的资产、利润享有更优越权利的股份。优先股在分配利润时可优先获得股息，其股息往往是固定的，不因公司营业的好坏而变化；在公司清算时可优先获得分配公司资产；但优先股往往无表决权。目前，中国市场上发行的股票一般为普通股股票。

（二）记名股和无记名股

以股票有无记名为标准，股票可分为记名股和无记名股。记名股是在股票上载有股东姓名或名称并将其载入公司股东名册的一种股票。记名股的转让，一定要把受让人的姓名或法人的名称记载于股票、股东名册上，即要办理过户手续；而且，股票须交付给受让人，方能生效。记名股不得私自转让。只有记名股的股东本人才有资格行使其股权。

无记名股就是没有记载股东姓名或名称的股票。无记名股的转让，只需将股票交付给受让人即发生效力，凡持有股票者，即可取得股东资格。因此，无记名股的发行、转让都比较简便，但公司对其不容易控制。无记名股的发行数目往往依公司需要而定，不能超过股份总数的一定比例或要得到有关政府部门的批准。

公司向发起人、国家授权投资的机构、法人发行的股票，应当为记名股，并应当记载该发起人、机构或者法人的名称，不得另立户名或者以代表人姓名记名。对社会公众发行的股票，可以为记名股，也可以为无记名股，但这不排除公司发行其他种类的股票，根据《公司法》第131条规定，国务院可以对公司发行《公司法》规定的股票以外的其他种类的股份，另行作出规定。如果公司发行记名股票，必须置备股东名册，以备联系、查证。

公司发行记名股的，应当置备股东名册，记载下列事项：

（1）股东的姓名或者名称及住所；

（2）各股东所持股份数；

（3）各股东所持股票的编号；

（4）各股东取得其股份的日期。

发行无记名股的，公司应当记载其股票数量、编号及发行日期。

如果记名股被盗、遗失或者灭失，股东可以依照民事诉讼法规定的公示催告程序，请求人民法院宣告该股票失效。依照公示催告程序，人民法院宣告该股票失效后，股东可以向公司申请补发股票（《公司法》第143条）。

（三）额面股和无额面股

额面股，又称面值股，是指票面标明一定金额的股票。无额面股，又称无票面值股、比例股和部分股，即不标明票面金额，只标明每股占公司总额比例的股票，其价值随公司财产的增减而升降，股东享有的股份利润，按票面规定的比例来确定。但发行无票面值股票，会影响公司资本的确定性，还容易产生欺诈行为。因此在公司法中明确规定允许发行无票面值股的国家还不多。《公司法》第128条将票面金额作为股票上应当记载的主要事项，故而可以推知，我国实际上禁止发行无额面股。

（四）表决权股、限制表决权股和无表决权股

根据股东对公司重大问题有无表决权可分为表决权股、限制表决权股和无表决权股。

（1）表决权股。持有表决权股的股东享有表决权。表决权股又可分为：普通表决权股，即一股拥有一票表决权；多数表决权股，即该股东享有超过其拥有股份数的表决权，持有多数表决权股的股东为特定股东，一般都是公司的董事或监事，但通常各国公司法对发行多数表决权股限制较为严格；特别表决权股，即只对公司的某些特定事项享有表决权。

（2）限制表决权股。持有该种股份的股东，其表决权受到公司章程的限制。通常应在公司章程中载明限制表决权股，而且不得对个别股东分别实行。

（3）无表决权股。持有该种股份的股东，不享有表决权。通常，对无表决权的股份，必须给予其利益分配的优先权，即以盈余分配方面的优先作为无表决权的补偿。我国公司法同样没有规定公司是否可以发行表决权股、限制表决权股和无表决权股，理论上认为应当可以发行。

第三节 股 权

一、股权概述

股权，是有限责任公司或者股份有限公司的股东对公司享有的人身和财产权益的一种综合性权利。即股权是股东基于其股东资格而享有的，从公司获得经济利益，并参与公司经营管理的权利。

股权有以下特征：

1. 股权是股东基于其出资行为而取得的特定民事权利，股东享有的与出资行为无关的民事权利不属于股权

它是股东向公司缴付出资之后享有的一种权利，而非权利与义务的复合体，股东对自己权利的不行使不会损害到他人之利益。股东享有股权，并不意味着他不负担义务，如股东负有遵守公司章程的义务，对公司债务承担有限责任的义务，不得退股的义务等，但股东的这些义务可以看作股东享有股权的对价，它们本身并不属于股权，而是由公司法规定的股东负有的义务或是股东之间因契约而承担的义务。

2. 财产性是股权的最基本属性

股东因其出资行为，以实物或金钱为载体，将其出资转化为注册资本。公司注册资本是股东财产性权利的集合体，股权在变价时又可以金钱形式量化，因此股权具有典型的财产性。

3. 股权的内容具有多样性

我国通说认为股权包括自益权和共益权两项权能，股东的自益权是指股东基于自身利益单独行使的权利，如股权转让请求权、股息红利分配请求权等财产性权利。股东的共益权是指股东基于自身的利益和全体股东共同的利益，通过共同行使的方式，来决定公司重大事项的权利，它包括出席股东会的表决权、任免公司董事和公司管理人员的请求权等非财产性权利。财产性权利和非财产性权利二者契合在一起构成股权完整的权利体系。其中财产性权利内容是股权的基本方面，收益是股东对公司投资的主要预期利益，是股东向公司投资的基本动机所在，也就是说收益是股东的终极目的；非财产性权利是确保股东获得财产利益的手段，是次要方面，但这不是说其不重要，它仍是围绕财产性权利这一核心而设，其目的是最大限度地追求财产权益，是财产性权利的体现和保障。

4. 股权具有可分割性

股东在转让自己所持有的股权时，可以全部转让，也可部分转让。在股东部分转让股权时，原有的股东与新加入的股东各自享有独立的股权。

5. 股权具有可转让性

对于有限责任公司，股东转让股权受到一定的限制，但只是在转让对象上受其他股东意思限制而已，并非不可转让；对股份有限公司，只是对有特殊身份的股东，对其持股时间有一定限制，它也是可转让的。

二、股权的类型

（一）自益权和共益权

这是以股权行使的目的和内容为标准进行的划分。凡股东以自己的利益为目的而行使的权利是自益权；凡股东以自己的利益并兼以公司的利益为目的而行使的权利是共益权。

自益权与共益权相辅相成，共同构成了股东所享有的完整股权。当然，自益权与共益权间的界限并不是绝对的。

（二）固有权和非固有权

这是以股权的重要程度为标准进行的划分。固有权是公司法赋予股东的，不得以公司章程或股东（大）会决议予以剥夺或限制的权利；非固有权是指依公司章程或股东（大）会决议可剥夺或可限制的权利。

将股权分为固有权与非固有权的意义，主要在于让公司发起人和股东明确哪些权利是可依据公司章程或决议予以限制的，哪些权利是不得依据公司章程或决议予以限制的，从而增强其权利意识。

（三）单独股东权和少数股东权

这是以股权行使方式为标准进行的划分。单独股东权是指可以由股东一人单独行使的权利；少数股东权是指持有已发行股份一定比例以上的股东才能行使的权利，如《公司法》第100条规定的持有公司股份百分之十以上的股东提请召开临时股东大会的请求权。设少数股东权的目的主要是防止"资本多数取决原则"的滥用。

（四）一般股东权与特别股东权

这是以其权利行使主体为标准进行的划分。一般股东权是指公司的普通股东即可行使的权利；而特别股东权则是指专属于股东中特定人的权利，如公司发起人或特别种类的股东（优先股股东、后配股股东）所享有的股东权。

三、股权的法律性质

各国或地区的公司法对股权内容的规定大同小异，但对于股权性质的认识在学理上却大相径庭。在我国法学界对股权性质研讨的过程中，较有影响的观点主要有所有权说、债权说、社员权说、股东地位说、独立民事权利说等。我们认为，对股权这种新型权利的性质进行基本的定性，不仅是必要的，也是可行的。不过，不应从原有法律所规定的传统权利中研究股权的性质，而应以公司这种现代企业制度关于股东财产与公司财产相互分离、股东人格与公司人格彼此独立、股东与公司之间产权分化的实际情况和发展需要为出发点来探讨股权的性质。

对于公司法人财产权的性质，在理论上有经营权说、结合权说、双重结构说和所有权说四种观点。经营权说认为公司法人财产权是法人经营权；结合权说认为公司法人财产权是经营权与法人制度的结合；双重结构说认为公司财产权是双重结构：公司财产由公司享有，公司本身由股东共有；所有权说认为公司法人财产权是具有所有权性质的物权。我们认为，公司财产权结构是股权与公司法人财产权的结合。

股权与公司法人财产权是公司成立后股东和公司各自享有的法定权利，它们因出资行为的完成和公司的正式成立而同时产生。股权的享有者只能是股东，公司法人财产权的享有者只能是公司，二者在法律和公司章程规定的范围内各自拥有独立的内容和排他的性质。股东为了使公司反映自己的意志，为自己获取更多的经济利益，可以通过行使股权，特别是行使对公司管理者的选择权和对公司重大问题的决策权，来实现对公司的制衡。作为独立于股东的公司，为了按照市场需求自主地组织生产经营、科学地开展管理活动，也可通过行使法人财产权来拒绝股东对公司经营管理活动的直接干涉和对公司的不正当要求。

四、股权的内容

(一) 投资收益权

投资收益权，也叫股利分配请求权，是股东按照出资或所持股份向公司要求分配盈余的权利，这是股东的基本权利。《公司法》第 4 条规定了股东依法享有资本收益权。

公司能够分配的红利只能是累积的实现利润，这是资本维持制度在公司分配制度中的体现。

根据《公司法》的规定，有限责任公司的股东按照实缴的出资比例分取红利，但是，全体股东约定不按照出资比例分取红利的除外。如果股东间没有约定，那么按照实缴的出资比例来分配利润，而不是按照认缴的比例分配；如果公司股东对利润分配有其他约定，例如不按照实缴出资比例，而按照认缴出资比例，或直接约定各股东获得利润的比例，而不考虑出资比例问题，都是可以的，只要股东间的约定不违反法律法规的强制性规定即可，甚至可以约定某股东放弃分配利润的权利，但是不能约定某股东不承担股东义务。

有限责任公司股东分红缴税计算方法：个人股东按照应得红利的 20% 缴纳个人所得税；从上市公司得到的分红可以减半缴税；外国人取得的红利无论是否为上市公司，都不需要缴税；居民企业从其他居民企业取得的投资分红收益免缴税；境外非居民企业股东从中国居民企业取得 2008 年及以后的股息，按 10% 的税率缴纳企业所得税。

(二) 表决权

表决权是股东按照其持股比例对公司的重大事项行使决策权。按照《公司法》的规定，无论是有限责任公司还是股份有限公司，都是由股东会对公司的重大问题作出决定，如公司的经营方针和投资计划，选举和更换董事，公司注册资本的增加和减少，公司的利润分配方案和弥补亏损方案，发行公司债券，对公司的合并、分立、解散、清算等事项作出决议，公司章程的修改等。而在股东会决定这些重大事项时，都是以一定比例的表决权的通过为前提的，而表决权的多少是和股权比例相对应的。股东表决权的大小，取决于股东所掌握股票的种类和数量。普通股一般每股代表一票。优先股有优先取得股息和分得剩余财产的权利，但这部分股东在股东大会上一般没有表决权，或者要受到种种限制；但是若优先股的股息被拖欠，这部分股东通常具有表决权。表决权可以由股东委派他人行使。大股东往往只要集中掌握 30%~40% 的普通股票就能左右股东大会的表决权，从而控制该股份有限公司。

有限责任公司的表决，按出资比例行使表决权，但章程可以自由作出约定。

（1）持有十分之一表决权即可提议召开临时股东会议。

（2）持有十分之一表决权即可召集和主持股东会。

（3）三分之二表决权表决通过可以修改公司章程、增加或者减少注册资本的决议，以及公司合并、分立、解散或者变更公司形式的决议。

股份有限公司的表决权是一股一权的形式且不可进行自由约定。

（1）持有公司十分之一股权可以请求召开临时股东大会。

（2）持有十分之一股权且连续持有90日以上即召集主持临时股东大会。

（3）持有3%股权可以行使股东大会临时提议权。

（4）股东大会作出决议，必须经出席会议的股东所持表决权过半数通过；但是，修改公司章程、增加或者减少注册资本的决议，以及公司合并、分立、解散或者变更公司形式的决议，必须经出席会议的股东所持表决权的三分之二以上通过。

（5）持有十分之一股权可以提议召开董事会临时会议。

（6）上市公司在一年内购买、出售重大资产或者担保金额超过公司资产总额30%的，需要出席股东大会三分之二表决权表决通过。

股份有限公司、有限责任公司都适用的规定：

（1）连续180日持有公司1%股权的股东可以起诉董事会、监事会、高级管理人员。

（2）持有公司十分之一表决权可以请求法院解散公司。

（3）让公司为公司股东/实际控制人担保，必须经股东（大）会决议通过。

手握三分之二和半数的表决权就可以在公司为所欲为，但要注意持有十分之一表决权的人是可以捣乱的。

（三）知情权

知情权是公司股东的基本权利之一，其设置主要是为了公司小股东或不参与公司经营的股东了解公司经营、管理、决策、财务等信息，内在还蕴含着对公司及公司高级管理人员进行监督检查的权利。在实践中，知情权往往是小股东行使其他基本权利（如人事任免权、决策权、收益权）的必要前提或证据收集方式，甚至成为小股东与公司大股东或实际控制人进行利益博弈的手段。

《公司法》第33条规定，有限责任公司"股东有权查阅、复制公司章程、股东会会议记录、董事会会议决议、监事会会议决议和财务会计报告"。股东可以要求查阅公司会计账簿。股东要求查阅公司会计账簿的，应当向公司提出书面请求，说明目的。公司有合理根据认为股东查阅会计账簿有不正当目的，可能损害公司合法利益的，可以拒绝提供查阅，并应当自股东提出书面请求之日起15日内书面答复股东并说明理由。公司拒绝提供查阅的，股东可以请求人民法院要求公司提供查阅。《公司法》第97条规定，股份有限公司"股东有权查阅公司章程、股东名册、公司债券存根、股东大会会议记录、董事会会议决议、监事会会议决议、财务会计报告，对公司的经营提出建议或者质询"。公司股东的知情权在更大程度上获得了法律的尊重和承认。

（四）剩余资产分配权

股东的剩余资产分配权，是指股东对公司清算时的剩余资产有分配的权利。这一权利的前提是公司的净资产在清算时大于公司的债务。《公司法》第186条规定，公司清算后的剩余资产，有限责任公司按股东的出资比例进行分配，股份有限公司按股东持有的股份比例分配。

在公司的解散清算分配环节中，虽然相关法律法规对公司剩余财产是按出资的认缴比例还是实缴比例进行分配没有明确的规定，但《公司法》第34条规定，股东按照实际缴纳的出资比例分配股利。法理上，股东分红权、剩余财产分配权、新股优先认购权均属于股东自益权，三者的权能均以其所缴纳的出资为基础，其目的都是获得公司财产性利益。因此，《公司法》第186条所称"出资比例"应为实缴出资比例。《公司法司法解释三》第16条规定：公司股东履行出资义务存在瑕疵时，对股东优先认购新股权、利润分配请求权、剩余财产分配权等权利可通过公司章程或股东会决议作出相应的限制，如股东向人民法院请求认定该限制规定无效时应不予支持。该规定可以理解为对《公司法》第186条未明确"出资比例"定义的一次明确。公司可以股东未履行出资为由，以章程或者股东会决议的形式来限制出资瑕疵股东的剩余财产分配请求权。《公司法司法解释三》第16条并没有违背《公司法》第186条不能意思自治的规定，只是明确了"出资比例"的定义，将应缴未缴出资排除在剩余财产分配请求权的计算范围外。

（五）优先认购权

股东的优先认购权包括对转让出资的优先购买权和发行新股的优先认购权。

《公司法》第34条给予有限责任公司股东在转让出资时的优先购买权。这项权利在股份公司中并不存在。

对于发行新股的优先认购权，有的国家（如法国、德国）直接以立法给予股东有优先认购的权利，有的国家（如日本、奥地利、挪威）则将股东是否具有优先认购权则由公司章程或公司机关给予规定。《公司法》采取了对有限责任公司和股份有限公司不同的做法。《公司法》第34条明确给予有限责任公司的股东发行新股时的优先认购权。"公司新增资本时，股东有权优先按照实缴的出资比例认缴出资。但是，全体股东约定不按照出资比例分取红利或者不按照出资比例优先认缴出资的除外。"

如前所述，《公司法司法解释三》第16条对瑕疵股东的新股优先认购权也做了限制。

（六）诉权

诉权是指股东的权利受到损害时，有权向法院提起诉讼，以保障其股权。股东在公司法律制度下的诉权有两种：直接诉讼和派生诉讼。所谓直接诉讼，是指股东个人或数人为了自身利益而以股东身份向公司或其他损害人提起诉讼。所谓派生诉讼，也称代表诉讼、间接诉讼，是指在公司的正当权益受到他人损害，特别是受到控股股东、董事和其他管理人员的损害时，股东可以代表公司，为了公司的利益，对损害人提起诉讼，要求其停止损害，赔偿公司损失。

1. 公司决议瑕疵诉讼

《公司法》第22条规定："公司股东会或者股东大会、董事会的决议内容违反法律、行政法规的无效。股东会或者股东大会、董事会的会议召集程序、表决方式违反法律、行政法规或者公司章程，或者决议内容违反公司章程的，股东可以自决议作出之日起六十日内，请求人民法院撤销。股东依照前款规定提起诉讼的，人民法院可以应公司的请求，要求股东提供相应担保。公司根据股东会或者股东大会、董事会决议已办理变更登记的，人民法院宣告该决议无效或者撤销该决议后，公司应当向公司登记机关申请撤销变更登记。"

《最高人民法院关于〈中华人民共和国公司法〉若干问题的规定（四）》（以下简称《公司法司法解释四》）第 3 条规定："原告请求确认股东会或者股东大会、董事会决议不成立、无效或者撤销决议的案件，应当列公司为被告。对决议涉及的其他利害关系人，可以依法列为第三人。一审法庭辩论终结前，其他有原告资格的人以相同的诉讼请求申请参加前款规定诉讼的，可以列为共同原告。"

2. 股东代表诉讼

股东代表诉讼，一般是指当公司怠于通过诉讼追究公司机关成员责任或实现其他权利时，由具备法定资格的股东为了维护公司利益，并出于追究这些成员责任或实现这些权利之目的，依据法定程序代表公司提起的诉讼。这是为了确保董事、监事、高级管理人员违反上述义务后得到追究，更有力地保护公司和股东的利益。股东代表诉讼不同于股东为维护自身利益向公司或其他人提起的直接诉讼。一般来说，直接诉讼的原告是最终受益者，而股东代表诉讼的原告只是享有名义上的诉权，胜诉后利益归于公司，提起诉讼的股东只是由于拥有股份而间接受益。各国公司法对股东代表诉讼都设有特殊的要求和限制，这也是它有别于直接诉讼的特征之一。

股东代表诉讼是基于股东所在公司的法律救济请求权而产生的，这种权利不是股东传统意义上的因其出资而享有的股权，而是由公司本身的权利而传来的，由股东行使的。因此，注意股东直接诉讼和股东代位诉讼的区别。股东直接诉讼是直接根据其出资而享有一定的起诉权，维护自身的权益；而股东代表诉讼只是股东代表公司行使一定的诉讼请求权，其获得的利益或判决的结果都只由公司承担，而与股东私人利益并无挂钩，股东只是作为股东身份间接地享有公司获得的利益而已。

股东代表诉讼的原告必须是公司的股东，一人或多人都可以提起股东代表诉讼，但并非只要是公司的股东，在任何条件下都可以提起股东代表诉讼，不同的国家对该制度有不同的限制，其旨在防止某些恶意的股东进行滥诉。如前文所述，作为原告的股东必须是有限责任公司的股东、股份有限公司连续 180 日以上单独或者合计持有公司 1% 以上股份的股东。

法院判决结果直接由公司承担。股东作为名义上的诉讼方，股东没有任何资格、权利和权益。也就是说，原告股东不能取得任何权益，法院对该案的判决结果都直接归结于公司承担，这是股东代位诉讼最典型的特征，这说明股东只是代表诉讼的过程而已。

股东代表诉讼发生在其怠于行使诉讼权利的情况下。也就是说，若公司不采取诉讼手段进行保护自己的合法权益，则可能发生公司权益受损失之情形，只有在这种条件下，才可能发生股东代表诉讼。而怠于行使的情形根据《公司法》的规定，如前文所述有三种情况：被拒绝提起诉讼；自收到请求 30 日内未提起诉讼；情况紧急、不立即提起诉讼将会使公司利益受到难以弥补的损害。

根据侵犯人身份的不同与具体情况的不同，提起股东代表诉讼有以下几种程序：

（1）公司董事、监事、高级管理人员的行为给公司造成损失时股东代表公司提起诉讼的程序。按照《公司法》的规定，公司董事、监事、高级管理人员执行公司职务时违反法律、行政法规或者公司章程的规定，给公司造成损失的，应当承担赔偿责任。为了确保责任者真正承担相应的赔偿责任，《公司法》对股东代表诉讼作了如下规定：

①公司董事、高级管理人员执行公司职务时违反法律、行政法规或者公司章程的规定的，股东通过监事会或者监事提起诉讼。公司董事、高级管理人员执行公司职务时违反法律、行政法规或者公司章程的规定，给公司造成损失的，有限责任公司的股东、股份有限公司连续 180 日以上单独或者合计持有公司 1% 以上股份的股东，可以书面请求监事会或者不设监事会的有限责任公司的监事向人民法院提起诉讼。180 日以上连续持股期间，应为股东向人民法院提起诉讼时，已期满的持股时间；规定的合计持有公司 1% 以上股份，是指两个以上股东持股份额的合计。

②监事执行公司职务时违反法律、行政法规或者公司章程的规定的，股东通过董事会或者董事提起诉讼。监事执行公司职务时违反法律、行政法规或者公司章程的规定，给公司造成损失的，有限责任公司的股东、股份有限公司连续 180 日以上单独或者合计持有公司 1% 以上股份的股东，可以书面请求董事会或者不设董事会的有限责任公司的执行董事向人民法院提起诉讼。

③股东直接提起诉讼。监事会、不设监事会的有限责任公司的监事，或者董事会、执行董事，收到有限责任公司的股东、股份有限公司连续 180 日以上单独或者合计持有公司 1% 以上股份的股东的书面请求后，拒绝提起诉讼，或者自收到请求之日起 30 日内未提起诉讼，或者情况紧急、不立即提起诉讼将会使公司利益受到难以弥补的损害的，有限责任公司的股东、股份有限公司连续 180 日以上单独或者合计持有公司 1% 以上股份的股东，有权为了公司的利益，以自己的名义直接向人民法院提起诉讼。

（2）其他人的行为给公司造成损失时股东提起诉讼的程序。公司董事、监事、高级管理人员以外的其他人侵犯公司合法权益，给公司造成损失的，有限责任公司的股东、股份有限公司连续 180 日以上单独或者合计持有公司 1% 以上股份的股东，可以通过监事会或者监事、董事会或者董事向人民法院提起诉讼，或者直接向人民法院提起诉讼。

股东代表诉讼的前置程序也称竭尽公司内部救济原则，是指股东在提起诉讼前，必须向公司董事会、监事会或监察人提出请求令公司提起直接诉讼。只有在董事会、监事会或监察人接到该请求，经过一定期间而未提起诉讼的情况下，股东才有权提起代表诉讼。如日本商法第 267 条规定：股东可以以书面请求公司提起追究董事责任的诉讼；自有前项请求日起 30 日内，公司不提起诉讼时，前款股东可以为公司提起诉讼。我国台湾地区规定：股东得以书面请求监察人为公司对董事提起诉讼；监察人 30 日内不提起诉讼时，前项之股东，得为公司提起诉讼。

规定股东代表诉讼的前置程序是由股东代表诉讼的性质决定的，即只有当公司怠于行使职权追究给公司造成损害者的责任时，才由股东代为行使诉权，目的在于充分发挥公司内部监督机制。但有时把前置程序作为必经程序会给公司造成更大的损害，因此日本商法第 267 条规定：如果因为经过前置程序所要求的期间而有发生对公司的不可恢复的损害之可能时，股东可以直接提起代表诉讼。

第四节 股份转让

一、股份转让概述

股份转让是指公司股东依照一定的程序将自己的股份让与受让人，由受让人取得股份成为公司的股东。

股东对自己持有的股权的转让不仅是股东保护其自身利益的有力手段，而且，股东对股份的转让所形成的对公司行为的制约，也促使公司经营管理水平不断提高。此外，股份依据企业的发展状况在不同的生产部门、行业之间的转移，又促进了社会资金在各公司和各行业部门、各地区之间流动，为市场机制"无形之手"调节投资结构和经济结构创造了条件。

二、股份转让的原则

股份转让以自由为原则是各国或地区公司立法的通例。但为保护公司、股东及公司债权人的整体利益，许多国家或地区的公司法、证券法多对股份转让做出一些必要限制，以便将股份转让可能产生的弊端限制在尽可能小的范围内。

（一）股份转让的一般规定

有限责任公司的股东之间可以相互转让其全部或者部分股权。股东向股东以外的人转让股权，应当经其他股东过半数同意。股东应就其股权转让事项书面通知其他股东征求同意，其他股东自接到书面通知之日起满 30 日未答复的，视为同意转让。其他股东半数以上不同意转让的，不同意的股东应当购买该转让的股权；不购买的，视为同意转让。经股东同意转让的股权，在同等条件下，其他股东有优先购买权。两个以上股东主张行使优先购买权的，协商确定各自的购买比例；协商不成的，按照转让时各自的出资比例行使优先购买权。公司章程对股权转让另有规定的，从其规定。

股份有限公司的股东持有的股份可以依法转让。股东转让其股份，应当在依法设立的证券交易场所进行或者按照国务院规定的其他方式进行。记名股票，由股东以背书方式或者法律、行政法规规定的其他方式转让；转让后由公司将受让人的姓名或者名称及住所记载于股东名册。股东大会召开前 20 日内或者公司决定分配股利的基准日前 5 日内，不得进行前款规定的股东名册的变更登记。但是，法律对上市公司股东名册变更登记另有规定的，从其规定。无记名股票的转让，由股东将该股票交付给受让人后即发生转让的效力。

（二）对股份转让的限制

依据《公司法》的规定，股东持有的股份可以依法公开、公平、公正转让，但要受到下列限制：

1. 对发起人所持股份的转让的限制

由于股份有限公司的发起人对公司的成立及公司成立初期的财产稳定和组织管理具有重要的影响，所以，一般要对发起人所持股份的转让予以一定限制。《公司法》第 141 条规定："发起人持有的本公司股份，自公司成立之日起一年内不得转让。公司公开发行股份前已发行的股份，自公司股票在证券交易所上市交易之日起一年内不得转让。"

2. 对公司董事、监事、高级管理人员持有本公司股份的转让限制

对公司董事、监事及公司高级管理人员持有本公司股份的转让限制实际上是对董事、监事及公司高级管理人员进行利益制约的一种方式。《公司法》第141条第二款规定："公司董事、监事、高级管理人员应当向公司申报所持有的本公司的股份及其变动情况，在任职期间每年转让的股份不得超过其所持有本公司股份总数的百分之二十五；所持本公司股份自公司股票上市交易之日起一年内不得转让。上述人员离职后半年内，不得转让其所持有的本公司股份。公司章程可以对公司董事、监事、高级管理人员转让其所持有的本公司股份作出其他限制性规定。"

3. 对公司收购自身股份的限制

对于公司持有自己的股份，各国或地区的公司立法规定不尽相同，大多数国家或地区规定在通常情况下限制公司持有自己的股份。

对于有限责任公司，《公司法》第74条规定："有下列情形之一的，对股东会该项决议投反对票的股东可以请求公司按照合理的价格收购其股权：（一）公司连续五年不向股东分配利润，而公司该五年连续盈利，并且符合本法规定的分配利润条件的；（二）公司合并、分立、转让主要财产的；（三）公司章程规定的营业期限届满或者章程规定的其他解散事由出现，股东会会议通过决议修改章程使公司存续的。自股东会会议决议通过之日起六十日内，股东与公司不能达成股权收购协议的，股东可以自股东会会议决议通过之日起九十日内向人民法院提起诉讼。"

对于股份有限公司，《公司法》第142条规定："公司不得收购本公司股份。但是，有下列情形之一的除外：（一）减少公司注册资本；（二）与持有本公司股份的其他公司合并；（三）将股份用于员工持股计划或者股权激励；（四）股东因对股东大会作出的公司合并、分立决议持异议，要求公司收购其股份；（五）将股份用于转换上市公司发行的可转换为股票的公司债券；（六）上市公司为维护公司价值及股东权益所必需。公司因前款第（一）项、第（二）项规定的情形收购本公司股份的，应当经股东大会决议；公司因前款第（三）项、第（五）项、第（六）项规定的情形收购本公司股份的，可以依照公司章程的规定或者股东大会的授权，经三分之二以上董事出席的董事会会议决议。公司依照本条第一款规定收购本公司股份后，属于第（一）项情形的，应当自收购之日起十日内注销；属于第（二）项、第（四）项情形的，应当在六个月内转让或者注销；属于第（三）项、第（五）项、第（六）项情形的，公司合计持有的本公司股份数不得超过本公司已发行股份总额的百分之十，并应当在三年内转让或者注销。上市公司收购本公司股份的，应当依照《中华人民共和国证券法》的规定履行信息披露义务。上市公司因本条第一款第（三）项、第（五）项、第（六）项规定的情形收购本公司股份的，应当通过公开的集中交易方式进行。"

4. 对股票抵押的限制

我国《公司法》第142条第五款规定：公司不得接受本公司的股票作为质押权的标的。公司的股份作为一种权益，股票作为一种特殊的种类物，是可以作为抵押物用作抵押

的，但公司不得接受本公司的股票作为抵押权的标的。作此限制的原因主要在于，当公司的债务人无力清偿到期债务而公司拍卖抵押物又无人应买时，公司自然就成为抵押股票的所有人，从而违背公司不得拥有自身股份的一般原则。

三、股份转让的善意取得

《公司法司法解释三》第 25 条第一款规定："名义股东将登记于其名下的股权转让、质押或者以其他方式处分，实际出资人以其对于股权享有实际权利为由，请求认定处分股权行为无效的，人民法院可以参照民法典第三百一十一条的规定处理。"第 27 条第一款规定："股权转让后尚未向公司登记机关办理变更登记，原股东将仍登记于其名下的股权转让、质押或者以其他方式处分，受让股东以其对于股权享有实际权利为由，请求认定处分股权行为无效的，人民法院可以参照民法典第三百一十一条的规定处理。"这两条规定确立了以下两点规则：第一，善意取得制度可以适用于有限责任公司股权转让、质押或者以其他方式处分的情形。具体而言，根据该司法解释的规定，适用于名义股东将登记于其名下的股权处分，或者股权转让后尚未向公司登记机关办理变更登记，原股东将仍登记于其名下的股权处分等两种情形。第二，有限责任公司股权的善意取得的构成要件参照适用《民法典》第 311 条的规定。与此同时，上述规定亦明确了适用的情形，其中第二十五条第一款适用于实际出资人与登记股东不一致的情形，第二十七条第一款适用于股权转让时因尚未办理变更登记而导致的登记股东与实际股东不一致的情形。

四、股权价格

一般来讲，确定股权转让价格的方法通常有以下几种：以公司设立时的股权价格作为股权转让价格；以审计、评估的价格作为股权转让价格；双方当事人协商确定转让价格。

以上几种方法均有其可取的方面，但同时也存在一些不足，分述如下：

（一）以公司设立时的股权价格作为股权转让价格

此方法简单明了，便于计算和操作。但是，公司的生产经营活动受经营决策和市场各种不确定因素的影响较大，公司的资产状况往往处于变化当中，随着公司经营的不断变化，股东的出资与股权实际价值往往存在较大的差异。如果对股东的股权未经作价直接以原出资额转让，混淆了股权与出资的区别，往往导致股权的价值大大脱离了实际。

（二）以审计、评估价作为股权转让价格

该方法通过对公司会计账目、资产负债的清理核实，能够较为准确地体现公司的资产状况。如果采用评估方式，需要支付的评估费用往往都是不小的数额，无论对股东还是公司或是受让人都是一笔不轻的额外负担。尤其是在小股东欲转让股权时，对小股东来说，如果主张以评估方式确定股权转让价格，就有可能出现小股东的转让所得连评估费用都不足以支付的极端情形，这样的结果肯定是任何小股东都难以接受的。因此，该种股权转让价格确定方式现实可行性就被大大地削弱了。

（三）双方当事人协商确定转让价格

由双方当事人协商确定转让价格，最能体现当事人意思自治原则。缺陷是：作为利益

相对方的当事人，在信息不充分、不对称的情况下，往往很难达成一致意见。故此种方式被使用的概率也较小。

基于上述原因，实务中往往综合采用。例如，综合采用评估方式和协商方式。评估确定股权转让的基准价格，再由双方在此基础上协商确定转让价格。

为了使股权转让更切实可行，同时也符合公司法加强对中小股东保护的立法精神，可以引入另一种确定股权转让价格的方式：以公司月度会计报表来确定股权转让的价格。会计报表是企业、单位会计部门在日常会计核算的基础上定期编制的，综合反映财务状况、经营成果和现金流量情况的书面文件。按编制时间可分为月报表、季报表、半年报表和年报表。会计报表包括资产负债表、损益表、财务状况变动表（或者现金流量表）。确切地说应主要使用月会计报表中的损益表来确定股权转让价格，损益表反映了企业一定期间的收入与费用配比而形成的净收益（或净亏损），以此作为股权转让价格的依据既直接又客观。

1. 引入该方式具有相当的必要性

公司法强调了公司自治，在股权转让问题上，公司法也给予了公司自行规定的权利。《公司法》第71条第三款规定："公司章程对股权转让另有规定的，从其规定。"实践中许多公司在公司章程中规定股东因退休、解聘、调动等原因离开公司应将股权转让给其他股东，或直接规定转让给公司的大股东。类似规定在原国有企业改制的公司中更为常见，在该类公司中，职工持股现象非常普遍，公司大股东为了达到控股或完全控股的目的，往往在公司章程中规定，一旦发生职工离开公司的情形，离职员工须将股权转让给大股东，但同时对股权转让价格却没有规定。实际上如果双方当事人协商不成的，必然走上评估之路，并将必然面临评估费的承担问题，因此，在此情况下，如何寻找一个简洁有效的确定股权转让价格的方式显得尤为重要。

2. 该方式具有较强的操作性

采用月度会计报表方式确定股权转让价格对双方当事人来说操作容易，而且可以大大降低交易成本。此外，因月度会计报表及时地反映了公司的盈亏状况，是对公司近期经营状况的反映，因此能使交易价格最大可能地体现公平公正，切实地保护了交易双方的利益。

当然，在选择使用此种方式时，信息使用者为做出利于自己的决策，必须阅读企业的会计报表，而要正确理解和运用会计报表信息，又必须对企业会计报表内容进行分析，由于种种原因，企业会计报表的信息与实际情况可能会出现偏差，进而影响信息的决策。因此，这种方式的实施有赖于真实、准确、完备的月度会计报表，而如何杜绝某些公司向有关管理部门提供虚假月度会计报表的现象，也是面临的一个现实问题。

虽然以月会计报表确定股权价格也存在一定的问题，但综合来讲，月会计报表方式的优势还是非常明显的，因此还是希望股权转让当事人能够充分利用月会计报表的优点，并以此作为转让的依据。同时，公司法允许公司章程对有限责任公司的股权转让作出规定，对自行约定股权转让价格的方式也并未禁止，鉴于此，为了使月度会计报表可以名正言顺地作为股权转让的依据，且在股权转让方式暂无具体法律规定的情况下，将此方法纳入公司章程，使其作为转让依据有章可依。

对审计和评估的方式，可以在规定审计评估的基础上，对由谁承担评估费用作出进一步的规定。在评估费用的承担主体上，可以规定在内部转让时，由公司承担评估费或由交易双方按照出资的比例分摊，在对外转让时，由转受方双方均摊等，以便当事人综合选择使用。

知识考核要点 ▶▶ ▶

1. 股东的概念。
2. 股东出资。
3. 股东出资的形式。
4. 出资证明书与股票。
5. 股权的概念和类型。
6. 股份转让的限制。

思考练习 ▶▶ ▶

1. 股东资格确认的依据有哪些？
2. 以股权作为出资时应提交哪些文件？

案例赏析

北京长信乐纯环保科技有限责任公司与莱克斯坦公司股东知情权纠纷

【基本案情】

2014 年 7 月 25 日，节能公司与莱克斯坦公司签订合资经营合同，约定双方共同出资设立长信公司。

2014 年 8 月 1 日，节能公司与莱克斯坦公司签署长信公司公司章程，约定长信公司为有限责任公司；公司经营范围为节能环保产品的设计与批发，节能环保技术的研发、咨询与推广，货物进出口（以工商行政管理机关核定的经营范围为准）；公司注册资本为 11 363 636 元，由节能公司以现金方式出资 1 000 万元，占比 88%，由莱克斯坦公司以经评估和作价的技术方式出资 1 363 636 元，占比 12%；每一方出于监督公司财务状况的必要或考虑，均有权审查及复制所有账簿、记录、收据、合同及其他类型的文件。每一方在没有不合理干扰公司正常运营的情况下，可以在公司的正常工作时间内作上述的审查与文件复制。每一方可以通过其代理、员工或由其指定的独立会计师事务所行使上述权利，但上述代理或会计师事务所应签署一份严格程度不低于合资合同规定的保密协议。

2014 年 11 月 28 日，长信公司经核准登记成立。

2017 年 11 月 28 日，依据莱克斯坦公司授权代表 Yuval Davidor、Shimon 与长信公司法定代表人从明耀的邮件通信内容，莱克斯坦公司先后表示："如果长信公司不安排全额付款，我将在中国市场公开销售催化剂，以弥补莱克斯坦公司的损失"；"我已经开始展开在中国合作的讨论……我也将考虑以折扣价格形式直接销售催化剂，因为我不想催化剂停留在以色列，我会确保我这样做不会损害长信公司的业务"；"莱克斯坦公司已决定出售其知识产权和技术"。

2018年7月17日，莱克斯坦公司委托律师向节能公司及长信公司法定代表人从明耀发函称长信公司拒绝莱克斯坦公司指派财务经理监督合资公司财务状况的权利，同时未能根据合资经营合同指定经莱克斯坦公司同意的注册会计师对合资公司的财务状况进行审计，作为合资公司股东莱克斯坦公司无从得知合资公司的财务状况，故要求长信公司在收函后7日内按照合资合同约定向莱克斯坦公司如实披露合资公司的财务状况。2018年8月8日，长信公司向莱克斯坦公司委托的汪晓华交付了长信公司营业执照复印件一份、章程复印件一份、公司设立登记备案变更复印件两份、2016—2017年审计报告及税审报告共四份。长信公司亦称通过顺丰快递向莱克斯坦公司邮寄了部分被请求查阅、复制的材料。

2018年9月17日，莱克斯坦公司委托律师向长信公司发函称长信公司仅向莱克斯坦公司提供了个别年度的审计报告、个别财务报表、少量业务合同、少量发票和银行收付款凭证，并拒绝按照公司章程的规定向莱克斯坦公司披露更多的财务状况信息和业务合同。之后莱克斯坦公司自己并通过律师多次要求长信公司披露更全面的信息，包括会计账簿、记录、收据、合同及其他类型文件，以便莱克斯坦公司对长信公司财务状况进行监督，了解长信公司的经营业绩和利润情况，要求长信公司在律师函签发之日起5日内向莱克斯坦公司提供自成立以来至2018年8月31日的全部会计账簿、相关会计凭证、2016年至2018年的资产负债表、利润表、2014年至2018年的现金流量表等文件。

一审庭审中，莱克斯坦公司称尚未在中国境内直接开展业务，只是依靠投资长信公司来经营业务，并称可在本判决生效之日起30个工作日内在长信公司的办公场所对相关材料进行查阅、复制。

【诉讼请求】

1. 判令长信公司提供自2014年11月28日（即成立时）至2019年11月1日期间的董事会决议、董事会会议记录和财务会计报告（包括资产负债表、利润表、现金流量表和利润分配表、现金流量表和所有者权益变动表等）供莱克斯坦公司和莱克斯坦公司委托的律师、会计师查阅和复制；

2. 判令长信公司提供其自2014年11月28日（即成立时）至2019年11月1日期间的会计账簿（含总账、明细账、日记账和其他辅助性账簿）及会计凭证（含记账凭证、原始凭证及作为附件入账备查的有关资料），任何附注和支持文件，银行对账单、纳税申报表和任何其他内部和/或公开的会计信息，商品/服务采购/销售合同/协议和劳动合同，供莱克斯坦公司和莱克斯坦公司委托的律师、会计师查阅和复制；

3. 判决本案的诉讼费用由长信公司承担。

【一审裁判】

本案的争议焦点为，一、若莱克斯坦公司未全面履行出资义务是否影响其行使股东知情权；二、莱克斯坦公司提起的股东知情权诉讼是否履行了符合法律规定的前置程序；三、莱克斯坦公司行使股东知情权是否具有不正当目的；四、莱克斯坦公司主张的股东知情权范围能否成立。

关于争议焦点一，若莱克斯坦公司未全面履行出资义务是否影响其行使股东知情权。

《最高人民法院关于适用〈中华人民共和国公司法〉若干问题的规定（三）》第十六条规定，股东未履行或者未全面履行出资义务或者抽逃出资，公司根据公司章程或者股东会决议对其利润分配请求权、新股优先认购权、剩余财产分配请求权等股东权利作出相应的合理限制，该股东请求认定该限制无效的，人民法院不予支持。

本条规定系对瑕疵出资股东的资产收益权等自益权的限制，若莱克斯坦公司未履行相应的出资义务，长信公司可循法律规定另行解决，其无权以此为由限制莱克斯坦公司行使股东知情权。长信公司以莱克斯坦公司未履行缴纳出资义务构成行使股东知情权限制的抗辩事由没有法律依据，一审法院对此不予支持。

关于争议焦点二，莱克斯坦公司提起的股东知情权诉讼是否履行了符合法律规定的前置程序。

公司法第三十三条规定，股东有权查阅、复制公司章程、股东会会议记录、董事会会议决议、监事会会议决议和财务会计报告。股东可以要求查阅公司会计账簿。股东要求查阅公司会计账簿的，应当向公司提出书面请求，说明目的。公司有合理根据认为股东查阅会计账簿有不正当目的，可能损害公司合法利益的，可以拒绝提供查阅，并应当自股东提出书面请求之日起十五日内书面答复股东并说明理由。公司拒绝提供查阅的，股东可以请求人民法院要求公司提供查阅。

可见，依据查阅资料公开程度，对股东知情权范围可划分为无条件公开内容和有条件公开内容，股东会会议记录、董事会会议决议和财务会计报告等属无条件公开内容，没有前置性程序要求。只有会计账簿查阅权需要股东履行相应的前置程序，即应当向公司提出书面请求。

本案中，莱克斯坦公司多次要求长信公司披露更全面的信息，包括会计账簿、记录、收据、合同及其他类型文件，履行了前置程序，长信公司并未有证据证明已向莱克斯坦公司提供会计账簿，应承担不利后果。故长信公司主张莱克斯坦公司提起股东知情权诉讼不符合法律规定的前置程序的抗辩理由不能成立。

关于争议焦点三，莱克斯坦公司行使知情权是否存在不正当目的。

公司法司法解释四第八条规定，有限责任公司有证据证明股东存在下列情形之一的，人民法院应当认定股东有公司法第三十三条第二款规定的"不正当目的"：（一）股东自营或者为他人经营与公司主营业务有实质性竞争关系业务的，但公司章程另有规定或者全体股东另有约定的除外；（二）股东为了向他人通报有关信息查阅公司会计账簿，可能损害公司合法利益的；（三）股东在向公司提出查阅请求之日前的三年内，曾通过查阅公司会计账簿，向他人通报有关信息损害公司合法利益的；（四）股东有不正当目的的其他情形。

本案中，首先，长信公司主张莱克斯坦公司的经营范围与长信公司存在实质性竞争关系，一审法院认为，根据《合资经营合同》约定的长信公司设立的目的可以看出，长信公司成立的目的即是推广莱克斯坦公司在烟气处理项目领域内的知识产权和其他相关的服务和项目，莱克斯坦公司现有的享有专利的有机催化剂，以及能够促使莱克斯坦公司享有的专利工艺实现从废气中除去硫和氮氧化物的催化剂在区域内的销售等，由此可见莱克斯坦公司在长信公司成立之前其经营范围即包括从事生产和销售催化剂，《合资经营合同》同时约定莱克斯坦公司在合同约定时间和区域内禁止莱克斯坦公司直接或间接销售上述产品等，而长信公司提供的现有证据不能证明莱克斯坦公司在上述合同约定的时间和区域内自己经营或者为他人经营与长信公司主营业务有实质性竞争关系业务，故长信公司仅以莱克斯坦公司的经营范围包含生产和销售催化剂而主张双方存在实质性竞争关系，一审法院不予支持。其次，长信公司《公司章程》约定，每一方出于监督公司财务状况的必要或考虑，均有权审查及复制所有账簿、记录、收据、合同及其他类型的文件。每一方在没有不合理干扰公司正常运营的情况下，可以在公司的正常工作时间内作上述的审查与文件复制。每一方可以通过其代理、员工或由其指定的独立会计师事务所行使上述权利，但上述代理或会计师事务所应签署一份严格程度不低于合资合同规定的保密协议。公司章程是公司的自治性规定，是各股东之间的真实意思表示，对股东具有约束力。股东可以依据公司章程的规定行使权利履行义务。故依据上述长信公司《公司章程》的规定，莱克斯坦公司有权行使相应的知情权。再次，长信公司主张莱克斯坦公司行使知情权是为了获取长信公司在中国销售催化剂客户的资料、销售渠道等商业秘密以达到不正当竞争的目的，一审法院认为，长信公司现有证据不能证明莱克斯坦公司已经实施了在中国市场上公开销售催化剂的行为，即便如长信公司所言，莱克斯坦公司未来将在中国市场上公开销售催化剂，若其不当使用了此次知情权诉讼所获取的公司商业秘密或实施了其他侵害了长信公司合法权益的行为，长信公司可以另行向莱克斯坦公司主张权利。长信公司以未来不确定发生的推测事件作为主张莱克斯坦公司行使知情权存在不正当目的意见，没有依据，一审法院不予采信。

关于争议焦点四，莱克斯坦公司行使知情权的范围。

长信公司系有限责任公司，对于莱克斯坦公司主张行使股东知情权的范围应当依据公司法第三十三条规定予以确定。莱克斯坦公司在本案中主张的查阅复制范围除董事会决议、财务会计报告（包括资产负债表、利润表、现金流量表和利润分配表等）外，还包括董事会会议记录、会计账簿（含总账、明细账、日记账和其他辅助性账簿）及会计凭证（含记账凭证、原始凭证及作为附件入账备查的有关资料），以及资产负债表、利润表、现金流量表和所有者权益变动表，任何附注和支持文件，银行对账单、纳税申报表和任何其他内部和/或公开的会计信息，商品/服务采购/销售合同/协议和劳动合同。对此，一审法院认为，长信公司《公司章程》约定每一方出于监督公司财务状况的必要或考虑，均有权审查及复制所有账簿、记录、收据、合同及其他类型的文件。每一方在没有不合理干扰公司正常运营的情况下，可以在公司的正常工作时间内作上述的审查与文件复制。长信公司各股东的该约定未见违反法律强制性规定，体现了股东的共同意志。公司法第三十三条规定的股东知情权范围是法定股东知情权范围的最低标准，而公司章程作为公司的自治规范，其具体内容体现了股东的共同意志，当公司章程赋予股东的知情权大于公司法规定的范围时，该约定应当优于法律规定适用。综上，1. 关于莱克斯坦公司主张的董事会会议决议，属于公司法第三十三条规定的可以查阅、复制的范围，应予准许；关于董事会会议记录，因《公司章程》中规定了股东可以查阅、复制记录，故一审法院对莱克斯坦公司该项诉请亦予以支持。2. 关于莱克斯坦公司主张的财务会计报告（包括资产负债表、利润表、现金流量表和利润分配表等），根据公司法第三十三条规定，财务会计报告属于可以查阅、复制的范围，根据《中华人民共和国会计法》第二十条第二款规定，财务会计报告由会计报表、会计报表附注和财务情况说明书组成，根据《企业会计制度》第一百五十四条规定，企业向外提供的会计报表包括：资产负债表、利润表、现金流量表、资产减值准备明细表、利润分配表、股东权益增减变动表、分部报表、其他有关附表。故对莱克斯坦公司该项诉请，一审法院予以支持。3. 关于莱克斯坦公司主张的会计账簿（含总账、明细账、日记账和其他辅助性账簿），《中华人民共和国会计法》第十五条第一款规定，会计账簿包括总账、明细账、日记账和其他辅助性账簿。根据公司法第三十三条规定，股东可以要求查阅公司会计账簿。因长信公司《公司章程》中规定了股东可以复制会计账簿，故对莱克斯坦要求查阅、复制会计账簿（含总账、明细账、日记账和其他辅助性账簿）的诉讼请求，一审法院予以支持。4. 关于莱克斯坦公司上述主张之外的其他查阅、复制内容，首先，因为资产负债表、利润表、现金流量表和所有者权益变动表，任何附注和支持文件属于财务会计报告所涵盖的内容，一审法院已对莱克斯坦公司关于查阅、复制财务会计报告的主张予以支持。其次，因长信公司《公司章程》约定每一方出于监督公司财务状况的必要或考虑，均有权审查及复制所有账簿、记录、收据、合同及其他类型的文件。因此长信公司股东可以依据该条约定主张查阅、复制上述范围内的文件，但行使股东知情权的范围应当以出于监督公司财务状况的必要或考虑为限。对于会计凭证，因会计账簿的真实性和完整性只有通过会计凭证（含记账凭证和原始凭证）才能反映出来，因此为使股东了解公司的真实情况，实现有效监督公司财务状况的目的，一审法院支持莱克斯坦公司关于会计凭证（含记账凭证、原始凭证及作为附件入账备查的有关资料）查阅、复制的诉请。对于莱克斯坦公司主张的银行对账单、纳税申报表和任何其他内部和/或公开的会计信息，商品/服务采购/销售合同/协议和劳动合同等，属于会计凭证中的原始凭证及作为附件入账备查的有关资料的部分，一审法院予以支持，不属于会计凭证中的原始凭证及作为附件入账备查的有关资料的部分，因不符合《公司章程》中规定的允许股东查阅、复制相应文件的目的即监督公司财务状况的必要或考虑，一审法院不予支持。

公司法司法解释四第七条规定，股东依据公司法第三十三条、第九十七条或者公司章程的规定，起诉请求查阅或者复制公司特定文件材料的，人民法院应当依法予以受理。公司有证据证明前款规定的原告在起诉时不具有公司股东资格的，人民法院应当驳回起诉，但原告有初步证据证明在持股期间其合法权益受到损害，请求依法查阅或者复制其持股期间的公司特定文件材料的除外。本案莱克斯坦公司要求行使知情权的期间为自2014年1月28日（即成立时）至2019年11月1日，双方对该部分期间内莱克斯坦公司的股东资格并无争议。股东知情权具有共益权性质，是股东固有的基础性权利，是股东了解公司运营状况、参与公司治理、行使其他股东权利的重要前提。截至本案起诉之日，莱克斯坦公司一直是长信公司的登记股东，故依据上述法律规定，有权行使知情权。此外，关于查阅和复制的地点，一审庭审中，莱克斯坦公司同意可在长信公司办公区域内查阅，同时考虑长信公司便利，一审法院依法判定莱克斯坦公司在长信公司办公区域内进行相应的查阅和复制。

【一审判决】

1. 长信公司于判决生效后三十个工作日内提供自 2014 年 11 月 28 日起至 2019 年 11 月 1 日期间的董事会决议、董事会会议记录和财务会计报告（包括资产负债表、利润表、现金流量表和利润分配表等）供莱克斯坦公司和其委托的律师、会计师查阅和复制，莱克斯坦公司委托的律师、注册会计师可以予以协助；

2. 长信公司于判决生效后三十个工作日内提供自 2014 年 11 月 28 日起至 2019 年 11 月 1 日期间的会计账簿（含总账、明细账、日记账和其他辅助性账簿）及会计凭证（含记账凭证、原始凭证及作为附件入账备查的有关资料）供莱克斯坦公司和其委托的律师、会计师查阅和复制，莱克斯坦公司委托的律师、注册会计师可以予以协助；

3. 上述材料由莱克斯坦公司在长信公司正常营业时间内查阅，查阅地点在长信公司办公区域内，查阅时间为 30 个工作日；

4. 驳回莱克斯坦公司的其他诉讼请求。

【上诉请求】

长信公司上诉请求：1. 撤销一审判决；2. 判令驳回莱克斯坦公司的全部诉讼请求；3. 判令莱克斯坦公司承担一、二审诉讼费用。事实和理由：

1. 一审判决认定事实不清。

长信公司有明确的依据证明莱克斯坦公司要求查阅和复制长信公司的财务资料信息是为了在中国市场上公开销售催化剂。理由包括：

首先，莱克斯坦公司的经营范围为生产和销售催化剂，与长信公司经营的业务相同，即催化剂的销售、开展去除硫氧化物和氮氧化物的 EPC 项目，所针对的客户均为需要进行烟气处理的企业，二者的主营业务及针对的客户群基本一致，主营业务存在实质性竞争关系。

其次，《合资经营合同》第 22.2 条约定了"竞业禁止和排他权"，明确莱克斯坦公司在作为公司股东期间，不应：（a）在区域内直接或间接销售，或者通过任何方式另行转让与加工、生产、销售、推广、商业化、销售和/或分销产品有关的专有技术，但莱克斯坦公司既有的且在合资公司成立之前签署的协议除外；（b）在区域内直接或间接开发、生产、使用、销售、要约销售、进出口，或拥有、管理、运营、控制或参与拥有、管理、运营、控制涉及催化剂的任何业务或与催化剂或与公司产品竞争的产品的任何业务；（c）在区域内出于商业目的为自身或除公司以外的其他实体招揽本公司的顾客或客户。

上述约定明确莱克斯坦公司不应在中国境内销售催化剂产品及出售专有技术。同时，即使在公司章程中规定了股东的查询、复制权，其前提依然是莱克斯坦公司不在中国境内销售产品。

本案中莱克斯坦公司的行为完全符合《最高人民法院关于适用〈中华人民共和国公司法〉若干问题的规定（四）》（以下简称公司法司法解释四）第八条第一款"股东自营或者为他人经营与公司主营业务有实质性竞争关系业务的"情形，属于不正当竞争目的。

第三，莱克斯坦公司自称"2017 年 11 月起至今，在以色列仓库里存储了 127.6 吨的案涉催化剂，莱克斯坦公司承担较高的仓储费用"，故莱克斯坦公司急于将催化剂出售，所以莱克斯坦公司的法定代表人 Yuval 通过邮件明确向长信公司表示"我已经开始展开在中国合作的讨论，为我们双方创造更多的项目潜在机会。我也将考虑以折扣价格形式直接销售催化剂，因为我不想催化剂停留在以色列"，及莱克斯坦公司的授权代表Shimon通过邮件明确向长信公司表示"Lextran已决定出售其知识产权和技术"。可见，莱克斯坦公司正是因为手里有大量的催化剂急需寻找买方才通过股东知情权诉讼，获取长信公司在中国销售催化剂的客户资料、销售渠道等商业秘密，达到其在中国销售催化剂以及转让技术的不正当目的。

第四，一审法院认为，"长信公司现有证据不能证明莱克斯坦公司已经实施了在中国市场上公开销售催化剂的行为"，此观点是以侵权结果的发生作为认定侵权的依据，但公司法司法解释四第八条第二款对于不正当竞争的情形表述为"股东为了向他人通报有关信息查阅公司会计账簿，可能损害公司合法利益的"，该款强调的是可能损坏公司合法利益，不以是否产生侵权结果作为认定标准。因此，不论是股东本身还是任何第三方，均不能通过查阅复制手段，达到获取不正当利益之目的。

2. 一审法院依据公司法司法解释四第七条规定，但却认为"莱克斯坦公司要求行使知情权的期间自2014年1月28日（即成立时）至2019年11月1日，双方对该部分期间内莱克斯坦公司的股东资格无异议"。事实情况是，2009年11月3日，鉴于莱克斯坦公司自始没有履行出资义务，经通知超过三十日仍未缴纳其认缴的出资，长信公司已通过董事会决议、股东会决议，解除了莱克斯坦公司的股东资格。即莱克斯坦公司是自始（2014年1月28日成立之日）没有股东资格，而不是在2019年11月3日之后才没有股东资格。

综上，请求撤销一审判决，驳回莱克斯坦公司的全部诉讼请求。

【答辩意见】

一、长信公司认为莱克斯坦公司行使股东知情权具有不正当目的的主张与客观事实不符。

1. 莱克斯坦公司是注册于以色列国的技术型、轻资产公司，主要从事烟气脱硫脱硝技术的推广，与长信公司的经营范围"节能环保产品的设计与批发；节能环保技术的研发、咨询与推广；货物进出口；销售化工产品（不含危险化学品）、金属制品、通用设备、专用设备、电气设备、电子元件器件、仪器仪表、机械设备；施工总承包；专业承包；劳务分包"明显不同。

2. 本案一审已经查明，莱克斯坦公司在中国进行的烟气脱硫脱硝技术的推广是通过长信公司来进行的，这也是莱克斯坦公司与北京长信太和节能科技有限公司（以下简称节能公司）合资设立长信公司的目的。莱克斯坦公司并不存在长信公司所指称的已经或即将实施在中国市场公开销售催化剂的行为，也没有在中国开展任何去除硫氧化物和氮氧化物的EPC项目。长信公司始终未能提出证据证明在合资公司成立后莱克斯坦公司有在中国市场公开销售催化剂的行为。长信公司在上诉状中指称的"Lextran已决定出售其知识产权和技术""急于销售催化剂"和"通过股东知情权诉讼获取长信公司在中国销售催化剂的客户资料"是刻意歪曲事实。客观事实是，在长信公司成立之际，莱克斯坦公司和中方控股股东节能公司签署的《合资经营合同》《技术许可协议》及其他相关文件中，明确约定了合作方式，即长信公司在其从事的业务中使用莱克斯坦公司的专利技术，而专利技术运用中所需的催化剂产品，则由长信公司或其中方股东作为买方向莱克斯坦公司采购以通过合法方式进入中国（最终提供给长信公司使用）。这是长信公司的中方股东节能公司和莱克斯坦公司一致同意的，不属于《合资经营合同》和长信公司《公司章程》所禁止的同业竞争行为。现因长信公司的中方股东节能公司欠付莱克斯坦公司货款，长信公司便无端揣测莱克斯坦公司急于在中国市场销售催化剂。

3. 莱克斯坦公司行使股东知情权的目的是对长信公司的财务状况进行监督，要求查阅、复制文件的范围符合《中华人民共和国公司法》（以下简称公司法）和长信公司《公司章程》的规定。

莱克斯坦公司在此前委托律师发送给长信公司的律师函中及在本案一审程序中已多次阐明，其主张行使股东知情权的目的是根据长信公司《公司章程》的规定对长信公司的财务状况进行监督，了解长信公司成立以来未向莱克斯坦公司分配利润的原因，了解《合资经营合同》及其补充协议约定的出资条件是否成就。莱克斯坦公司主张行使股东知情权的目的是正当、合法的。同时，莱克斯坦公司要求查阅、复制文件的范围符合公司法和长信公司《公司章程》的规定。一审法院已经查明，长信公司的《公司章程》第18.1.2条规定股东出于监督公司财务状况的必要或考虑，有权审查及复制所有账簿、记录、收据、合同及其他类型的文件；该规定未见违反法律强制性规定，体现了股东的意志。当《公司章程》赋予股东的知情权范围大于公司法规定的范围时，《公司章程》的规定应当优于法律规定适用。

二、莱克斯坦公司具备长信公司的股东资格，根据法律和《公司章程》享有股东知情权。

1. 长信公司在其中方控股股东的操控下，在莱克斯坦公司提起股东知情权之诉后，在一审法院开庭前炮制了解除莱克斯坦公司股东资格的董事会和股东会决议，其目的是阻止莱克斯坦公司行使股东知情权，严重违反了法律和诚实信用原则。长信公司是一家中外合资企业，由中方控股股东节能公司（占有公司88%的股权）和莱克斯坦公司（占有公司12%的股权）共同出资设立。自成立以来，中方控股股东把控长信公司的经营管理权，而且剥夺莱克斯坦公司作为股东对投资企业的知情权。在莱克斯坦公司提起股东知情权诉讼后，长信公司刻意在本案一审开庭前4天（即2019年11月3日），在莱克斯坦公司缺席的情况下由其中方控股股东炮制了解除莱克斯坦公司的股东资格的董事会和股东会决议，其目的就是赶在本案一审开庭前人为制造出莱克斯坦公司不具有股东资格的所谓证据。长信公司在其中方股东操纵下的种种作为，是为了阻碍莱克斯坦公司行使依法享有的股东知情权，严重违反了法律和诚实信用原则。

2. 莱克斯坦公司在主张行使股东知情权的期间内始终具备长信公司的股东资格，莱克斯坦公司作为股东对所投资企业享有的知情权应得到法律保护。本案一审程序中，鉴于长信公司提出股东资格抗辩，莱克斯坦公司经一审合议庭释明，为推进案件审理程序，将主张行使股东知情权的期间明确为长信公司设立之日至2019年11月1日。一审法院已查明，对于莱克斯坦公司自长信公司成立之日起至2019年11月3日期间具有股东资格，长信公司在庭审中亦表示并无异议。截至本案二审合议庭组织双方谈话，经工商档案信息查询莱克斯坦公司依然是长信公司的登记股东，依法享有公司法和长信公司《公司章程》赋予的股东知情权。

综上，请求维持原判，驳回长信公司的全部上诉请求。

【二审裁判】

本案二审审理的争议焦点问题是莱克斯坦公司查阅公司特定资料是否具有不正当目的。

公司法第三十三条第二款规定，公司有合理根据认为股东查阅会计账簿有不正当目的，可能损害公司合法利益的，可以拒绝提供查阅。"可能损害公司合法利益"，意味着损害后果并未发生，只是存在较大可能性的一种常识判断，一审法院关于"长信公司现有证据不能证明莱克斯坦公司已经实施了在中国市场上公开销售催化剂的行为"的表述，以实际损害行为的发生论述损害公司合法利益的"可能"性，不妥，本院予以纠正；有损害公司合法利益的"可能"，但必须存有不正当目的，因不正当目的属主观心理状态，长信公司认为莱克斯坦公司的查阅行为符合公司法司法解释四第八条第（一）项规定的情形，即股东自营或者为他人经营与公司主营业务有实质性竞争关系业务的，但公司章程另有规定或者全体股东另有约定的除外。本院认为，综合考虑如下因素，莱克斯坦公司的查阅行为尚不能认定为具有不正当目的。

其一，长信公司设立是"为了推广莱克斯坦公司在烟气处理项目领域内的知识产权和其他相关的服务和项目，例如烟气处理项目系统的设计、以（但不仅限于）莱克斯坦公司的催化剂为基础的废气分析、区域内产品的销售、以莱克斯坦公司在烟气处理项目领域内的知识产权为基础开展去除硫氧化物和氮氧化物的 EPC（指从事烟气处理项目领域内的设计、采购及施工）项目和其他相关的烟气处理项目服务或项目"。长信公司与莱克斯坦公司业务高度关联是客观事实。长信公司仅举证莱克斯坦公司授权代表 Yuval Davidor、Shimon 与长信公司法定代表人从明耀的往来邮件内容的表述，如"如果长信公司不安排全额付款，我将在中国市场公开销售催化剂，以弥补莱克斯坦公司的损失"；"我已经开始展开在中国合作的讨论……我也将考虑以折扣价格形式直接销售催化剂"，邮件表述的背景是长信公司股东节能公司与莱克斯坦公司就《催化剂采购合同》的履行存有争议，尚不能推导出"股东自营或者为他人经营与公司主营业务有实质性竞争关系业务"的结论。

其二，长信公司设立时的股东出资方式为节能公司以现金方式认缴出资 1 000 万元，占比 88%，莱克斯坦公司以经评估和作价的技术方式认缴出资 1 363 636 元，占比 12%。由于双方股东的不同出资方式和相差悬殊的股权比例，非控股股东莱克斯坦公司为了维护其权益，对于股东知情权作了特别约定：即每一方出于监督公司财务状况的必要或考虑，均有权审查及复制所有账簿、记录、收据、合同及其他类型的文件；每一方在没有不合理干扰公司正常运营的情况下，可以在公司的正常工作时间内作上述的审查与文件复制；每一方可以通过其代理、员工或由其指定的独立会计师事务所行使上述权利，但上述代理或会计师事务所应签署一份严格程度不低于合资合同规定的保密协议。

其三，长信公司一审时提交的《合资经营合同之补充协议》显示，莱克斯坦公司对于长信公司实缴出资附加若干条件，之一是节能公司已根据合资合同的规定完成了其向公司出资的义务，即长信公司收到现金 1 000 万元，之二是长信公司已成功地在中国完成了五个烟气处理项目。两项条件的实现均需莱克斯坦公司行使股东知情权查阅长信公司的特定资料文件。

其四，长信公司声称2019年11月3日，长信公司董事会和股东会分别作出决议，对莱克斯坦公司的股东资格予以解除并减少相应注册资本、废止原公司章程。但是截至2020年8月28日，长信公司登记注册资料显示其为中外合资公司，投资人仍为节能公司和莱克斯坦公司，注册资本为11 363 636元；长信公司尚未办理法定减资程序并办理股权变更登记。

综上，一审判决认定事实清楚，法律适用略有不妥，但裁判结果正确，故对长信公司的上诉请求不予支持。判决驳回上诉，维持原判。

第五章
公司组织机构

【知识目标】

1. 了解公司组织机构设置的基本原则。

2. 掌握股东会、董事会的职权与决议、监事会、经理的职权以及董事、监事、高级管理人员的忠实、善管义务与民事责任。

【工作任务】

2020 年红都公司召开董事会会议情况如下：①公司有 9 名董事，其中有 1 名是红都公司子公司左凤的董事邓超。董事会有 5 人出席，其中包括左凤公司的董事邓超。列席董事会的监事都敏俊向会议提交另一名因故不能到会的董事出具的代为行使表决权的委托书，该委托书委托都敏俊代为行使本次董事会的表决权。②会议通过了红都公司的子公司左凤向财务总监千寻借款 30 万元的决定。③另外，董事会通过了一项与左凤公司签订原材料销售合同的决定，出席会议的董事对该项决议一致同意。④董事会会议结束后，以上所有决议事项均载入会议记录，并由出席的全体董事和都敏俊签名后存档。试分析本案存在的问题。

公司组织机构是公司存在和运行的制度体现与保障，是公司成为法人组织的必要条件，也是公司实现有效治理的基础。公司组织机构通常得由权力机构、决策与代表机构、执行机构、监督机构等构成，每一机构执掌公司不同的权力，从而在合作与制衡中实现公司的运行。

第一节　股东（大）会

一、股东（大）会的概念、地位

股东会，也称为股东大会，是指依法由全体股东组成的公司权力机构。这一定义具有三重含义：

（一）股东会作为公司的组织机构之一，是公司的最高权力机关

它表明了股东会在公司组织机构中的地位。《公司法》第 36 条规定："有限责任公司股东会由全体股东组成。股东会是公司的权力机构，依照本法行使职权。"该法第 98 条规定："股份有限公司股东大会由全体股东组成。股东大会是公司的权力机构，依照本法行使职权。"

（二）股东会是公司依法必须设立的公司组织机构

组建为公司形式的企业，股东会的设立受法律强制性的约束。但是，针对特殊类型的公司，公司法有时也会灵活地作出特殊规定，如我国规定外商投资设立的有限责任公司只设立董事会，由董事会代行股东会的权力；国有独资公司也不设股东会，而由国家授权投资的机构和部门授权董事会行使部分股东会职权。

（三）股东会须由全体股东组成

股东会不应排除任何一个股东，哪怕是仅仅持有一股的股东。这里需要区分作为公司机关的股东会与作为股东会议的股东会，虽然习惯上将其两者都称为股东会，但是两者内涵并不相同，前者由全体股东组成，是公司的权力机关；而后者则是股东行使权力并形成统一意志的方式，分为年会和临时会议，它并不要求全体股东必须出席。

二、股东（大）会会议的种类

由于股东会是由人数众多的全体股东组成，但股东会作为组织机构又必须形成自己统一的意志，所以股东会只能采取会议的方式来形成决议，这也是股东会的表现形式，正是通过这种形式，股东得以行使对公司的控制权。

股东会的会议方式一般分为定期会议和临时会议两类。

（一）定期会议

定期会议（也称普通会议、股东常会、股东年会），是指依据法律和公司章程的规定在一定时间内必须召开的股东会议。定期会议主要决定股东会职权范围内的例行重大事项。

我国公司法规定每年召开一次股东会定期会议，定期会议具体召开时间由公司章程进行规定。在我国，一般有限责任公司股东会年会于每个会计年度结束之后即行召开；股份有限公司的股东大会年会一般于会计年度终了后6个月内召开。

（二）临时会议

股东会临时会议，也称特别会议，是指定期会议以外必要的时候，由于发生法定事由或者根据法定人员、机构的提议而召开的股东会议。一般规定以下情况下可以召开临时会议：

（1）持有一定比例股份的股东申请时。《公司法》规定：有限责任公司代表十分之一以上表决权的股东可以提议召开股东会临时会议；股份有限公司当持有公司股份百分之十以上的股东请求时，应当在两个月内召开临时股东大会。

（2）根据董事提议或在董事会认为必要时。《公司法》规定：有限责任公司三分之一以上的董事可以提议召开股东会临时会议；股份有限公司董事会认为必要时，应当在两个月内召开临时股东大会。

（3）根据监事提议或在监事会认为必要时。《公司法》规定，有限责任公司三分之一以上的监事可以提议召开股东会临时会议；股份有限公司当监事会提议召开时，应当在两个月内召开临时股东大会。

（4）发生法定事由时。《公司法》规定，股份有限公司当董事人数不足公司法规定的人数或者公司章程所定人数的三分之二时，或者当公司未弥补的亏损达股本总额三分之一时，应当在两个月内召开临时股东大会。《公司法》对有限责任公司则无此规定。

三、股东（大）会的职权

股东会为公司最高权力机构，因此，股东会行使的职权一般是针对公司的重大事项。股东会有法定职权和章程规定职权两类，公司可以以章程的形式规定除法定职权以外的其他职权。

《公司法》关于有限责任公司股东会的职权规定如下：

（1）决定公司的经营方针和投资计划；

（2）选举和更换非由职工代表担任的董事、监事，决定有关董事、监事的报酬事项；

（3）审议批准董事会的报告；

（4）审议批准监事会或者监事的报告；

（5）审议批准公司的年度财务预算方案、决算方案；

（6）审议批准公司的利润分配方案和弥补亏损方案；

（7）对公司增加或者减少注册资本作出决议；

（8）对发行公司债券作出决议；

（9）对公司合并、分立、解散、清算或者变更公司形式作出决议；

（10）修改公司章程；

（11）公司章程规定的其他职权。

对上述所列事项股东以书面形式一致表示同意的，可以不召开股东会会议，直接作出决定，并由全体股东在决定文件上签名、盖章。

《公司法》关于股份有限公司股东大会的职权的规定与有限责任公司基本相同。

四、股东（大）会的召集

（一）召集人

各国公司法一般规定股东会议（定期会议、临时会议）由董事会召集，有些国家还规定其他主体在特殊情况下也可以召集股东会。根据《公司法》第38条规定，有限责任公司"首次股东会会议由出资最多的股东召集和主持，依照本法规定行使职权"。此外的定期会议和临时会议则由董事会（或执行董事）召集。股份有限公司的发起人应当在股款缴足后30日内主持召开由全体认股人组成的公司创立大会，公司成立后股东大会会议亦由董事会负责召集。

（二）召集时间

我国公司法规定有限责任公司股东会定期会议按章程规定时间召集；临时会议应法定人员提议而召集，但未规定具体时间。股份有限公司定期会议亦按章程规定时间召集，但临时会议需要在法律规定情况发生后两个月内召集。

（三）召集通知

为了提高股东会开会的效率和股东的出席率，也为了防止董事会或控股股东在股东会上利用突袭手段控制股东会决议，各国公司法均规定了股东会召集的通知程序。

我国公司法规定，有限责任公司召开股东会会议，应当于会议召开 15 日以前通知全体股东。股份有限公司召开股东大会，应当将会议审议的事项于会议召开 30 日以前通知各股东；临时股东大会不得对通知中未列明的事项作出决议；发行无记名股票的，应当于会议召开 45 日以前就前款事项作出公告。

五、股东（大）会的决议

股东会会议的一系列程序包括通知、登记、提案的审议、投票、计票、表决结果的宣布、会议决议的形成、会议记录及其签署、公告等，而这其中最重要的便是表决程序。为了使股东会形成公平、有效率的决议，提高中小股东参与公司治理的积极性，同时防止大股东利用控股地位侵害中小股东的权利，各国公司法均很重视对表决程序的规范。一个有效的表决决议必须是在法定比例的股东出席前提下，通过法律规定的投票方式，达到符合法定比例要求的支持率的决议。

（一）股东法定出席比例

股东法定出席比例是指召开合法有效的股东会，出席会议的股东们代表的公司有表决权的股份数量应满足法定标准。考虑到如果参加股东会议的股东很少，就不利于公司的决策能集思广益，少数股东操纵股东会会损害其他股东的利益，因此，各国一般规定参加股东会的股东必须达到法定人数，股东会才能合法召开，通过的决议也才能有效。我国公司法并未规定股东会的法定出席比例，这自然是一种严重的缺失，对健全公司法人治理结构没有好处。

（二）投票方式

1. 本人投票制与委托投票制

本人投票制是指股东出席股东会并进行投票。委托投票制是指公司股东委托代理人出席股东会并进行投票。委托投票制度有利于调动中小股东行使投票表决权的积极性，从而有效防止股东会的"空壳化"。股东可以将投票表决权委托给其他股东，也可以委托给董事会，还可以委托给股票监管人和中介机构，以行使其对公司的控制权。在公司控制权因收购、重组等活动发生移转时，委托投票制会发挥出相当的制约作用。

2. 现场投票制与通信投票制

随着科技的发展，电话、传真、互联网等现代便捷通信工具不断涌现，为了降低投票成本，提高中小股东积极性，许多国家立法承认了利用现代通信工具投票的有效性。

3. 直接投票制与累积投票制

直接投票制代表了公司法在公司决策的过程和结果上奉行的传统的多数决原则，贯彻了由大股东控制公司的权利义务对等的理念。凡公司的重要事务，在股东大会讨论并就具体方案进行表决时，除非表决之事项涉及与大股东及其子公司的关联交易，规定大股东回避投票，或因法律或公司章程已对大股东的投票权有所限制的场合，股东大会决议的结果当与大股东的意见形成一致。累积投票制适用于董事的选举，有利于保证中小股东能将其代言人选进董事会，它允许股东可以将其在选举每位董事上的表决票数累加，即股东在选举董事时的总票数为其持有股份决定的表决票数乘以须选举的董事的人数，股东可以选择将总票数集中投在一个董事候选人名下，也可以选择分散投入数人名下，如此便提高了中小股东投票的力度和影响效果。

（三）决议通过的法定比率

股东会的决议均采用多数决原则，即决议必须由出席股东会的代表表决权多数的股东通过方为有效。但是，对于不同的决议事项，各国公司法规定了不同的多数标准。

1. 普通决议

股东会会议合法召集，经出席会议的代表二分之一以上表决权的股东通过即为有效的决议为普通决议。除特别决议事项外，股东会决议均适用简单多数原则。

2. 特别决议

股东会会议合法召集，必须经出席会议的代表绝对多数表决权的股东通过方为有效的决议为特别决议。在我国该绝对多数为三分之二以上。我国公司法规定适用特别决议的事项主要有：①修改公司章程；②增加或减少注册资本；③公司的分立、合并或者变更公司形式；④公司的解散和注销。上市公司在一年内购买、出售重大资产或者担保金额超过公司资产总额30%的，应当由股东大会作出决议，并经出席会议的股东所持表决权的三分之二以上通过。

第二节　董事会

一、董事会

（一）概念与特点

董事会是指依法由股东会选举产生，代表公司并行使经营决策权的公司常设机关。董事会是公司的执行机构，对内掌管公司事务，对外代表公司的经营决策。公司设董事会，由股东会选举。董事会设董事长一人，副董事长若干，董事长、副董事长由董事会选举产生。董事任期三年，任期届满，可连选连任。董事在任期届满前，股东会不得无故解除其职务。董事会成员应当有公司职工的代表，其产生办法由公司章程规定。董事长为公司的法定代表人，董事会对股东负责。公司董事会议事时，应当有相应的程序规则，明确董事的权利和义务，正确行使权利，维护公司利益。

董事会具有以下特点：

（1）董事会成员由股东会选举产生，董事会对股东会负责，执行股东会的决议。

（2）董事会是公司法定的常设机关。董事会自公司成立之日一直存在。虽然它的成员可依法随时更换，但董事会本身作为一个组织始终存在，不能更换和撤销。

（3）董事会是公司对外代表机关。董事会的活动具有对外效力，在股份有限公司中董事长是公司的法定代表人；在有限责任公司中，董事长或者执行董事是公司的法定代表人。

（4）董事会是公司的经营决策机关。董事会执行股东会决议，负责公司的经营决策，并任命经理来执行公司的日常经营事务，经理对董事会负责。

（5）由于董事会决策公司事务得由全体董事按一人一票的表决权设定，因而公司的董事会其组成人数应当是单数。我国公司法规定，有限责任公司的董事会，由 3～13 人组成，规模较小的有限责任公司可选择不设董事会，但设一人担任执行董事，股份有限公司的董事会由 5～19 人组成。

（二）职权

各国立法关于董事会职权的规定方式有所不同，有的国家采取列举式明确授予董事会各项职权；有的国家则采取排除式规定必须由股东会行使的重要权力，除此之外的权力则由董事会行使；而有的国家立法未对董事会职权作出具体规定，而将其赋予公司章程去规定。但是，为了提高公司经营运作效率，各国公司法均赋予了董事会比较广泛的职权。

《公司法》对董事会的职权采取了列举式的规定，根据《公司法》第 46 条和第 108 条规定，董事会对股东会负责，行使下列职权：

（1）负责召集股东会，并向股东会报告工作；

（2）执行股东会的决议；

（3）决定公司的经营计划和投资方案；

（4）制订公司的年度财务预算方案、决算方案；

（5）制订公司的利润分配方案和弥补亏损方案；

（6）制订公司增加或者减少注册资本的方案；

（7）制订公司合并、分立、解散或者变更公司形式的方案；

（8）决定公司内部管理机构的设置；

（9）聘任或者解聘公司经理及其报酬事项，并根据经理的提名，聘任或者解聘公司副经理、财务负责人及其报酬事项。

（10）制定公司的基本管理制度。

二、董事

（一）董事的种类

董事为董事会的成员。董事一般为自然人，但也有国家法律规定法人亦能成为董事。董事是董事会职权的实际行使者。

董事的主要分类为：

1. 内部董事（也称执行董事）

同时担任公司其他职务的董事为内部董事。内部董事由于在公司中担任经营管理等职务，故对公司信息掌握全面，有利于董事会作出及时、正确的决策并能较好地协调与经理的关系，从而有利于决策的执行。但是，由于内部董事与经理等管理人员存在直接利益关系（有的甚至就兼任公司总裁），其行为不可避免地缺乏独立和客观性。

2. 外部董事（也称非执行董事）

在担任董事职务的公司不再同时担任其他职务的董事为外部董事。外部董事一般由其他公司的经理阶层、社会各界专家和机构投资者的代表构成。在美英等国家，许多大公司的外部董事比例已经远远超过内部董事。

但是，外部董事不一定就真正独立，在外部董事中具有独立性的则被称为"独立的外部董事"，也就是独立董事。所谓独立董事是指不在公司担任除董事外的其他职务，并与其所受聘的公司及其主要股东不存在可能妨碍其进行客观判断的重要关系的董事。

（二）董事的任职资格

董事与股东不同，任何人只要拥有公司股份即为股东，便有权参加股东大会。董事是由股东会选举进入董事会，负责对公司的经营管理事务进行决策，集体或单独代表公司执行业务的人。因此，各国均对董事任职资格作出限制。

《公司法》规定有下列情形之一的，不得担任公司的董事，公司违反规定选举董事的，该选举无效：

（1）无民事行为能力或者限制民事行为能力；

（2）因犯有贪污、贿赂、侵占财产、挪用财产罪或者破坏社会经济秩序罪，被判处刑罚，执行期满未逾五年，或者因犯罪被剥夺政治权利，执行期满未逾五年；

（3）担任因经营不善破产清算的公司、企业的董事或者厂长、经理，并对该公司、企业的破产负有个人责任的，自该公司、企业破产清算完结之日起未逾三年；

（4）担任因违法被吊销营业执照的公司、企业的法定代表人，并负有个人责任的，自该公司、企业被吊销营业执照之日起未逾三年；

（5）个人所负数额较大的债务到期未清偿；

（6）国家公务员。

（三）董事的任免

董事一般均由股东会任免。《公司法》规定，股东（大）会选举和更换董事。

外商投资的有限责任公司的董事则按照投资合同的约定由投资各方委派产生，国有独资公司、两个以上的国有企业或者其他两个以上的国有投资主体投资设立的有限责任公司的董事会中应当具有职工代表，其产生或撤换由公司的全体职工民主决定。

董事被选举聘任后，即开始行使职权，任期也开始计算。董事任期由公司章程规定，但每届任期不得超过三年。董事任期届满，可以连选连任。而董事在任期届满前，股东（大）会不得无故解除其职务。

三、董事会的组成

董事会由董事组成，根据各类公司的不同情况，法律规定了董事会的组成人员为"3人至13人"，即不得少于3人，也不得多于13人。在3人至13人这个范围内，具体人数应当由公司章程作出规定。股份有限公司董事会的组成人员为5～19人。董事会决议实行董事会成员一人一票制，为了防止董事会决议出现赞成与反对票数相等无法作出决议，公司章程应当规定董事会人数为单数，以提高董事会的工作效率。

两个以上的国有企业或者两个以上的其他国有投资主体投资设立的有限责任公司，资本全部来源于国有资产，为了体现人民当家作主的宗旨，有利于民主化管理，董事会成员中应当有职工代表。其他有限责任公司董事会成员中可以有公司职工代表。

董事会成员，由股东会选举、更换。但是，董事会中的职工代表，不应当由股东会任命或者指定，而应由职工民主选举产生。

董事会应设董事长1人，同时还可以根据需要设副董事长。董事长、副董事长应当是董事会成员，不是董事会成员的人不能成为董事长、副董事长。至于董事长、副董事长如何产生及其产生办法，法律授权由公司章程确定。

上市公司设独立董事，具体办法由国务院规定。上市公司设董事会秘书，负责公司股东大会和董事会会议的筹备、文件保管以及公司股东资料的管理，办理信息披露事务等事宜。

四、董事会会议

（一）董事会会议的种类

董事会作为一个机构是通过召开会议并形成决议的方式行使职权的。董事会会议一般可以分为两类，这两类董事会会议的议事方式和表决程序，除法律有规定的以外，均应由公司章程规定。

1. 普通会议

普通会议是在公司章程规定的固定时间召开的例会。我国公司法未对有限责任公司董事会会议召开的次数予以规定，但规定股份有限公司每年度至少召开两次董事会会议。

2. 临时会议

当公司经营中遇到需要董事会及时决策的必要事项时，董事会可以召开临时会议。我国公司法规定，有限责任公司三分之一以上董事可以提议召开董事会会议，股份有限公司独立董事可以提议召开临时会议。无论有限责任公司还是股份有限公司，召开临时会议的事项均可以在公司章程中进行规定。

（二）董事会会议的召集

我国公司法规定董事会由董事长召集并主持。董事长因特殊原因不能履行职务时，由董事长指定副董事长或者其他董事召集和主持。对于董事长选出前的第一次董事会会议，习惯上一般由得票数最多的董事召集。同时，我国公司法规定董事会每次会议应当于会议召开10日以前通知全体董事。

（三）董事会的决议

达到法定比例的董事出席并经法定比例的董事表决通过而作出的决议方为有效的董事会决议。各国公司法一般都规定了董事会的法定最低出席比例、出席的方式及作出决议要求的通过比例等事项。

我国公司法把具体的董事会议事规则赋予公司章程进行规定，而只规定了某些必需的、基本的法定议事程序。在股份有限公司中规定：①董事会会议应由二分之一以上的董事出席方可举行。②董事会会议，应由董事本人出席。董事因故不能出席，可以书面委托其他董事代为出席董事会，委托书中应载明授权范围。③董事会作出决议，必须经全体董事的过半数通过。

但是，对于有限责任公司董事会的议事方式和表决程序，我国公司法则未作具体规定，而是留给各个公司的公司章程根据具体情况去规定。这主要是考虑到有限责任公司本身规模小于股份有限公司，社会关注度不强，企业的情况差别很大，千篇一律的强制性规定如果不能有效地适应各个公司的具体情况，反而会对公司法的权威造成损害。因此，在其董事会的活动方式上留有必要的空间，让公司的投资者通过章程予以规定。

（四）董事会的议事规则

董事会应当对会议所议事项的决定作成会议记录，出席会议的董事应当在会议记录上签名。

董事应当对董事会的决议承担责任。董事会的决议违反法律、行政法规或者公司章程、股东大会决议，致使公司遭受严重损失的，参与决议的董事对公司负赔偿责任。但经证明在表决时曾表明异议并记载于会议记录的，该董事可以免除责任。此种情况之下，会议记录具有证明作用。

第三节　监事会

一、监事会的概念

监事会是依法产生，对董事和高级管理人员的经营管理行为及公司财务进行监督的常设机构。它代表全体股东对公司经营管理进行监督，行使监督职能，是公司的监督机构。

监事会的特点如下：

1. 监事会是由依法产生的监事组成的。监事一般由股东会选举产生。但有的国家公司法也规定了监事的其他法定产生途径，例如，我国公司法规定监事会由股东代表和适当比例的公司职工代表组成，监事会中的职工代表由公司职工民主选举产生。

2. 监事会是对公司事务进行监督的机构。监事会的监督职能一般包括两个方面：一方面是对董事、高级管理人员的经营行为进行监督；另一方面是财务监督，也称为专业监督。各国公司法均将财务监督作为监督机构职权的重要部分。

3. 监事会行使职权的独立性。保持充分的独立性是进行有效监督的重要前提，为此，各国公司法均很重视对监事会行使职权的独立性的保障。

4. 监事个人与监事会并行行使监督职权。董事会是决策机构，需要形成统一的意志，因此它采取的是一种集体议事、少数服从多数原则。与董事会不同，监事会的职责是尽量发现公司经营违法、违规或者违背股东利益的行为。因此为了充分掌握公司信息，法律规定了监事对公司业务和财务资料有平等的监督检查权，一般情况下并不需要形成集体决议行使职权。我国公司法对监督职权的主体规定的就是监事会或者监事。

二、监事会的设置

虽然各国在公司治理中均设立了行使监督职能的公司机构，但是，与股东会、董事会、高级管理人员等公司组织机构相比，各国公司法关于监事会的规定差异最大，变化也较大，主要有美国模式、德国模式、日本模式和法国模式。

我国采纳的公司监督体制基本类似于日本模式。监事会为公司必设机构，是公司的监督机构。但是，近年来，各种公司治理模式之间开始出现相互借鉴的趋势。我国的市场经济正在逐步建立、完善，公司（尤其是上市公司）治理频频出现混乱情况，监事会未能有效发挥监督的作用是原因之一。目前，我国公司的监督制度正在经历理论和实践两方面的深刻检讨。

三、监事会的组成

监事会由监事组成。关于监事的组成，我国公司法规定，监事会由股东代表和适当比例的公司职工代表组成，具体比例由公司章程规定。监事会中的职工代表由公司职工民主选举产生。

关于监事会的监事数目，《公司法》规定：有限责任公司，经营规模较大的，设立监事会，其成员不得少于三人；股东人数较少和规模较小的，可以设一至二名监事。股份有限公司设监事会，其成员不得少于三人。

关于监事的任职资格，《公司法》对监事任职资格的规定与董事相同。此外，还规定了董事、高级管理人员不得兼任监事。

四、监事会的职权

关于监事的职权和监事会的议事规则可以在公司章程中具体规定。《公司法》第53条规定："监事会、不设监事会的公司的监事行使下列职权：（一）检查公司财务；（二）对董事、高级管理人员执行公司职务时违反法律、法规或者公司章程的行为进行监督；（三）当董事和高级管理人员的行为损害公司的利益时，要求董事和高级管理人员予以纠正；（四）提议召开临时股东会（股东大会）；（五）公司章程规定的其他职权。监事有权列席董事会会议。"此外，上市公司的监事会可要求公司董事、经理及其他高级管理人员、内部及外部审计人员出席监事会会议，回答所关注的问题。

为了保障监事有效行使职权，公司应采取措施保障监事的知情权，为监事正常履行职责提供必要的协助，任何人不得干预、阻挠。监事履行职责所需的合理费用应由公司承担，按时拨备。在公司与董事、经理之间的诉讼中，监事可代表公司；监事在履行职责的过程中，可代表公司聘请有关的专业机构协助其工作，费用由公司负担。我国现行公司法规定的监事制度存有较多缺陷，亟待完善。

第四节　经　　理

一、经理的概念与设立

经理是由董事会聘任的、负责组织日常经营管理活动的公司常设业务执行机关。与股东会、董事会、监事会不同，经理机关并非会议形式的机关，其行为不需要通过会议以多数原则形成意志和决议，而是以担任总经理的高级管理者的最终意志为准，虽然公司也设副总经理，但其只是由总经理提名协助其工作的辅助人员。

公司经理不同于公司董事、监事，他并非选举产生，而是由董事会聘任产生。各国公司法多规定聘任经理为董事会的职权，董事会通过投票决定公司经理的人选。经理的权力虽由公司法规定出一般的内容与区限，但其职务的取得源自董事会，且董事会对其权力可作出扩大或缩小的决定。

我国公司法同样规定，经理由董事会聘任或者解聘。

二、经理的任职资格

经理是公司日常经营的实际管理者，因此，经理的资格（即具备什么条件的人员才能被选聘为经理）便成为公司运营中的重要问题。经理的资格包括两个方面：一方面为积极条件，即经理应该具备的各种能力和素质，主要包括品质素质、知识素质、管理能力素质、生理和心理素质等；另一方面为消极条件，即经理不得拥有的条件，如犯罪之人不得担任公司经理等。

因为经理素质等积极条件需要通过考察其学历、品行、业绩、声誉等因素后综合认定，很难有统一标准，完全属于各个公司内部事务，应由董事会自由决定，不应由法律强行干预。因此，各国公司法主要从消极条件对公司经理的任职资格进行相应规范，我国也是如此。

三、经理的职权

虽然经理由董事会选聘并对董事会负责，不同公司的经理的实际权限并不完全相同，各国公司法规定的经理的职权主要是管理公司的日常经营活动，并在董事会的授权范围内对外代理公司处理各类业务。具体来说主要包括：执行董事会的经营计划，任免公司高级管理及专业人员，主持公司日常业务，对外签订合同。

《公司法》规定经理有权行使下列职权：

（1）主持公司的生产经营管理工作，组织实施董事会决议；

（2）组织实施公司年度经营计划和投资方案；

（3）拟订公司内部管理机构设置方案；

（4）拟订公司的基本管理制度；

（5）制定公司的具体规章；

（6）提请聘任或者解聘公司副经理、财务负责人；

（7）聘任或者解聘除应由董事会聘任或者解聘以外的负责管理人员；

（8）公司章程和董事会授予的其他职权。

此外，经理有权列席董事会会议。

第五节　国有独资公司的组织机构

国有独资公司作为特殊的有限责任公司，由于其股东身份和构成的特殊性，其组织机构的设置及职权范围与普通有限责任公司有许多不同。依照《公司法》及《国有企业监事会暂行条例》等法规的规定，国有独资公司组织机构法律制度的基本特点是，由国家授权投资的机构或部门、董事会、经理、监事会分别行使国有独资公司的决策权、经营管理权、业务执行权和监督权。

一、国家授权投资的机构或部门

从近年来我国国有资产管理体制运行情况看，国家授权投资的机构包括国家投资公司，国家控股公司，国有资产经营公司，经营管理制度健全、经营状况较好的大型国有独资公司及企业集团中的集团公司。国家授权的部门是经国家批准，代表国家对授权范围内的国有资产行使股权的特定政府部门，如国有资产管理部门、有关行业主管部门等。

由于国家授权投资的机构或部门是国有独资公司的唯一股东，从而在国有独资公司中没有设立股东会的必要，国家授权投资的机构或部门作为国有独资公司的最高权力机构，行使一般有限责任公司中股东会的职权。与一般有限责任公司中股东会不同的是，国家授权投资的机构或部门可依法授权公司董事会行使股东会的部分职权，决定公司的重大事项。

依照《公司法》关于股东会职权的规定，国家授权投资的机构或者部门应行使下列职权：

（1）制定、修改公司章程或批准由董事会制订、修改的公司章程；

（2）决定公司的经营方针和投资计划；

（3）选派国家股权代表参加国有独资公司的董事会，更换或罢免其委派的董事，并从董事会成员中指定董事长和副董事长；授权董事会行使股东会的部分职权；

（4）决定公司增资、减资和发行公司债券；

（5）决定公司合并、分立、解散；

（6）审议批准董事会、监事会的工作报告；

（7）审议批准公司的年度财务预决算方案、利润分配方案和弥补亏损方案；

（8）公司资产依法转让时，办理其审批和财产权转移手续；

（9）检查公司财务，对董事、经理的行为进行监督，必要时根据政府国有资产主管部门的部署，向公司派出监事会。

上述职权第（1）、（3）、（4）、（5）、（6）、（8）、（9）项必须由国家授权投资的机构或者部门行使，其余职权如已依法授权公司董事会行使的，国家授权投资的机构或者部门则不再行使。

这种特有的股东与董事会职权的划分，既能有效维护国家作为股东在公司中的最高权力机关的地位，又能极大限度地强化董事会的职权，以实现国有资产增值与保值的目的。

二、董事会

董事会是国有独资公司的常设经营管理机构，而且是必设机关。国有独资公司的董事会成员为 3 人至 13 人，并由两部分人组成：一是由股东委派，即由国家授权投资的机构或者部门按照董事会的任期委派或者更换；二是由公司职工民主选举产生，一般由国有独资公司职工代表大会选举产生，这是国有独资公司董事会组成的一个特点。董事会设董事长一人，可以根据需要设或不设副董事长。董事长和副董事长由国家授权投资的机构或者部门从董事会成员中指定。董事长为国有独资公司的法定代表人。董事会每届任期三年。

国有独资公司董事会的职权范围，除了《公司法》规定的有关有限责任公司董事会的所有职权，还包括经国家授权投资的机构或者部门授予的股东会的部分职权。

经国家授权投资的机构或者部门同意，国有独资公司的董事可以兼任经理。与一般有限公司不同的是，《公司法》第69条对国有独资公司的负责人规定了专任制度，即："国有独资公司的董事长、副董事长、董事、高级管理人员，未经国有资产监督管理机构同意，不得在其他有限责任公司、股份有限公司或者其他经济组织兼职。"

三、经理

国有独资公司设经理，负责公司的生产经营管理工作，是董事会的辅助机关。经理由董事会聘任或者解聘。经国家授权投资的机构或者部门同意，国有独资公司的董事可以兼任经理。国有独资公司经理的职权与一般有限责任公司的经理相同。

四、监事会

《公司法》第70条规定："国有独资公司监事会成员不得少于五人，其中职工代表的比例不得低于三分之一，具体比例由公司章程规定。监事会成员由国有资产监督管理机构委派；但是，监事会成员中的职工代表由公司职工代表大会选举产生。监事会主席由国有资产监督管理机构从监事会成员中指定。监事会行使本法第五十三条第（一）项至第（三）项规定的职权和国务院规定的其他职权。"监事列席董事会会议。董事、经理及财务负责人不得兼任监事。

从公司法的规定可以看出，国有独资公司的监事会与一般有限责任公司的监事会有所不同。国有独资公司监事会成员中的股东代表主要由国务院或者国务院授权的机构、部门委派。监事会与国有独资公司的股东——国家授权投资的机构或者部门一样，是公司的外部机构，是针对公司内部不设监督机构而采取的一项监督公司财产保值增值的措施。

第六节　董事、监事、高级管理人员的义务与责任

一、董事、监事、高级管理人员的义务

董事、监事、高级管理人员拥有公司的决策权、监督权、执行权，他们在很大程度上实际控制公司的运营，是公司的"代理者"。他们与公司及股东的利益有很大的一致性；但另一方面，他们又有各自独立的利益，其利益不一定与公司和股东相容，甚至有可能相冲突。因此，为了体现激励与约束共存的原则，各国公司法对董事、监事和高级管理人员的义务均进行了规定。

（一）忠实义务

忠实义务指董事、监事、高级管理人员管理经营公司业务时，应毫无保留地为公司最大利益努力工作，当自身利益与公司整体利益发生冲突时，应以公司利益为先。《公司法》规定董事"应当遵守公司章程，忠实履行职务，维护公司利益，不得利用在公司的地位和职权为自己谋利益"。

一般来说，董事、监事、高级管理人员违反忠实义务的情况主要有以下两种情形：

其一是董事、监事、高级管理人员（主要指董事、经理）与公司签订商业合同，这也称与公司之间的抵触利益交易。在公司利益与董事、监事、高级管理人员个人利益二者不能两全时，董事、监事、高级管理人员很容易将其个人私利凌驾于公司利益之上，从而违反了忠诚义务。但现代各国公司法普遍对董事、高级管理人员与公司间的交易持有条件的许可态度，即在通过某种程序批准之后，董事与公司之间的交易方为有效。各国的批准程序主要有以下两个方面：一是董事须及时披露其在该交易中的利益性质；二是经过公司有权机关的批准。有权批准该交易的机关大多是董事会，但有利害关系的董事不得投票。此外，对于董事与公司的某些重大交易，则须经股东会批准。

其二是董事、高级管理人员利用在公司的机会谋取个人利益，也称篡夺公司机会。即公司董事、高级管理人员把属于公司的商业机会转归自己而从中取利。各国公司法对此种行为经历了从绝对禁止到相对许可的过程，但许可董事、高级管理人员利用公司商业机会的条件比较严格。

除此之外，我国公司法中关于有限责任公司董事、高级管理人员不得挪用公司资金或者将公司资金借贷给他人，不得以公司资产为本公司的股东或者其他个人债务提供担保，以及董事、高级管理人员除依照法律规定或者经股东会同意外，不得泄露公司秘密，这些规定也属于董事、高级管理人员的忠实义务范畴。

（二）善管义务

善管义务也称注意义务，即董事、监事、高级管理人员应诚信地履行对公司的职责，尽到普通人在类似情况和地位下谨慎的合理注意义务，为实现公司最大利益努力工作。我国公司法则对善管义务未作明确规定。

（三）竞业禁止义务

竞业禁止义务理论上应从属于忠实义务，是指董事、高级管理人员不得经营与其所任职公司具有竞争性质的业务。当其从事与公司相同或相似的业务时，很容易泄露公司商业秘密，与公司进行不公平竞争。因此各国公司法均对此予以禁止或限制。如果董事、高级管理人员违反竞业禁止义务，则公司可以依法行使归入权，即将董事、高级管理人员的违法收益收归公司所有。

在竞业禁止问题上，各国公司法同样有绝对禁止和相对允许之分，德国《股份公司法》规定董事经监事会许可，方可从事竞业。而我国则采取绝对禁止的态度，《公司法》规定：董事、高级管理人员不得自营或者为他人经营与其所任职公司同类的营业，其中为他人经营包括未经股东会认可不得在与所任职公司存在竞争业务的公司、企业担任董事、高级管理人员等职务。

二、董事、监事、高级管理人员的民事责任

董事、监事、高级管理人员为公司高层人员，有滥用权力的倾向，为了增加其违法成本，防止不当行为的发生，各国公司法均规定了董事、监事、高级管理人员违反法律或违反公司章程行使职权应当对公司或股东承担民事责任。

（1）确认行为无效。即当董事、监事、高级管理人员违反法律或公司章程作出决议或者进行行为时，如果侵害了公司或股东的权利，公司或者股东有权请求法院确认该行为无效。

（2）停止侵害。即在董事、监事、高级管理人员进行或拟进行违法行为情况下，法院根据权利人的申请有权责令其停止行为。《公司法》规定：股东大会、董事会的决议违反法律、行政法规，侵犯股东合法权益的，股东有权向人民法院提起要求停止该违法行为和侵害行为的诉讼。

（3）赔偿损失。如果董事、监事、高级管理人员的违法或不当行为给公司或股东造成了损害，则其应该对公司或股东进行赔偿。《公司法》规定：董事、监事、高级管理人员执行公司职务时违反法律、行政法规或者公司章程的规定，给公司造成损害的，应当承担赔偿责任。

（4）返还财产。如果公司财产被董事、监事、高级管理人员挪为本人或第三人使用，则其负有返还公司财产的责任。

当董事、监事、高级管理人员违反上述义务时，公司或者股东有权对他们提起追究民事责任的诉讼，包括直接诉讼和派生诉讼。直接诉讼是指公司或股东在自身权利受到董事、监事、高级管理人员违反法律或者公司章程的行为的侵害时，以自己的名义对侵害者提起诉讼。派生诉讼是指在公司受到董事会或控股股东的损害时，股东可以为了保护公司的利益而向法院提起的诉讼。但因为提起派生诉讼的主体与受到损害并获得赔偿的主体不一致，而个体股东毕竟不是公司的意志机关，故各国公司法对派生诉讼均规定了一定的限制。

知识考核要点 ▶▶ ▶

1. 股东（大）会的职权。
2. 董事会的职权。
3. 董事、监事以及高级管理人员的责任和义务。

思考练习 ▶▶ ▶

1. 违反高级管理人员任职资格的选举效力如何？如何善后处理？
2. 请设计有限责任公司关于董事会的召开程序和议事方式。
3. 请结合公司法以及司法解释的规定，总结董事、高级管理人员可能承担责任的情形。

案例赏析

侯杰等与金彩明公司决议纠纷

【基本案情】

德奥公司成立于 2011 年 10 月 29 日，公司类型为有限责任公司，成立时注册资本为 3

万元，股东金彩明出资1万元，侯杰出资2万元。2014年2月19日，德奥公司增加注册资本至150万元，其中侯杰认缴增加的注册资本147万元。2018年5月15日，德奥公司的股东变更为侯杰一人，并增加注册资本至2 000万元。2020年5月8日，德奥公司的股东变更为侯杰和金彩明。德奥公司2011年10月26日的章程第十一条规定："股东会会议分为定期会议和临时会议。召开股东会会议，应当于会议召开十五日以前通知全体股东。定期会议每年定时召开一次，代表十分之一以上表决权的股东、执行董事或者监事提议召开临时会议的，应当召开临时会议。"第十三条规定："股东会会议作出修改公司章程、增加或者减少注册资本的决议，以及公司合并、分立、解散或者变更公司形式的决议，股东会会议对其他变更所作决议，必须经代表三分之二以上表决权的股东通过。"

在德奥公司的工商档案中，有两份股东会会议召开日期均为2014年2月19日的决议。一份决议的内容如下："2014年2月19日在北京市朝阳区王四营乡王四营村南2排27号召开了德奥公司第二届第三次股东会，会议应到2人，实到2人，参加会议的股东在人数和资格等方面符合有关规定，会议形成决议如下：

增加注册资本：同意注册资本增加至150万元，其中侯杰增加实缴货币147万元；

变更章程：同意修改后的章程（章程修正案）。"

另一份决议的内容如下："2014年2月19日在北京市朝阳区王四营乡王四营村南2排27号召开了德奥公司第二届第三次股东会，会议应当2人，实到2人，参加会议的股东在人数和资格等方面符合有关规定，会议形成决议如下：

变更后的投资情况：注册资本为150万元，其中侯杰出资货币149万元，金彩明出资货币1万元；

变更章程：同意修改后的章程（章程修正案）。"两份决议的落款处均有签名"侯杰"和"金彩明"。金彩明称，德奥公司并未召开该次股东会会议，其对形成的两份决议也不知情，决议中签字更不是其本人所签。德奥公司和侯杰均表示，德奥公司于决议形成当日召开过股东会会议，金彩明亦参加会议，但是因时间久远，无法提交股东会会议实际召开的相关证据。另外，德奥公司和侯杰不确定两份决议中的签名"金彩明"是否是金彩明本人所签。

【诉讼请求】

1. 请求确认德奥公司于2014年2月19日作出的两份《北京德奥兴业商贸有限公司第二届第三次股东会决议》不成立；2. 本案诉讼费用由德奥公司负担。

【一审裁判】

一审法院认为，《最高人民法院关于适用〈中华人民共和国公司法〉若干问题的规定（四）》第五条规定："股东会或者股东大会、董事会决议存在以下情形之一，当事人主张决议不成立的，人民法院应当予以支持：（一）公司未召开会议的，但依据公司法第三十七条第二款或者公司章程规定可以不召开股东会或者股东大会而直接作出决定，并由全体股东在决定文件上签名、盖章的除外；……"本案中，金彩明系德奥公司的股东，具备提起决议不成立之诉的主体资格。根据一审法院查明的事实，现并无证据证明德奥公司曾于2014年2月19日召开过股东会会议，而且德奥公司的章程中也没有规定该公司可以不召开股东会会议直接作出决议，本案亦无公司法第三十七条第二款之情形，因此，金彩明主张2014年2月19日的两份股东会决议不成立，于法有据，一审法院予以支持。至于德奥公司提出的金彩明对决议内容知情，因其未举证证明，故一审法院不予采信。德奥公司认为金彩明的起诉已经超过诉讼时效，一审法院认为，根据民法总则的规定，诉讼时效制度针对的是债权请求权，而本案系确认股东会决议效力纠纷，本质上属于形成权，并不能适用诉讼时效制度，故德奥公司该项答辩意见，于法无据，一审法院不予采信。

综上，依照《中华人民共和国公司法》第三十七条第二款，《最高人民法院关于适用〈中华人民共和国公司法〉若干问题的规定（四）》第五条之规定，判决：一、确认德奥公司于2014年2月19日作出的内容为"增加注册资本：同意注册资本增加至150万元，其中侯杰增加实缴货币147万元；变更章程：同意修改后的章程（章程修正案）"的股东会决议无效；二、确认德奥公司于2014年2月19日作出的内容为"变更后的投资情况：注册资本为150万元，其中侯杰出资货币149万元，金彩明出资货币1万元；变更章程：同意修改后的章程（章程修正案）"的股东会决议无效。

【二审认定】

本院二审期间，侯杰提交聊天记录截图打印件、转账凭证、欠条，证明撤资事实发生在2014年，金彩明从德奥公司拿走了货和钱，转账及货款共计632 000余元，金彩明已经丧失了股东身份，其当时同意从德奥公司撤股，双方谈的是金彩明配合侯杰办理零散的手续，金彩明参加了股东会决议，其对股东会是知情的，但其现在不承认，金彩明说如果侯杰不给其5万元，就要涨到10万元，还要到工商局举报。金彩明对侯杰提交的上述证据的真实性及证明目的均不予认可，侯杰没有召开股东会，侯杰在其不知情的情况下伪造了其签字。金彩明提交2018年聊天记录截图打印件，证明其对2014年的股东会不知情。侯杰对金彩明提交的上述证据的真实性认可，对证明目的不认可，主张聊天记录反而显示金彩明从侯杰处拿走了钱和货，也清楚显示了金彩明撤资的事实，这上面显示了日期是2014年11月5日，金彩明不可能不知道股东会的召开。德奥公司同意侯杰上述全部意见。德奥公司未提交新的证据。

本院认为，《最高人民法院关于适用〈中华人民共和国公司法〉若干问题的规定（四）》第五条规定："股东会或者股东大会、董事会决议存在以下情形之一，当事人主张决议不成立的，人民法院应当予以支持：（一）公司未召开会议的，但依据公司法第三十七条第二款或者公司章程规定可以不召开股东会或者股东大会而直接作出决定，并由全体股东在决定文件上签名、盖章的除外；……"根据本案所查事实，金彩明系德奥公司的股东，具备提起决议不成立之诉的主体资格，现并无证据证明德奥公司曾于2014年2月19日召开过股东会会议，且德奥公司的章程中并未规定该公司可以不召开股东会会议直接作出决议，本案亦无公司法第三十七条第二款之情形，一审法院据此支持金彩明主张2014年2月19日的两份股东会决议不成立的诉请，并无不当。侯杰上诉请求依据不足，本院不予支持。

综上所述，侯杰的上诉请求不能成立，应予驳回；一审判决认定事实清楚，适用法律正确，应予维持。依照《中华人民共和国民事诉讼法》第一百七十条第一款第（一）项规定，判决如下：驳回上诉，维持原判。

第六章
公司债券

【知识目标】
1. 了解公司债券的概念和特征。
2. 掌握公司债券的发行条件。
3. 了解对可转换公司债券的特殊规定。

【工作任务】

红都服装有限责任公司成立于2010年，注册资本为1亿元人民币。成立之初，公司业绩良好。2015年公司开始亏损。2016年，为了弥补公司亏损，公司董事会形成决议，决定向社会发行公司债券，随后向法定的证券管理机构提出发行4 000万元公司债券的申请。经评估机构评估，红都公司净资产为8 000万元人民币。请尝试分析：红都公司发行4 000万元公司债券的申请能否得到核准？

第一节　公司债券概述

一、公司债券的概念和特征

（一）概念

《公司法》第153条规定："本法所称公司债券，是指公司依照法定程序发行、约定在一定期限还本付息的有价证券。公司发行公司债券应当符合《中华人民共和国证券法》规定的发行条件。"

所谓公司债券就是指以公司债券形式表现的公司债务。基于公司债券的发行，在债券持有人和债券的发行公司之间形成了以还本付息为内容的债权债务法律关系。

（二）特征

概括地讲，公司债券的特征主要表现为以下几个方面：

（1）公司债券是以有价证券形式表现的债权债务法律关系。公司债券具有有价证券的流动性和收益性等固有特征。公司债券的投资者是不特定的社会公众，因此，公司债券是公司向社会不特定公众负担的债务。发行公司是债务人，债券持有人是债权人。公司债券与同属有价证券的股票在性质上明显不同。

（2）公司债券是公司以发行公司债券这一有价证券的形式向公众募集的债务。公司债务的证券化是公司债券的标志性特征之一。公司债券是公司债的载体，公司债券除了有发行市场即一级市场，还有相应的转让市场即二级市场。

（3）公司债券是公司所负担的集团债务。同一次发行的公司债券持有人所享有的权利是相同的，即公司债券持有人的地位是平等的，相互的区别只是所持有的债券的数量多少不同。

（4）公司债券是货币之债。公司债券的标的以金钱为限，是一种金钱之债。

（5）公司债券是长期之债。公司债券的期限一般较长。公司债券是公司为筹集长期资金而负担的债务，可以用于长期的投资，并使公司的长、短期债务结构合理。

对于公司而言，通过发行公司债券不仅可以筹集生产经营资金，而且有利于健全公司的财务结构，特别是负债结构，使得债务结构中直接融资与间接融资的比例协调、各种期限的债务结构趋于合理。对于投资者而言，公司债券是一种相对于股票风险较小的投资工具，投资者购买公司债券可以比较稳健地获得相应的投资回报。同时，发行公司债券，还可以满足企业越来越多元化的融资要求，增多证券品种，形成品种结构合理的证券市场，扩大证券市场规模，增加投资者的投资机会，有利于保证证券市场的长期健康发展。

二、公司债券与普通公司债务的比较

公司债券和普通公司债务的共同之处就是两者都是债权债务法律关系。两者的不同主要表现在以下几方面：

（一）债权债务产生的原因不同

公司债的产生是基于公司债券的发行，这是产生公司债务的唯一原因，是合同之债的一种特殊情形；而普通公司债务的产生则是源于多种原因，可能是合同之债，也可能是侵权之债、不当得利之债、无因管理之债。

（二）债权债务表现的形式不同

公司债券以公司债券为表现形式，是一种证券化的公司债务，有相应的发行市场和转让市场，转让便利，易于流通。普通公司债务不以有价证券来表现，是非证券化的债务，因此不易转让，难以流通，也不会有相应的发行市场和转让市场。

（三）债权人之间的关系和地位不同

公司债券是公司所负担的集团债务，同一次发行的公司债券持有人所享有的权利是相同的，即公司债券持有人的地位是平等的；而普通公司债务形成的原因是多元的，即使普通公司债务的债权人人数众多，也可能因债权的数量不同或受偿的优先次序不同等原因，而不能构成一个集团。

（四）管辖的法律规范不尽相同

普通公司债务主要由合同法来调整。公司通过发行公司债券来向不特定的社会公众举债，需要经过复杂的债券发行程序，法律上的管制更为严格，双方的关系主要受公司法、证券法的调整，当然也要受民法典调整。

三、公司债券与股票的比较

公司债券和股票都是有价证券，是公司向社会公众募集资金的两种重要方式，都要受到公司法和证券法等法律规范的调整。两者的不同主要表现为以下几方面：

（一）两者所表现的法律关系性质不同

基于公司债券产生的是债权法律关系，融入的资金属于公司的负债，不是资本金。在购买了公司债券之后，投资者成为发行公司的债权人。基于股票发行产生的是股权法律关系，发行新股所筹集的资金成为公司资本金的一部分，投资者在认缴了新股之后，取得了公司股东的身份。

（二）投资者所承担的风险不同

到期还本付息是基于公司债券所产生的债权债务法律关系的特点之一。公司债券利息一般都是按照事先约定的债券利率计算，是固定的，不受公司经营业绩的影响。然而，股票投资的特点之一是不得抽回投资，即不能要求公司返还股票投资的本金，而且投资回报一般都不能事先约定，无盈不分是基本的原则。所以，公司债券投资的风险比股票投资要小，当然，相应的投资回报也有可能低于股票。

（三）投资者所享有的权利不同

股票投资者是公司的股东，享有基于股东身份所产生的各种股东权利。公司债券投资者是公司的债权人，在公司债券到期之后，对发行公司享有请求还本付息的权利，一般情况下，没有参与公司经营管理的权利。

（四）发行公司的种类不同

在我国，股票的发行公司只限于股份有限公司；然而，公司债券的发行主体则没有限制。

（五）风险程度不同

无论公司经营好坏，公司债券持有人均可以按照规定定期获得利息，并且在公司破产清偿时较股东有优先受偿的权利；但股票持有者，尤其是普通股股票持有者获取股利的多少，要取决于公司的经营状况，假若公司破产，可能连股本都损失掉。因此，投资股票需承担的风险要高于投资公司债券的风险。

（六）会计处理不同

公司债券被视为公司负债，其利息支出是公司的固定支出，可计入成本冲减利润。而股票是股份有限公司为自己筹集的资本，所筹资金被列入资本，股票的股息和红利则是公司利润的一部分，只有在公司盈利时才能支付。

四、公司债券的主要种类

依据不同的标准进行划分，公司债券有许多不同的种类。不同的分类不仅具有理论意义，而且具有实践意义。

（一）无担保公司债券和有担保公司债券

以公司对其所发行的公司债是否提供担保为标准，分为无担保公司债券和有担保公司债券。

无担保公司债券是指公司仅以其信用为担保，并无其他财产或财产权利作为担保所发行的公司债券。无担保公司债券持有人也是公司的债权人，他们与公司的普通债权人（非因持有公司债的原因而成为公司的债权人）处于同一地位，发行公司对他们并没有其他特别的义务，他们也不得要求以公司的特定财产作为他们债权的担保。然而公司债债权与普通债权毕竟有着较大的差别，因此，为了保护无担保公司债券持有人的利益，在一些英美法系的国家，确立了消极担保的制度，对发行公司的一些行为予以限制，在一些大陆法系的国家也有类似的规定，例如，限制发行公司对红利的分派及对资产的处置。

有担保公司债券有广义和狭义之分。广义的有担保公司债券是指发行公司以其全部或部分资产，或者由发行公司之外的第三人对偿还公司债券本息提供担保而发行的公司债券。狭义的有担保公司债券仅是指附有物上担保的公司债券，即发行公司以其资产的全部或部分对偿还公司债券的本息提供担保而发行的公司债券。

在有些国家和地区，公司法允许股份有限公司发行有担保的公司债券或无担保的公司债券，但是两者所适用的条件有较大的差异，即对发行无担保公司债券所要求的条件要严于有担保公司债券的发行。

（二）记名公司债券和无记名公司债券

以是否记名为标准，分为记名公司债券和无记名公司债券。所谓记名公司债券是指债券票面载有持有人姓名或者名称的公司债券。无记名公司债券则是指债券票面不载明持有人姓名或者名称的公司债券。这种分类的法律意义在于债券持有人行使权利的方式及意外灭失时的保护措施有所不同，这也是多数国家对公司债进行分类的方法之一。在一般情况下，各国的法律同时允许公司债券持有人随时将其记名债券转换为无记名债券，或者将其无记名债券转换为记名债券。

我国公司法也将公司债券可分为记名债券和无记名债券。同时《公司法》第157条规定，公司发行公司债券应当置备公司债券存根簿。

发行记名公司债券的，应当在公司债券存根簿上载明下列事项：①债券持有人的姓名或者名称及住所；②债券持有人取得债券的日期及债券的编号；③债券总额，债券的票面金额、利率、还本付息的期限和方式；④债券的发行日期。

发行无记名公司债券的，应当在公司债券存根簿上载明债券总额、利率、偿还期限和方式、发行日期及债券的编号。记名公司债券的登记结算机构应当建立债券登记、存管、付息、兑付等相关制度。

公司债券可以转让，转让价格由转让人与受让人约定。公司债券在证券交易所上市交易的，按照证券交易所的交易规则转让。记名公司债券，由债券持有人以背书方式或者法律、行政法规规定的其他方式转让；转让后由公司将受让人的姓名或者名称及住所记载于公司债券存根簿。无记名公司债券的转让，由债券持有人将该债券交付给受让人后即发生转让的效力。

（三）可上市的公司债券和非上市的公司债券

以能否在证券市场公开交易为标准，公司债券可以分为可上市的公司债券和非上市的公司债券两种。所谓上市的公司债券是指发行之后可以在依法设立的证券交易所挂牌交易的公司债券。非上市的公司债券则是指发行之后不在证券交易所挂牌交易的公司债券，持有人虽然也可以转让该债券，但是投资者并不能在证券交易所进行买卖。由于交易的场所不同，这两种债券的交易规则当然也不一样。

（四）国内公司债券和境外公司债券

以发行地及定值货币为标准，分为国内公司债券和境外公司债券两种。所谓国内公司债券是指在本国境内发行并以本国的法定货币定值的公司债券。所谓境外公司债券是指本国发行人在本国境外发行的以某种外国货币标明面值的或者外国发行人在本国境内以本国货币或某一种外国货币发行的公司债券。这两种公司债券的最大差异在于管辖的法律不同。

（五）实物债券、凭证式债券、记账式债券

以债券的形态为标准，公司债可分为实物债券、凭证式债券、记账式债券。这也是多数国家常见的分类方法。

实物债券是一种具有标准格式实物券面的债券，以实物券面（券面上印有发行年度、券面金额等内容）的形式记录债权，是历史最长的一种债券。

凭证式债券以填具"债券收款凭证"（凭证上记载购买人姓名、发行利率、购买金额等内容）的形式记录债权，是一种债权人认购债券的收款凭证，而不是债券发行人制定的标准格式的债券。凭证式债券从投资者购买之日起开始计息，可以记名、可以挂失，但不能上市流通。

记账式债券不需印制券面及凭证，而是利用账户通过电脑系统完成债券发行、交易及兑付的全过程。可见，记账式债券没有实物形态的票券，而是在电脑账户中作记录。记账式债券可以记名、挂失，安全性较好，而且发行成本低，发行时间短，发行效率较高，交易手续简便，正被越来越多的投资者所接受。

第二节　公司债券的发行

一、发行主体

债券的发行人、债务人是"公司"，而不是其他组织形式的企业。这里的公司不是一般的企业，是"公司化"了的企业。发行公司债券的企业必须是公司制企业，即"公司"。一般情况下，其他类型的企业，如独资企业、合伙制企业、合作制企业都不具备发行公司债券的产权基础，都不能发行公司债券。国有企业属于独资企业，从理论上讲不能发行公司债券，但是按照中国有关法律法规，中国的国有企业有其不同于其他国家的国有企业的特别的产权特征，也可以发行债券——企业债券（不是法律上的公司债券）。而且，不是所有的公司都能发行公司债券。从理论上讲，发行公司债券的公司必须是承担有限责任的，如"有限责任公司"和"股份有限公司"等，其他类型的公司，如无限责任公司、股份两合公司等，均不能发行公司债券。

二、发行条件

作为一种公众投资的工具和重要的证券品种，公司债券的发行条件直接影响投资者的

利益保护和证券市场的有序运行。而且，从公司的经营风险的角度来分析，公司的资产和各种形式的负债之间也应该保持一个合理的比例。为了健全公司的财务结构，大多数国家都规定了公司发行公司债券的限额，以防止公司债券的泛滥，破坏公司应有的财务结构，不适当地增大公司的经营风险，不适当地降低市场交易的安全性。另外，公司债券是社会化、证券化程度很高的金融品种，对于整个证券市场的风险控制、交易安全和证券市场的健康发展都有着十分重要的影响，所以，有必要规定公司债券的发行条件。

我国公司法规定，公司发行公司债券应当符合证券法规定的发行条件。《证券法》第15条规定："公开发行公司债券，应当符合下列条件：（一）具备健全且运行良好的组织机构；（二）最近三年平均可分配利润足以支付公司债券一年的利息；（三）国务院规定的其他条件。公开发行公司债券筹集的资金，必须按照公司债券募集办法所列资金用途使用；改变资金用途，必须经债券持有人会议作出决议。公开发行公司债券筹集的资金，不得用于弥补亏损和非生产性支出。上市公司发行可转换为股票的公司债券，除应当符合第一款规定的条件外，还应当遵守本法第十二条第二款的规定。但是，按照公司债券募集办法，上市公司通过收购本公司股份的方式进行公司债券转换的除外。"第16条规定："申请公开发行公司债券，应当向国务院授权的部门或者国务院证券监督管理机构报送下列文件：（一）公司营业执照；（二）公司章程；（三）公司债券募集办法；（四）国务院授权的部门或者国务院证券监督管理机构规定的其他文件。依照本法规定聘请保荐人的，还应当报送保荐人出具的发行保荐书。"

三、发行程序

公司债券是我国证券法明确规定属于其调整的一种有价证券，因此，公司债券的发行还应当遵循证券法的基本原则和具体规定。根据证券法的规定，我国对公司债券的发行采取的是审批制。在这一体制下，结合公司法的有关规定，可以将公司债券的发行程序概括为：

（一）由董事会制定方案，股东会作出决议

股份有限公司、有限责任公司发行公司债券，由董事会制订方案，股东会作出决议。国有独资公司发行公司债券，应由国家授权投资的机构或者国家授权的部门作出决定。

（二）申请核准

申请发行公司在作出发行公司债券的决议或者决定后，必须依照公司法规定的条件，向国务院授权的部门提交规定的申请文件，报请批准，所提交的申请文件，必须真实、准确、完整。向国务院授权的部门提交的申请文件包括：公司登记证明、公司章程、公司债券募集办法、资产评估报告和验资报告。国务院证券监督管理机构或者国务院授权的部门应当自受理证券发行申请文件之日起三个月内，依照法定条件和法定程序作出予以注册或者不予注册的决定，发行人根据要求补充、修改发行申请文件的时间不计算在内。不予注册的，应当说明理由。

（三）发行公告

证券发行申请经注册后，发行人应当依照法律、行政法规的规定，在证券公开发行前

公告公开发行募集文件，并将该文件置备于指定场所供公众查阅。

发行证券的信息依法公开前，任何知情人不得公开或者泄露该信息。发行人不得在公告公开发行募集文件前发行证券。

国务院证券监督管理机构或者国务院授权的部门对已作出的证券发行注册的决定，发现不符合法定条件或者法定程序，尚未发行证券的，应当予以撤销，停止发行。已经发行尚未上市的，撤销发行注册决定，发行人应当按照发行价并加算银行同期存款利息返还证券持有人；发行人的控股股东、实际控制人以及保荐人，应当与发行人承担连带责任，但是能够证明自己没有过错的除外。

（四）公开发行

通过有承销资格的证券公司以代销或者包销的方式向社会公开发行公司债券。发行人向不特定对象发行的证券，法律、行政法规规定应当由证券公司承销的，发行人应当同证券公司签订承销协议。证券承销业务采取代销或者包销方式。证券代销是指证券公司代发行人发售证券，在承销期结束时，将未售出的证券全部退还给发行人的承销方式。证券包销是指证券公司将发行人的证券按照协议全部购入或者在承销期结束时将售后剩余证券全部自行购入的承销方式。

证券公司承销证券，应当同发行人签订代销或者包销协议，载明下列事项：①当事人的名称、住所及法定代表人姓名；②代销、包销证券的种类、数量、金额及发行价格；③代销、包销的期限及起止日期；④代销、包销的付款方式及日期；⑤代销、包销的费用和结算办法；⑥违约责任；⑦国务院证券监督管理机构规定的其他事项。

证券公司承销证券，应当对公开发行募集文件的真实性、准确性、完整性进行核查。发现有虚假记载、误导性陈述或者重大遗漏的，不得进行销售活动；已经销售的，必须立即停止销售活动，并采取纠正措施。证券公司承销证券，不得有下列行为：①进行虚假的或者误导投资者的广告宣传或者其他宣传推介活动；②以不正当竞争手段招揽承销业务；③其他违反证券承销业务规定的行为。证券公司有前款所列行为，给其他证券承销机构或者投资者造成损失的，应当依法承担赔偿责任。向不特定对象发行证券聘请承销团承销的，承销团应当由主承销和参与承销的证券公司组成。证券的代销、包销期限最长不得超过90日。证券公司在代销、包销期内，对所代销、包销的证券应当保证先行出售给认购人，证券公司不得为本公司预留所代销的证券和预先购入并留存所包销的证券。

第三节　公司债券转让、偿还与转换制度

一、公司债券的转让

（一）转让的必要性及其意义

作为一种有价证券，流动性或称可转让性是其固有特性之一。公司债券的转让，可以丰富证券市场的交易品种，意味着可供投资者选择的投资机会的增多。对于现存的公司债券持有人，转让制度是一种退出机制；对于潜在的投资者，转让制度是一种进入机制。同

时，公司法并没有禁止公司购买本公司所发行的公司债券。发行公司可以通过在公开市场买回债券的方式实现提前偿还债券的目的。另外，发行公司参与公司债券的流通市场，可以通过维持公司债券市场价格间接地达到维持股票市场价格的目的。因此，对于发行公司，转让制度则是参与债券市场的一种机制。公司债券的转让，尤其是在集中市场进行的持续不断的转让活动，可以为债券持有人、发行公司、潜在的投资者等所有市场参与者提供有关公司债券的信息。

公司债券的转让可以从不同的角度作不同的分类，以是否取得对价为标准，分为有偿转让和无偿转让，前者即公司债券的买卖或者交易，后者因赠与、继承等原因而发生；以转让价格形成机制的不同，分为协议转让和竞争性转让；以转让的具体交易场所不同，分为场内交易和场外交易，前者是指在依法设立的证券交易所进行的转让，后者是指在证券交易所之外的其他依法设立的证券交易场所进行的转让。一般情况下，场外交易多是协议转让，价格形成机制多是非竞争性的，场内交易的价格形成机制是竞争性的。

伴随着公司债券的转让，公司债券所表明的财产权利也随之转让。公司债债权的转让无须通知作为债务人的发行公司。在将公司债券转让之后，出让人基于持有公司债券对发行公司所享有的到期请求还本付息的请求权也随之转让。出让人不再是公司的债权人，公司债券的受让人成为发行公司的债权人。

（二）转让的形式及其场所

公司法规定，公司债券可以转让，转让价格由转让人与受让人约定。公司债券在证券交易所上市交易的，按照证券交易所的交易规则转让。记名公司债券，由债券持有人以背书方式或者法律、行政法规规定的其他方式转让；转让后由公司将受让人的姓名或者名称及住所记载于公司债券存根簿。无记名公司债券的转让，由债券持有人将该债券交付给受让人后即发生转让的效力。

（三）公司债券的上市交易

公司债券的上市交易就是指根据公司法和证券法的有关规定，公司债券在证券交易所挂牌交易。公司债券在交易所的交易应当采用公开的集中竞价交易方式，应当实行价格优先、时间优先的原则。

公司债券与股票的不同之一是公司债券是有期限的，公司债券在到期之后，伴随债券的风险和利益都已经确定，不再具有继续在公开市场上市交易的意义。同时，在证券交易所上市交易的证券，是典型的公众性投资工具，需要有足够数量的证券来维持、保证交易市场应有的流动性，并防止少数市场交易主体对交易的控制和操纵。在我国，公司债券上市采取核准制。公司申请其发行的公司债券上市交易，必须报经国务院证券监督管理机构核准。国务院证券监督管理机构可以授权证券交易所依照法定条件和法定程序核准公司债券上市申请。

公开原则是证券法的核心原则，体现公开原则的信息披露制度在证券法中居于非常重要的地位。因此，公司债券的上市和交易都应当严格按照公开原则的要求，遵循信息披露制度，以最大限度地保护投资者的合法权益，维护证券市场的功能。证券法规定了公司债券上市交易信息披露的具体制度。发行人、承销的证券公司公告招股说明书、公司债券募集办法、财务会计报告、上市报告文件、年度报告、中期报告、临时报告，存在虚假记载、误导性陈述或者有重大遗漏，致使投资者在证券交易中遭受损失的，发行人、承销的证券公司应当承担赔偿责任，发行人、承销的证券公司的负有责任的董事、监事、高级管理人员应当承担连带赔偿责任。

二、公司债券的偿还制度

（一）公司债券偿还的概念

公司债券的偿还，就是指发行公司按照事先约定的时间和利率等条件，将公司债券的本息交付给公司债券持有人的行为。从经济意义上讲，发行公司偿还其发行的公司债券，是债券持有人实现其投资收益的一种形式。从法律意义上讲，公司债的偿还意味着由公司债券发行所引起的债权债务法律关系的消灭。到期偿还公司债券本息是公司债消灭的最基本形式。除此之外，由公司债券表彰的债权债务法律关系，与其他普通公司债务一样，也会因提存、抵销、免除及混同等原因而消灭。

（二）偿还方式

在正常情况下，公司债券应当到期偿还，但是在特殊情况下，也应当允许有条件的提前偿还。因此，公司债的偿还方式有到期偿还与提前偿还两种。

在发行合同没有明确规定的情况下，发行公司提前偿还发行在外的债券并不符合合同的规定。发行合同没有特别规定的，公司不得强求公司债债权人接受提前偿还公司债。如果发行合同中没有特别约定，债券持有人没有接受发行公司提前偿还的义务。

提前偿还在理论上有两种情形：一种是提前偿还同一次发行的全部公司债券；另一种则是提前偿还同一次发行的部分公司债券，这种情形事实上已经和分期偿还紧密相连。一般来讲，提前偿还公司债券的具体方式，主要有以下三种：

（1）从公开市场买回注销。发行公司买回债券，不仅可以达到注销债券、偿还债券的目的，还可以达抬高债券市场价格，间接地达到支撑公司股票市场价格、维护公司形象的目的。

（2）行使赎回权。赎回权是指在债券合同中约定的在债券到期前发行公司购回所有或部分债券的权利。在到期前赎回债券，等于由发行公司行使一种期权，以便按更为有利的条件对债务进行重新安排。发行公司如果有提前赎回债券的愿望，应该事先在发行合同中作出约定；如果没有事先约定，发行公司无权提前赎回发行在外的债券。

（3）举借新债券偿还旧债券。这种提前清偿方式的具体实现形式有：①直接交换，即直接将新债券交付债权人以换回旧债券；②发行新债券并从公开市场买回旧债券，即首先发行新的债券，用所募集到的资金在公开市场买回先前发行的公司债券；③发行新债券并行使赎回权，即发行新的债券，用所募集到的资金来赎回先前发行的公司债券。

三、公司债券的转换

（一）公司债券转换的概念和转换的法律后果

公司债券的转换是针对可转换公司债券而言的。转换是以可转换公司债券持有人自由判断为基础的，在发行时已经确定的转换请求期间内，通过对可转换公司债券行使转换请求权而得到实现。可转换公司债券的转换是一种法律行为，所产生的法律后果是可转换公司债的发行公司与持有人之间的债权债务关系的消灭，随着可转换公司债券持有人行使转换权，持有人自身的身份也发生了转换，由原来的发行公司债权人转换为发行公司的股东。持有人身份的变化也就带来了权利和义务内容的变化。作为公司的股东，由债券持有人转换而来的股东与其他股东处于同一的法律地位，享有其他股东所享有的权利、承担其他股东所应承担的义务。

对于可转换公司债券的发行公司而言，在可转换公司债券转换为发行公司的股票之前，发行公司是可转换公司债券持有人的债务人；在可转换公司债券转换为公司的股份之后，债券持有人与发行公司之间原来的债权债务法律关系归于消灭。因可转换公司债券所代表的债权转换为发行公司的股份，发行公司原来承担的还本付息的义务得以免除，发行公司的负债因此而减少，而已发行的股份数目及实收资本则相应地增加。

（二）转换权的行使及保护

发行公司在可转换公司债券发行条件中有关债券持有人享有的转换权的约定是一种单务法律行为。因此，在可转换公司债券持有人请求行使转换权时，发行公司负有将可转换公司债券换发为发行公司新股的义务。我国公司法规定，发行可转换为股票的公司债券的，公司应当按照其转换办法向债券持有人换发股票，但债券持有人对转换股票或者不转换股票有选择权。

转换权是一种形成权。将可转换公司债券持有人的转换权规定为形成权，有利于对债券持有人的保护。转换的请求在送达约定的交付场所时即生效力。请求转换的公司债消灭，可转换公司债券持有人即失去其原有的公司债权人的地位，接受发行公司换发的股份而成为发行公司的股东。原则上，发行公司必须及时向行使转换权的可转换公司债券持有人换发股票。若发行公司拒绝可转换公司债券持有人的转换请求时，即构成违约，债权人可以根据民法典中有关债务不履行的规定向发行公司请求赔偿。

知识考核要点

1. 公司债券。
2. 公司债券的发行。
3. 可转换公司债券。

思考练习

1. 发行公司债券需要具备哪些条件？
2. 记名公司债券的转让与无记名公司债券的转让有何不同？

第七章

公司财务会计

【知识目标】
　　1. 了解公司财务会计制度的基本内容。
　　2. 理解公积金的概念。
　　3. 了解股利的分配方式和程序。

【工作任务】
　　红都服装有限责任公司董事会决定，将公司全部200万元法定公积金按人头平均增加股东的注册资本。请尝试分析：红都公司董事会的这项决议存在什么问题？

第一节　公司财务会计制度

一、公司财务会计制度的概念

　　公司财务会计是指在会计法规、会计原则或者会计制度的指导下，以货币为主要计量形式，对公司的整个财务活动和经营状况进行记账、算账、报账，为公司管理者和其他利害关系人定期提供公司财务信息的活动。

　　（1）财务会计活动的基本内容是编制和提供公司财务经营信息，例如资产负债表、损益表、现金流量表等，为有关利益主体提供公司财务经营信息。

　　（2）公司财务会计制度的基本要求是通过会计凭证、账簿、报表等会计资料，系统、真实、准确、全面地反映公司资金运作信息。如实反映公司财务经营状况，这是维护公司各方相关主体利益的前提，在保护中小股东和潜在投资者方面尤为重要。

　　（3）与管理会计以公司内部管理层为服务对象不同，财务会计的服务对象主要是与公司有利害关系的外部人，包括股东、债权人、潜在投资者、潜在的交易对方、政府财税机关等。

　　（4）财务会计报表是在公司内部管理者领导下，由会计人员具体编制的。由于公司管理者与公司外部利益主体之间存在着潜在的利益冲突，会计人员的会计行为很可能顺应公司管理者的意愿，而损害公司外部主体的利益。因此，许多国家的公司法都规定了公司财务会计行为与方法的基本原则。

二、公司财务会计制度的法律意义

　　公司本身的资合性质决定了资产运营关系到公司债权人、潜在投资者、潜在交易对方、公司职工及其他利益关系主体的利益。这些主体之间的利益分配直接受到会计所提供的财务信息的影响。

（1）对于股东来讲，建立规范化的财务会计制度，保证财务会计信息的真实、准确、完整，就成为股东了解公司财产运营状况，监督公司董事、高级管理人员行使职权，保护自身利益的重要途径。

（2）对债权人来讲，公司的财务报表提供的与公司财务状况有关的有用信息有助于债权人更好地评估公司的信用，并采取适当的预防措施避免损失。

（3）对于公司的职工来讲，公司职工将其人力资本投入公司，由于人力资本的不可分性，职工无法像资本所有者那样将风险分散。因此，为了保护公司职工的利益，公司法财务会计制度要求公司提取法定公益金，用于公司职工的集体福利。

（4）对于社会公众来讲，公司的潜在投资者、潜在的交易对方等作出投资公司或与公司进行交易的决定都依赖于公司财务信息的披露，因此，公司法要求向社会募集股份的公司必须公告其财务会计报告。

（5）对于公司管理者来讲，财务会计制度和相应的审计活动有助于确保负责直接运营公司财产的管理者在财务方面谨慎行事，并符合财务纪律的最低标准，从而保护股东、债权人、社会公众、公司职工等主体的基本利益。

（6）对于国家来讲，规范化的财务会计制度使得国家财税部门得以切实监督和检查公司的财产运营状况，掌握公司盈亏情况，确保国家税收的及时足额征收，防止偷税、漏税、避税等现象的发生。

鉴于上述原因，为保护不同主体的利益，法律要求公司内部建立规范的财务会计制度，体现了经济活动社会化带来的不同主体的利益在公司中的交汇和碰撞。

第二节　公司财务报告

公司的财务会计报告是反映公司生产经营的成果和财务状况的总结性书面文件，它由公司的会计报表（或会计表册）构成。根据我国公司法的规定，公司财务会计报告包括下列财务会计报表及附属明细表，并须经审查验证：资产负债表；损益表；财务状况变动表；财务情况说明书；利润分配表。

一、资产负债表

资产负债表是根据"资产 = 负债 + 股东权益"这一基本平衡公式，依照一定的分类标准和次序，将公司在某一特定日期的资产、负债及股东权益各项目予以适当排列编制而成的报表。资产负债表反映公司在某一特定日期静态财务状况，因而学理上又称之为静态会计报表。它是最基本的，也是国际上通行的财务报表。

资产负债表可以提供以下几方面的信息：

（1）反映公司资产的规模和资产构成情况。

（2）反映公司的权益结构。公司的权益结构又称为财务结构，是指公司资金来源中借入资本与自有资本的比例关系。在不同的财务结构下，公司所承受的风险不同。自有资本比例高，说明公司财务基础比较稳固；借入资本比例高，说明公司负债经营程度高，因此风险较大。

（3）通过资产构成与权益结构两方面信息的对比揭示，反映公司的短期偿债能力和支付能力；通过前后期资产负债表的对比，揭示公司财务状况的变化。

二、损益表

损益表是反映公司在一定期间的经营成果及其分配情况的报表。损益表反映了公司一定日期内的收入、费用（包括成本）及其盈利或亏损，展示了公司的盈亏账目，凸现了公司利润（或亏损）实现的过程，体现了公司在某一时期动态的业务经营状况，因此，又称之为动态的会计报表。

一般来讲，损益表可以提供以下几个方面的信息：

（1）反映公司经营活动的成果。损益表中的"净利润"数据通常被认为是对公司经营成果最好的揭示。

（2）反映公司长期偿债的能力。公司实现净利润意味着公司中现金、应收账款等流动性资产的增加，这些资产是公司支付能力的有力保证。

（3）反映公司所得税的纳税基础。会计所得是计算应税所得的基础，纳税申报表中的许多项目，如营业收入、营业费用等，都可以在损益表中得到反映。

（4）通过前后各期损益表的对比，可以预测公司未来一定时期的盈利趋势，评估公司的经营管理水平。

三、财务状况变动表

财务状况变动表是综合反映一定会计期间内营运资金来源和运用及其增减变动情况的报表。可以向公司管理者、股东、债权人、政府有关部门、潜在投资者等会计报表使用人提供报告期内财务状况变动的全貌，包括报告期内有多少资金可供营运，营运资金的来源和用途，经过营运，期初和期末的对比、资金的增减变动情况。

四、财务情况说明书

财务情况说明书是对公司资产负债表、损益表、财务状况变动表以及其他会计报表所列示的资料和未能列示的但对公司财务状况有重大影响的其他重要事项所作出的必要说明。财务情况说明书除必要时附以图表外，通常主要是文字说明，它没有固定格式，公司要根据自己的实际情况制作。但基本内容应包括以下几个方面：

（1）对公司生产经营情况、利润实现和分配情况、资金增减和周转情况、税金缴纳情况、各项财产物资变动情况给予一般性介绍。

（2）对本期或下期财务状况发生重大影响的事项加以说明。

（3）资产负债表编制日后至报出财务报告前发生的对公司财务状况有重大影响的事项的说明。

（4）公司股本结构及财务指标分析等。

五、利润分配表

利润分配表是反映公司利润分配情况和年末未分配利润情况的报表，是损益表的附属明细表。利润分配表所显示的利润总额分配走向为四个层次：一是应交所得税；二是当年税后利润；三是可供股东分配的利润；四是公司累计尚未分配的利润。

六、财务会计报告的编制、验证与公示

关于财务会计报告的制作时间，公司法及会计法都作出了明确规定，即公司在每会计年度终了时制作财务会计报告。我国公司法关于会计表册的编制人无明确规定，但根据公司法关于组织机构权责的规定，公司财务会计表册应由董事会负责编制，并对其真实性、准确性、完整性负责。

财务会计报告依法审查验证。监事会依照公司法赋予其的"检查公司财务"的职权，审核董事会提交股东会之前的会计表册。监事会认为必要时，可聘请公司之外的注册会计师对会计表册进行审阅，所需费用由公司负担。监事会审核后，以书面形式交于董事会。不论董事会对监事会的审核意见是否持有异议，都应将会计表册连同监事会审核报告一并交股东会。在股东会对会计表册表决前，董事会应将其置备于公司，以便股东查阅。会计表册一经股东会表决承认，其真实性、准确性、完整性应由公司对其负责。

对于公开发行证券的公司，其财务报告还应当依照规定进行审计。公开发行证券公司的年度报告中的财务会计报告必须经具有证券期货相关业务资格的会计师事务所审计，审计报告须由该所至少两名具有证券期货相关业务资格的注册会计师签字。已发行境内上市外资股及其衍生证券并在证券交易所上市的公司，还应进行境外审计。

公司财务报告必须依法公示。有限责任公司应按章程规定的期限将财务会计报告送交各股东；股份有限公司的财务会计报告应当在召开股东大会年会的 20 日前置备于本公司，供股东查阅；以募集设立方式成立的股份有限公司必须公告其财务会计报告。

第三节 公司税后利润的分配

税后利润的分配是公司财务会计管理的重要内容，关系到公司、股东、债权人、公司职工和国家等各不同利益主体的切身利益。这些不同利益主体之间的利益并不是一致的，甚至是冲突的。所以，利润分配并不是完全由公司自己决定的，也不是可以任意决定的。各国公司法对公司利润分配都有详细规定，我国公司法对可供分配的利润范围、分配原则、分配顺序等也都作了具体而明确的规定，体现了国家为保护上述主体利益对公司事务的介入和干预。

一、公司税后利润的分配原则及分配顺序

（一）公司税后利润

依照《企业会计准则》的规定，公司利润是公司在一定期间的经营成果，包括营业利润、投资净收益和营业外收支净额。营业利润是营业收入减去营业成本、期间费用和各种

流转税及附加税费的余额。投资净收益是公司对外投资收入减去投资损失后的余额。营业外收支净额是指与公司生产经营没有直接关系的各种营业外收入减营业外支出后的余额。公司税后利润则是指公司当年利润减除应纳所得税的余额。

（二）公司税后利润的分配原则和顺序

我国公司法对公司税后利润分配的规定，严格贯彻了兼顾股东、债权人、公司及社会公众利益的原则，明确公司税后利润首先用于弥补公司亏损，其次用于提留公司公积金及公益金，最后才能进行股息和红利的分配。

基于上述原则，公司税后利润的分配顺序为：

第一，被没收财物损失，违反税法规定支付的滞纳金和罚款；

第二，弥补公司以前年度亏损；

第三，提取法定公积金；

第四，提取法定公益金；

第五，经股东大会决议提取任意公积金；

第六，按股东的出资比例或股东持有的股份比例分配。

股东会或董事会违反上述规定，在公司弥补亏损和提取法定公积金、法定公益金之前对股东分配利润的，必须将违反规定分配的利润退还公司。

二、公积金制度

（一）公积金的概念和意义

公积金又称储备金，是指公司为了增强自身财力，扩大业务范围和预防意外亏损，依照法律和公司章程的规定以及股东会决议而从公司税后利润中提取的累积资金。

公积金作为储备基金，对公司的生存和发展意义重大。一方面，市场充满各种风险，公司盈亏难以预测，将丰年的盈余留作储备，用以弥补亏损年份的空缺；另一方面，必要的公积金储备不但代表着公司的竞争能力，有利于公司捕捉商机。所以，各国公司法几乎无一例外地将公司从税后利润中提取法定公积金作为一项强制性义务规定下来，并规定了提取比例，以实现上述目的。我国公司法同样确立了公积金制度。

（二）公积金的种类及用途

我国公司法规定的公积金有两种：法定公积金和任意公积金。

1. 法定公积金

法定公积金又称强制公积金，是公司法规定必须从税后利润中提取的公积金。对法定公积金，公司既不得以其章程或股东会决议予以取消，也不得削减其法定比例。依照《公司法》第166条规定，法定公积金，应当按税后利润的10%提取，当公积金已达注册资本的50%时可不再提取。

因法定公积金的来源不同，其又分为法定盈余公积金和资本公积金。

法定盈余公积金是按法定比例从公司税后利润中提取的公积金。

资本公积金是公司非营业活动所产生的收益，是指由投资者投入的，但不能计入实收资本的资产价值，或从其他来源取得由投资者享有的资金。

资本公积金的内容主要包括资本溢价或股本溢价、接受捐赠资产、股权投资准备、拨款转入、外币资本折算差额和其他资本公积金等。

资本公积金的唯一用途是依法转增资本，不得作为投资利润或股利进行分配。公司按法定程序将资本公积金转增资本，属于所有者权益内部结构的变化，并不改变所有者权益的总额，一般也不会改变每一位投资者在所有者权益总额中所占的份额。资本公积金是所有者权益的组成部分，它的增加会直接导致公司净资产的增加，因此，资本公积金信息对于投资者、债权人等会计信息使用者的决策十分重要。

资本公积金的来源按其用途主要包括两类：

一类是可以直接用于转增资本的资本公积金，包括资本（或股本）溢价、接受现金捐赠、拨款转入、外币资本折算差额和其他资本公积金等。其中，资本（或股本）溢价，是指公司投资者投入的资金超过其在注册资本中所占份额的部分，在股份有限公司中称之为股本溢价；接受现金捐赠，是指公司因接受现金捐赠而增加的资本公积金；拨款转入，是指公司收到国家拨入的专门用于技术改造、技术研究等的拨款，项目完成后，按规定转入资本公积金的部分，公司应按转入金额入账；外币资本折算差额，是指公司因接受外币投资所采用的汇率不同而产生的资本折算差额；其他资本公积金，是指除上述各项资本公积以外所形成的资本公积金，以及从资本公积金各准备项目转入的金额，其中包括债权人豁免的债务。

另一类是不可以直接用于转增资本的资本公积金，包括接受捐赠非现金资产准备和股权投资准备等。其中，接受捐赠非现金资产准备，是指公司因接受非现金资产捐赠而增加的资本公积金；股权投资准备，是指公司对被投资单位的长期股权投资采用权益法核算时，被投资单位因接受捐赠等原因增加资本公积金，投资企业按其持股比例或投资比例相应增加的资本公积金。

法定公积金有专门用途，具体来讲，法定公积金的用途有以下几方面：

第一，弥补亏损。依照《公司法》第168条和《企业财务通则》的规定，公司发生亏损，首先应当用法定公积金弥补当年亏损；如果法定公积金不足以弥补，则用下一年度的利润弥补；下一年度利润不足弥补的，可以在五年内用所得税前利润延续弥补；延续五年未弥补的亏损，则用缴纳所得税后的利润弥补。在上一年度的公司亏损未能弥补之前，不得提取法定公积金和法定公益金。

第二，扩大公司生产经营。公司需要增加资金以扩大生产经营规模的，除了通过借贷、发行新股与债券等途径募集资金，用公积金追加投资也是重要途径。

第三，增加公司注册资本。对有限责任公司，按每个股东的出资比例增加其出资额；对股份有限公司，则按股东所持股份比例来增加其出资额。但以法定公积金转增资本时，所留存的该项公积金不得少于转增前公司注册资本的25%。

2. 任意公积金

任意公积金是公司在法定公积金之外，依照公司章程或股东会决议而从税后利润中提取的公积金。与法定公积金一样，任意公积金也来源于公司税后利润，但这项提取不具有法律强制性。

关于任意公积金提取的比例、最低提取额以及其用途，公司法均无规定，应当由公司章程或股东会决议作出明确规定。

三、股利及其分配

(一)股利的含义

所谓股利,是指公司依照法律或章程的规定,按期以一定的数额和方式分配给股东的利润。有的将股利区分为股息和红利,并将股息定义为股东定期从公司取得的固定比率的利润。红利为股息分配后仍有盈余而另按一定比例分配的利润。我国公司法及会计制度未对股息和红利加以区分,都通称股利。

(二)股利分配的原则

从各国公司法来看,在股利分配的规定上,一般贯彻"无盈不分"原则,即公司当年无盈利时,原则上不得分配股利。我国公司法为贯彻资本不变原则和资本维持原则,避免因无盈分配而造成公司资本的实质减少,损害公司及债权人的利益和股东的长远利益,明确规定公司只有在弥补亏损、提取法定公积金之后有剩余利润时,才可向股东分配股利;否则,不得分配股利,已分配的要退还公司。但公司以前年度未分配的利润,可以并入本年度向股东分配。

公司持有的本公司股份不得分配利润。如允许公司自有股分红,等于使本因分配于其他股东的利润流入了公司,不仅会出现这部分利润归属不明的问题,且可能产生新老股东之间的不公平。

股东按照持有公司股份的多少分取股利。资合公司是股份民主企业,在股利分配标准上实行按股分红原则,既是股份民主原则的体现,也是股权平等原则的体现,《公司法》第34条、第166条第四款规定,有限责任公司股东按照实缴的出资比例分红,股份有限公司股东按照持有的股份比例分红。但考虑到充分尊重股东自治,上述条款都但书规定,有限公司可以根据全体股东约定不按出资比例分红,股份有限公司可以根据章程规定不按持股比例分红。另依据《公司法司法解释三》第6条的规定,针对瑕疵出资的股东,公司可以根据公司章程规定,或者股东会决议对其利润分配请求权作出相应的合理限制,该股东请求认定该限制无效的,法院不予支持,这一规定体现了法律的公平公正。

(三)股利分配形式

从国际上看,各国股利分配形式主要有四种:现金股利、股票股利、财产股利和负债股利。

(1)现金股利。即上市公司分红时向股东分派现金。这种分红方式可以使股东获得直接的现金收益。

(2)股票股利。即上市公司以本公司的股票代替现金作为股利向股东分红的一种形式,又称送红股。所送红股是由红利转增资本或盈余公积金转增资本形成的,属于无偿增资发行股票。

(3)财产股利。即公司以持有的财产代替现金作为股利向股东分红的一种形式。

(4)负债股利。即公司用债券或应付票据代替现金作为股利向股东分红的一种形式。

通过这种分红形式，股东虽然没有得到现金收益，但是通过股东对公司所享有的债权，可以获得利息，也可达到股东的投资目的。

此外，公司通过向股东回购股份，也可以变相地达到分配股利之目的，因为股份回购的一项重要功能，就是在减少资本的同时实现向股东分配盈余，股东由此获得现金，公司支付回购款后相应减资，但股东持有的股份权益并不因此而减少。因此股份回购，在结果上等同于股利分配。股份回购需要支付大量现金，适合于有大量现金积累的公司。

我国公司法对股利分配的方式未作明确规定，实务中公司多采取现金或者股票方式分配利润。

四、分配程序

（一）股利分配的决议

多数公司法规定股利分配的决定权在股东（大）会，也有的规定在董事会。在我国，依据《公司法》第37条、第46条、第99条、第108条的规定，公司股利分配方案由董事会制订，交股（大）会以普通决议通过后交付董事会执行。

（二）股利分配的频率

一般而言，公司每个会计年度向股东分配股利一次。英国、日本等国家的公司法规定了中间分配制度，即在营业年度的期中分配一次利润。中间分配可以缩短股东的投资回报期，同时也可通过每年两次分配的形式来减少企业的负担。中间分配可能影响到公司的资本充实，因此适用较严格的条件。我国公司法没有规定中间分配，但也没有强制要求公司每年只能分配一次股利。因此，是否采取中间分配由公司自治；但采取中间分配的，不得违反公司法关于股利分配的其他规定。

（三）股利分配的有关日期

1. 宣布日

股份有限公司董事会根据定期发放股利的周期举行董事会会议，讨论并提出股利分配方案，由公司股东大会讨论通过后，正式宣布股利发放方案，宣布股利发放方案的那一天即为宣布日，在宣布日，股份公司应登记有关股利负债（应付股利）。

2. 登记日

由于工作和实施方面的原因，自公司宣布发放股利至公司实际将股利发出要有一定的时间间隔。由于上市公司的股票在此时间间隔内处在不停的交易之中，公司股东会随股票交易而不断易人，为了明确股利的归属，公司确定股权登记日，凡在股权登记日之前（含登记日当天）列于公司股东名单上的股东，都将获得此次发放的股利，而在这一天之后才列于公司股东名单上的股东，将得不到此次发放的股利，股利仍归原股东所有。

3. 除息日

由于股票交易与过户之间需要一定的时间，因此，只有在登记日之前购买股票的投资者，才可能在登记日之后列于公司股东名单之上，并享有当期股利的分配权。一般规定登记日之后的第一个工作日为除息日，在除息日之后购买的股票无权得到股利，又称为除息股。除息日对股票的价格有明显的影响。在除息日之前进行的股票交易，股票价格中含有将要发放的股利的价值，在除息日之后进行的股票交易，股票价格中不再包含股利收入，因此其价格应低于除息日之前的交易价格。

4. 发放日

在这一天，公司用各种方式向股东支付股利，并冲销股利负债。

（四）公司盈余分配权及其司法救济

公司盈余分配权是股东自益权的一种，指股东基于其公司股东的资格和地位依法享有的请求公司按照自己的持股比例向自己分配股利的权利。我国公司法规定了股东对公司利润有按比例分配的权利，但没有规定完成利润分配的时限，也没有规定不分配的条件以及对有利于不分配者如何制约。公司法规定，股利分配方案由董事会提出并由股东（大）会通过，公司股利分配属于公司股东（大）会的决策事项。由于股东（大）会的表决实施资本多数决的原则，所以，公司的股利分配方案往往成为大股东变现或操作股价的工具。在公司运作中，公司有可供分配的盈余，却以各种理由不正当地拒绝向股东派发盈余，侵犯股东盈余分配权而引发的纠纷，都可以称之为公司盈余分配权纠纷。

从法律性质讲，公司盈余分配权纠纷实际是公司过分提取任意公积金而损害股东的股利分配权而引发的纠纷。

公司盈余分配权法律救济路径，提起强制公司分配盈余之诉。性质为给付之诉。当公司过分提取任意公积金或以其他形式侵害股东的盈余分配权时，任何一个股东都可以资本多数决滥用、股东大会决议侵犯其正当权利为由向法院提起撤销股东会决议的撤销之诉或确认股东会决议无效的确认之诉。

《公司法司法解释四》规定，股东提交载明具体分配方案的股东会或者股东大会的有效决议，请求公司分配利润，公司拒绝分配利润且其关于无法执行决议的抗辩理由不成立的，人民法院应当判决公司按照决议载明的具体分配方案向股东分配利润。股东未提交载明具体分配方案的股东会或者股东大会决议，请求公司分配利润的，人民法院应当驳回其诉讼请求，但违反法律规定滥用股东权利导致公司不分配利润，给其他股东造成损失的除外。股东请求公司分配利润案件，应当列公司为被告。一审法庭辩论终结前，其他股东基于同一分配方案请求分配利润并申请参加诉讼的，应当列为共同原告。

知识考核要点 ▶▶ ▶

1. 公司财务报表。
2. 公积金。
3. 股利分配。
4. 公司盈余分配权及其司法救济。

思考练习 ▶▶ ▶

1. 小股东面对公司长期不分红政策时有哪些救济途径？
2. 健全公司财务会计制度的意义是什么？

案例赏析

北京电通伟业电子设备有限公司与张志军公司盈余分配纠纷

【基本案情】

电通伟业公司成立于 2000 年 6 月 15 日，公司类型为有限责任公司，注册资本 500 万元。股东为张某 1、章某、富某、刘某、杨某、陈某 1、芮某、王某 1、纪某、张某 2、陈某 2、李某 1、陈某 3、赵某、金某、李某 2、李某 3、王某 2、肖某，其中张某 1 出资 1 556 603 元。

2018 年 2 月 8 日，电通伟业公司召开第三十次股东会会议，并形成决议。决议内容如下：

1. 审议通过公司总经理芮某同志作 2017 年度电通伟业公司工作报告及 2018 年电通伟业公司发展规划的报告；

……

5. 审议通过 2017 年度电通伟业公司的利润分配方案，具体为：

可供分配利润为 83.9 万元，可供分配利润方案为：

A. 法定盈余公积金为提取分配利润总额的 10%；

B. 分红比例为企业注册资本金的 5%；

C. 剩余可供分配利润全部转入企业发展基金；北京电通伟业交通设施工程有限公司暂时不进行分利润分配；

……

9. 确定 9.20 协议中张某 1 名下的 50 万元股权暂放在公司，2017 年度不做分红处理。张某 1 未在该决议的落款处签字。

2018 年 2 月 12 日，张某 1 通过银行转账收到电通伟业公司 2017 年度的分红款 253 585 元。

2019 年 1 月 28 日，电通伟业公司召开第三十一次股东会会议，并形成决议。决议内容如下：

1. 审议通过公司总经理芮某同志作的 2018 年度电通伟业公司工作报告；

……

5. 审议通过 2018 年度电通伟业公司的利润分配方案，具体为：

可供分配利润为 213.9 万元，可供分配利润方案为：

A. 法定盈余公积金为提取分配利润总额的 10%；

B. 分红比例为企业注册资本金的 15%；

C. 剩余可供分配利润全部转入企业发展基金；北京电通伟业交通设施工程有限公司暂时不进行利润分配；

……

9. 确定 9.20 协议中张某 1 名下的 50 万元股权暂放在公司，2018 年度不做分红处理。

全体参会股东对以上决议进行表决，占全部出席股东股权比例的 100%；其中第 1、2、3、5、6、7、8 项赞成票股东 19 人，占全部股权比例的 100%；其中第 4 项和第 9 项赞成票股东 18 人，占全部股权比例的 68.9%，反对票 1 人，占全部股权比例的 21.13%，股东会决议通过。张某 1 未参加本次股东会会议，由其委托代理人参加，该代理人在落款处签名并注明"不同意"。

2019 年 1 月 29 日，张某 1 通过银行转账收到电通伟业公司 2018 年度的分红款 126 792 元，另有分红款 158 490 元系现金支付。

2016 年 9 月 20 日，电通伟业公司作为甲方与乙方电通厚光公司签订《协议书》，约定如下：

一、双方确认电通伟业公司与电通厚光公司为各自独立承担法律责任的企业法人，互相之间没有隶属关系和股权投资关系。

二、芮某为电通厚光公司的名义股东，但在电通厚光公司中没有实际出资和参与经营管理，芮某同意本协议签订后，将其名下的 200 万元（占注册资本的 40%）电通厚光公司股权无偿转让给电通厚光公司法定代表人张某 1 或其指定人员，电通厚光公司及张某 1 对电通厚光公司经营至今所有的债务承担全部偿还责任，因股权转让发生的各项税费由受让方承担。

三、张某 1 为工程公司（北京电通伟业交通设施工程有限公司）的名义股东，但在工程公司中没有实际出资，其名下的工程公司 99.9 万元股权（占注册资本的 33.3%）为代电通伟业公司持有，张某 1 同意本协议签订后，将其名下的 99.9 万元工程公司股权无偿转让给甲方或甲方指定人员，因股权转让发生的各项税费由受让方承担。

四、为有利于双方公司的发展，本协议签订后 15 日内，张某 1 向电通伟业公司董事会和股东会提交辞去电通伟业公司董事的书面辞呈。

五、电通伟业公司持有的发明专利名称：

一种硫酸附着物去除装置，发明专利号：ZL201280001944.X；

发明专利名称：一种恒流式单元稳压 LED 交通信号灯，发明专利号：ZL201010129852.2；

专利内容转让到电通厚光公司。

电通伟业公司将"厚光"注册商标转让到电通厚光公司。电通伟业公司持有的这两项专利是电通公司以 140 万元购买的，电通伟业公司同意以成本价 140 万元将两项专利转让给电通厚光公司所有，电通厚光公司应在 2017 年 9 月 20 日之前，将 140 万元转让款支付给电通伟业公司，因专利转让发生的各项税费由受让方承担。张某 1 同意以其在电通伟业公司的 50 万元股权（占全部股权的 10%）为电通厚光公司的专利转让款作质押担保，即如电通厚光公司未能在 2017 年 9 月 20 日之前向电通伟业公司支付 140 万元专利转让款，其应在 2017 年 9 月 30 日之前将在电通伟业公司的 50 万元股权无偿转让给电通伟业公司指定人员，因股权转让发生的各项税费由受让方承担。

六、为支持电通厚光公司的发展，电通伟业公司同意在 2017 年 9 月 20 日之前，电通厚光公司暂不需偿还在其成立初期向电通伟业公司的借款 150 万元，今后根据电通厚光公司自身发展情况，双方对还款事宜另行商定。但如电通厚光公司及张某 1 未能按约定如期履行第五条所列的还款和担保义务，电通伟业公司有权收回对延长电通厚光公司还款期限的豁免并要求立即偿还 150 万元借款。

落款处有电通伟业公司和电通厚光公司的盖章，并有富某和张某 1 分别在法定代表人处的签字。

一审诉讼中，电通伟业公司和张某 1 共同确认在《协议书》签订后，并未对张某 1 在电通伟业公司的 50 万元的出资办理质押登记。另外，张某 1 认为其是以电通厚光公司的法定代表人身份在《协议书》中的签字，其本人并未与电通伟业公司就质押合同达成合意。另外，电通伟业公司认可未向张某 1 给付的分红款为 255 000 元。

【诉讼请求】

1. 判令电通伟业公司给付张某 1 分红款 255 000 元；2. 本案诉讼费用由电通伟业公司负担。

【一审裁判】

一审法院认为，根据双方当事人的诉辩意见以及一审法院查明的事实，本案的争议焦点为电通伟业公司能否以张某 1 将其在电通伟业公司的 50 万元的出资质押给电通伟业公司为由，拒绝将该部分出资所对应的红利分配给张某 1。一审法院对该争议焦点评议如下：

首先，电通伟业公司与电通厚光公司签订的《协议书》第五条第四款约定，张某 1 同意以其在电通伟业公司的 50 万元的出资为电通厚光公司的专利转让款作质押担保。虽然张某 1 未以其个人身份，而是以电通厚光公司的法定代表人的身份在该协议中签字，但该协议明确约定是张某 1 以其个人在电通伟业公司 50 万元的出资作为质押物为电通厚光公司提供质押担保，张某 1 作为缔约的参与人，显然对该条款是知情的；同时，张某 1 系完全民事行为能力人，应当能够预见该约定所产生的法律后果；因此，即便张某 1 是以电通厚光公司的法定代表人身份签订协议，也应当认定张某 1 其个人同意该协议的约定，协议的效力应当及于张某 1 本人。通过该协议，能够确定被担保债权的种类和数额，债务人履行债务的期限，质押财产的名称、数量，担保的范围等质权合同应具备的一般条款，故张某 1 与电通伟业公司之间的质押合同已经成立并生效。根据合同效力与物权效力相区分的原则，质押合同的有效并不能当然地产生物权变动的法律后果，应当根据质押物的性质，依照相应的法律规定来确定质权是否已经设立。由于张某 1 向电通伟业公司出质的是有限责任公司的股权，故依照《中华人民共和国物权法》第二百二十六条的规定，应当向工商行政管理部门办理股权出质登记手续，质权在办理登记手续后方可设立。然而，张某 1 与电通伟业公司并未向工商行政管理部门办理股权出质登记，故质权没有设立，电通伟业公司也就无权向张某 1 主张质权。电通伟业公司认为未办理质押登记不影响合同效力和质权成立的答辩意见，与法律规定不符，一审法院不予采纳。

其次，根据电通伟业公司的第三十次和第三十一次股东会会议决议的记载，电通伟业公司就上一年度的利润分配制定了具体分配方案。但是，两份决议的第 9 项均规定不对张某 1 50 万元的出资进行分红，电通伟业公司表示，其扣留该部分分红款的理由为其享有张某 1 50 万元出资的质权，按照相关法律规定，质权的效力及于孳息，故其予以扣留。但一审法院认为，如前所述，电通伟业公司对张某 1 的质权并未设立，并不能产生质押的物权后果，电通伟业公司也就无权扣留张某 1 的分红款。现电通伟业公司以股东会决议的方式扣留张某 1 应分得的分红款，损害了张某 1 的财产权，违反了相关法律规定，故电通伟业公司的第三十次股东会会议决议第 9 项和第三十一次股东会会议决议第 9 项均属无效，电通伟业公司应当向张某 1 给付该部分分红款。鉴于电通伟业公司认可张某 1 主张的未给付的分红款的数额，故一审法院对此不持异议。

最后，关于电通伟业公司提出的张某1未办理质押登记的行为，已经构成违约的问题。一审法院认为，由于张某1与电通伟业公司已经成立了有效的质押合同，电通伟业公司可以通过另案向张某1主张违约责任，不应在向张某1分配利润时径行扣留。

综上，张某1要求电通伟业公司给付未分配的分红款255 000元，于法有据，一审法院予以支持。依照《中华人民共和国民法总则》第三条，《中华人民共和国公司法》第二十二条第一款、第三十四条，《中华人民共和国物权法》第二百二十六条第一款，《最高人民法院关于适用〈中华人民共和国公司法〉若干问题的规定（四）》第十四条之规定，判决：电通伟业公司于判决生效之日起10日内给付张某1分红款255 000元。如未按判决指定的期间履行给付金钱义务，应当依照《中华人民共和国民事诉讼法》第二百五十三条之规定，加倍支付迟延履行期间的债务利息。

【二审裁判】

本院认为，当事人应对自己的主张提交充分证据佐证，未能提交或者提交的证据不足以证明其主张的，应当承担举证不利的法律后果。结合当事人诉辩意见及本院查明事实，本案二审争议焦点为：一审法院认定电通伟业公司应当向张某1支付分红款有无不当。

根据电通伟业公司第三十次和第三十一次股东会议决议，电通伟业公司就上一季度的利润分配制定了具体分配方案，但上述两份协议中均明确不对张某150万元出资进行分红。电通伟业公司上诉主张，公司并没有扣留分红款，相关分红已分配至张某1名下，之所以将其暂放在公司，系基于合同债权针对张某1不履行合同义务行为行使的私力救济。对此本院认为，私力救济即自助行为是指在无法寻求公力救济的紧急情况下，通过合理手段留存维护自身权利的行为。本案中，根据电通伟业公司与电通厚光公司签订的《协议书》第五条第四款约定，张某1同意以其个人在电通伟业公司的50万元的出资为电通厚光公司的专利转让款作质押担保，据此，张某1与电通伟业公司之间的质押合同已经成立并生效。但因双方均认可未对此办理股权质押登记，根据合同效力和物权效力区分原则，质权没有设立，电通伟业公司无权向张某1主张质权，但若电通伟业公司认为张某1存在违约，其仍然可以依据有效的质押合同另案主张。因此，在电通伟业公司未能举证证明本案存在紧急情况，且其权利可以另行通过公力救济途径予以主张的情形下，电通伟业公司关于其并未扣留分红款，而是基于合同债权针对张某1不履行合同义务行为实施私力救济行为的上诉意见不能成立，本院对此不予采信。一审法院根据双方诉辩主张以及提交的证据，认定电通伟业公司应当支付张某1分红款及所认定的相应金额均无不当，本院对此予以确认。

综上所述，北京电通伟业电子设备有限公司的上诉请求不能成立，应予驳回；一审判决认定事实清楚，适用法律正确，应予维持。依照《中华人民共和国民事诉讼法》第一百七十条第一款第一项规定，判决如下：驳回上诉，维持原判。

第八章

公司的变更

【知识目标】

1. 掌握公司合并、分立的含义和种类。
2. 了解公司增资、减资的含义。
3. 了解公司组织形式变更的含义。
4. 了解公司合并、分立、增资、减资以及组织形式变更的程序性要求。

【工作任务】

2019 年 7 月，红都公司将一部分资产分出，另成立一家亮京公司，亮京公司的股东仍然为红都公司原来的股东。同年 8 月，红都公司趁丽都公司增资之计，投资 1 000 万元于丽都公司。2020 年 1 月，红都公司于 2019 年 1 月欠亮马公司买卖合同货款 100 万元，现履行期至，亮马公司向红都公司要求偿还，红都公司以种种理由拖延偿还，亮马公司要求亮京公司、丽都公司偿还，亮京公司、丽都公司均主张自己并非合同当事人，没有义务替他人清偿债务。请尝试分析：亮京公司、丽都公司的主张能否成立？

第一节　公司的合并

一、公司合并的概念和意义

（一）合并的概念和类型

公司合并是指两个或两个以上的公司订立合并协议，依照公司法的规定，不经过清算程序，直接合并为一个公司的法律行为。公司合并可分为吸收合并和新设合并两种类型。

1. 吸收合并

吸收合并也称兼并，指两个或两个以上的公司合并后，其中一个公司吸收其他公司而继续存在，而剩余公司主体资格同时消灭的公司合并。合并方（或购买方）通过企业合并取得被合并方（或被购买方）的全部净资产，合并后注销被合并方（或被购买方）的法人资格，被合并方（或被购买方）原持有的资产、负债，在合并后成为合并方（或购买方）的资产、负债。

例如 1996 年 12 月美国的世界第一大航空公司波音公司对世界第三大航空公司麦道公司的合并，具有 76 年历史的麦道公司在合并之后不再存在。经过合并，收购企业以支付现金、发行股票或其他代价取得另外一家或几家其他企业的资产和负债。收购企业保留其法人地位，而被吸收合并的企业合并后无独立的法人地位。例如，原作为独立法人企业的

A 公司和 B 公司合并，A 公司吸收了 B 公司，B 公司丧失法人资格，成为 A 公司的组成部分。从法律上讲，吸收合并后，A 公司 + B 公司 = A 公司。

实践中，我国公司吸收合并的主要形式有：

（1）母公司作为吸收合并的主体并成为存续公司，上市公司注销。母公司是上市公司的控股股东及实际控制人，由于母子公司发展的需要，便于股权的集中管理，提高公司资产运营效率，通过换股吸收合并，母公司将实现在证券交易所整体上市，同时注销原上市公司。如 2008 年 10 月，上海电气集团股份公司吸收合并上海输配电股份公司（以下简称上电股份）实现整体上市。在这次换股吸收合并中，母公司在上海证券交易所发行 A 股与吸收合并上电股份同时进行，母公司发行的 A 股全部用于换股合并上电股份，不另向社会发行股票募集资金。吸收合并完成后，上电股份公司的股份（母公司持有的股份除外）全部转换为母公司发行的 A 股，其终止上市，法人资格因合并注销，全部资产、负债及权益并入母公司。

（2）上市公司作为吸收合并的主体并成为存续公司，集团公司注销。集团公司是上市公司的控股股东，随着集团公司的业务发展，为了避免潜在的同业竞争，提高集团整体运作效益，上市公司以换股方式吸收合并其控股股东，上市公司作为存续公司，集团公司注销法人地位。如 2008 年 1 月，沈阳东软软件股份有限公司（以下简称东软股份）换股吸收合并东软集团有限公司（以下简称东软集团），通过这次换股吸收合并，东软股份作为合法存续公司，东软集团的法人注销，股东对东软集团的出资按照一定比例全部转换为东软股份的股份，东软集团的资产、负债、权益全部并入东软股份。这种吸收合并是以上市公司存续，通过换股改变上市公司股东的过程，集团公司可以是有限责任公司也可以是股份有限公司，相对前一种吸收合并，这种方式程序略简单、时间更快、成功率更高。

（3）非上市公司之间的吸收合并。企业上市前为了整合内部资源、加快公司的发展，对从事相同或相近行业的企业进行吸收合并。非上市公司之间的吸收合并是以某一天为基准日，经过审计确定各个公司的净资产，根据各出资方所占的股权比例，计算出其拥有的净资产值，以此再确定各出资方在存续公司中所占的股权比例。被吸收的公司解散，存续公司在工商部门办理变更手续。例如，山东太阳纸业股份有限公司子公司之间的吸收合并是典型的非上市公司之间的吸收合并。

吸收合并的作用：

（1）构建新的资本运作平台，为公司拓宽融资渠道。在吸收合并以前，母公司属于非上市公司，缺少市场化的直接融资渠道。通过换股吸收合并，母公司实现整体在 A 股上市，并在 A 股市场搭建资本运作的平台。随着股权分置改革的完成，A 股市场投融资活动不断创新，母公司上市后，可以充分利用资本市场开展直接融资，通过兼并、收购完善公司的业务发展，为公司做强做大拓宽融资渠道。

（2）整体上市有利于企业内外资源的整合。通过整体上市可以较好地解决企业内部同业竞争和资源整合问题，减少企业管理的层级，充分发挥规模效应和协同效应。例如，东软集团与东软股份业务相近，考虑到资产独立性的问题，其分别建立了各自的技术研发、生产管理、市场营销、财务管理等运行机构。随着双方企业资产与业务的不断扩大，这种独立性已经开始制约和影响企业的业务发展，加大了运行成本，降低了企业的效率。吸收合并后，实现集团公司整体上市，有利于整合双方资源，减少重叠，降低管理和交易成本，发挥集团整体人员、技术、产品与管理等方面的优势，提高企业的运作效率，实现股东利益的最大化。

（3）减少不公正的关联交易，促进证券市场健康发展。不公正的关联交易过多是我国证券市场的一个痼疾，一些上市公司的控股股东通过关联方获得收入、转移利润，从事不公平不公正的交易，定价违背公允性，损害了中小股东利益。通过吸收合并，减少竞争对手和关联方，提高行业的集中度，减少关联交易。同时，大盘股甚至是蓝筹股经营业绩比较稳定，对于稳定证券市场会起到重要作用。

（4）进一步完善公司产业链，实现公司一体化战略。上市公司往往专注于单一的行业，公司会面临产品单一、业务单一的风险。为了延长产业链，增强公司抗风险的能力，通过吸收合并，可以解决上下游的产业整合。例如，中国铝业换股吸收合并山东铝业和兰州铝业后，优质氧化铝与原铝企业全部进入中国铝业，既完善了公司的产业链，又实现了集中统一管理和一体化经营的公司战略，有利于提升公司的核心竞争力。

吸收合并可以通过以下两种方式进行：一是吸收方以倾向资金购买被吸收方的全部资产或股份，被吸收方以所得货币资金付给原有公司股东，被吸收方公司股东因此失去其股东资格。二是吸收方发行新股以换取被吸收方的全部资产或股份，被吸收公司的股东获得存续公司（吸收方）的股份，从而成为存续公司的股东。存续的公司仍保持原有的公司名称，并对被吸收公司全部资产和负债概括承受。

从法律形式上讲，吸收合并可表现为"甲公司＋乙公司＝甲公司"，也就是经过合并，甲公司作为实施合并的企业仍具有法人地位，但乙公司作为被并企业已丧失法人地位，成为甲公司的一部分，即甲公司兼并了乙公司。合并时，如果甲公司采用现金或其他资产支付方式进行合并，乙公司的原所有者就无权参与甲公司的经营管理，也无权享有合并后甲公司实现的税后利润；但如果甲公司以发行股票的方式实施合并，则乙公司原所有者成为合并后甲公司的股东，可继续参与对合并后甲公司的管理，并享有其所实现的税后利润，但一般对合并后的甲公司无控制权。

吸收合并法律程序完成后，公司内部整合还需要做好多方面的工作，主要包括机构设置调整、重叠岗位人员安排、业务流程调整、财务管理体系调整等。

2. 新设合并

新设合并是指两个以上公司合并设立一个新的公司，合并各方解散。例如1998年国泰证券公司与君安证券公司合并，原国泰证券有限公司和原君安证券有限公司不再存在，而成立一个新的公司——国泰君安证券股份有限公司。

新设合并可以通过以下两种方式进行：一是由新设公司以倾向资金购买部分参与合并公司的资产或股份，该部分参与合并公司的股东丧失其股东资格，剩余股东持有新设公司发行的股份，成为新设公司的股东；二是新设公司发行新股，消失各公司的股份可以全部转化为新公司的股份，成为新设公司的股东。在新设合并中，新设立的公司具有新的公司名称，但对消失各公司的全部资产和负债概括承受。

从法律形式上讲，它表现为"甲公司＋乙公司＝丙公司"，丙公司为新设立的法人企业，甲、乙公司则丧失其法人资格。如果丙公司以支付现金或其他资产的方式合并甲、乙公司，则甲、乙公司的原所有者无权参与丙公司的经营管理，也无权享有丙公司以后实现的税后利润；但如果丙公司采取向甲、乙公司发行股票以换取原甲、乙公司股票，并将其注销的方式，则甲、乙公司原股东成为丙公司的股东，这些股东与丙公司存在投资与被投资的关系，且可以参与丙公司的管理，享有其实现的税后利润，但一般已丧失对原企业的控制权。1996年上海著名的两家证券公司申银和万国组成申银万国证券公司，就属典型的新设合并。

（二）公司合并与其他的公司并购形式的差异

公司合并不同于公司的资产收购，资产收购是一个公司购买另一个公司的部分或全部资产，收购公司与被收购公司在资产收购行为完成之后仍然存续。公司合并与资产收购的差别在于：

（1）资产转移不同。在公司合并中，资产转移是概括转移，所转移的是解散公司的全部财产，而非部分资产；而在资产收购中，所转让的既可以是全部财产，也可以是部分财产。

（2）债务承担不同。在公司合并中，被合并的公司的全部债务转移至存续公司或新设公司；而在资产收购中，除合同中明确约定收购方承受被收购方的债务外，收购方不承担被收购方的债务。

（3）股东地位不同。在公司合并中，存续公司为继承解散公司的资产而支付的对价如现金或存续公司的股份，直接分配给解散公司的股东，解散公司的股东因此获得现金或成为存续公司的股东；而在资产收购中，收购方为资产转让而支付的对价属于出售公司，而与出售公司的股东无直接关系。

（4）法律后果不同。公司合并必然导致合并一方或双方公司的解散，被解散的公司的全部权利和义务由存续公司或新设公司承受；而资产收购则不当然导致一方公司或双方公司的解散。

（5）法律性质不同。公司合并的本质是公司人格的合并；而资产收购的性质是资产买卖行为，不影响公司的人格。

公司合并也不同于公司的股权收购，公司的股权收购是指一个公司收买另一个公司的股权，以取得控股权，收购公司和被收购公司在股权收购行为完成之后仍然存续。公司合并与股权收购的差异在于：

（1）主体不同。公司合并的主体是公司；而在股权收购中，一方主体是收购公司，而另一方主体则是目标公司的股东。

（2）内容不同。在公司合并中，存续公司或新设公司承受解散公司的全部权利和义务；而在股权收购中，目标公司的股东将其对目标公司的股份转让给收购方。

（3）法律后果不同。公司合并必然导致合并一方或双方公司的解散，被解散的公司的全部权利和义务由存续公司或新设公司承受；而股权收购则不当然导致一方公司或双方公司的解散。

（4）法律性质不同。公司合并的本质是公司人格的合并；而股权收购的本质是股权的买卖行为，不影响公司的人格。

总之，股权收购和资产收购在本质上都是买卖行为，而非公司合并的本质——公司人格的合并。

(三) 合并的意义

在公司合并中,有积极合并者,也有消极合并者。

对于积极合并者,公司合并的意义主要在于:通过公司合并扩张公司规模,减少竞争对手,如美国波音公司和麦道公司的合并的直接目的就是增强美国飞机制造业与欧洲空中客车公司的抗衡;并且,通过合并还可以发展协作和多样化经营。

对于消极合并者,公司合并的意义在于:通过合并与大企业合并,可以减少风险。此外,在公司无力经营时,可以通过合并,避免破产,避免付出高昂的解散和清算的费用,公司财产关系、股东关系概括地转移于存续或新设的公司,原有营业还可以继续进行下去,不至于突然停顿。

二、公司合并的程序

《公司法》第 173 条规定:"公司合并,应当由合并各方签订合并协议,并编制资产负债表及财产清单。公司应当自作出合并决议之日起十日内通知债权人,并于三十日内在报纸上公告。债权人自接到通知书之日起三十日内,未接到通知书的自公告之日起四十五日内,可以要求公司清偿债务或者提供相应的担保。"公司合并涉及公司、股东和债权人等相关人的利益,应当依法进行。根据公司法的规定,公司合并的程序通常如下:

(1) 董事会制订合并方案。

(2) 签订公司合并协议。公司合并协议是指由两个或者两个以上的公司就公司合并的有关事而订立的书面协议。协议的内容应当载明法律、法规规定的事项和双方当事人约定的事项,一般来说应当包括以下内容:

①公司的名称与住所。这里所讲公司的名称与住所包括合并前的各公司的名称与住所和合并后存续公司或者新设公司的名称与住所。公司名称应当与公司登记时的名称相一致,并且该名称应当是公司的全称;公司的住所应当是公司的实际住所即总公司所在地。

②存续或者新设公司因合并而发行的股份总数、种类和数量,或者投资总额,每个出资人所占投资总额的比例等。

③合并各方现有的资本及对现有资本的处理方法。

④合并各方所有的债权、债务的处理方法。

⑤存续公司的公司章程是否变更,公司章程变更后的内容,新设公司的章程如何订立及其主要内容。

⑥公司合并各方认为应当载明的其他事项。

(3) 编制资产负债表和财产清单。资产负债表是反映公司资产及负债状况、股东权益的公司重要的会计报表,会计合并中必须编制的报表。合并各方应当真实、全面地编制此表,以反映公司的财产情况,不得隐瞒公司的债权、债务。此外,公司还要编制财产清单,清晰地反映公司的财产状况。财产清单应当翔实、准确。

(4) 合并决议的形成。公司合并应当由公司股东会或者股东大会作出合并决议,之后方进行其他工作。公司合并会影响到股东利益,如股权结构的变化。根据《公司法》第43 条、第 66 条和第 103 条的规定,就有限责任公司来讲,其合并应当由股东会作出特别决议，即经代表三分之二以上表决权的股东通过才能进行；就股份有限公司来讲，其合并应当由公司的股东大会作出特别决议，即必须经出席会议的股东所持表决权三分之二以上决议通过才能进行；就国有独资公司来讲，其合并必须由国有资产监督管理机构决定，其中，重要的国有独资公司合并应当由国有资产监督管理机构审核后，报本级人民政府批准，才能进行。

（5）向债权人通知和公告。公司应当自作出合并决议之日起10日内通知债权人，并于30日在报纸上公告。一般来说，对所有的已知债权人应当采用通知的方式告知，只有对那些未知的或者不能通过普通的通知方式告知的债权人才可以采取公告的方式。通知和公告的目的主要是告知公司债权人，以便让他们作出决定，对公司的合并是否提出异议，此外，公告也可以起到通知未参加股东（大）会的股东的作用。

（6）合并登记。合并登记分为解散登记和变更登记。公司合并以后，解散的公司应当到工商登记机关办理注销登记手续；存续公司应当到登记机关办理变更登记手续；新成立的公司应当到登记机关办理设立登记手续。公司合并只有进行登记后，才能得到法律上的承认。

三、合并的法律效果

公司合并发生下列法律效果：

（一）公司的消灭

公司合并后，必有一方公司或双方公司消灭，消灭的公司应当办理注销登记。由于消灭的公司的全部权利和义务已由存续公司或新设公司概括承受，所以，它的解散与一般公司的解散不同，无须经过清算程序，公司法人人格直接消灭。

（二）公司的变更或设立

在吸收合并中，由于存续公司因承受消灭公司的权利和义务而发生组织变更，如注册资本、章程、（有限责任公司）股东等事项，应办理变更登记。在新设合并中，参与合并的公司全部消灭而产生新的公司，新设公司应办理设立登记。

（三）权利和义务的概括承受

《公司法》第174条规定，公司合并时，合并各方的债权、债务，应当由合并后存续的公司或者新设的公司承继。

四、公司合并合同的主要条款

合并合同的主要条款应当包括：

（1）合并各方当事人。合并各方当事人既包括合同的主体——订立合并合同、参加公司合并的各方公司，还包括合并后存续的公司或新设的公司。合并合同中要写明这些公司的名称及住所等。

（2）合并的方式。合同中合并的方式，应当是按法律形态进行的具有法律意义的分类形式，即吸收合并或新设合并。

（3）合并的对价。合并对价即合并中存续公司或新设公司为取得消失公司财产而支付的对价。合并对价的基本形式有两种——股票和现金形式。

（4）合并各方的资产、债权债务状况。合并各方的资产、债权债务状况是决定合并价格的基本要素，对合并价格的科学确定，对合并是否成功具有重要意义。因此，合同中应对此做出明确的记载。

（5）职工安置办法。由于合并中存续公司的职工利益受到合并影响的程度要小得多，所以职工安置办法条款只适用因合并而消失的公司。

第二节 公司的分立

一、分立的概念和意义

（一）概念

公司分立是指一个公司通过签订协议，不经过清算程序，分为两个或两个以上的公司的法律行为。公司分立的法律特征：

（1）公司分立是在原有公司基础上的"一分为二"或"一分为多"，它与公司合并恰好是反向操作，既不是"转投资"设立子公司或参股公司的行为，也不是为拓展经营而设立分公司的行为。原公司与分立后的公司之间、分立后公司相互之间，既无公司内部的总公司与分公司的管理关系，也不是企业集团中成员相互间控股或参股的关系，而是彼此完全独立的法人关系。

（2）公司分立是公司组织法定变更的一种特殊形式。公司的分立不是公司的完全解散，无论是新设分立还是派生分立，均无须经过清算程序而是在原公司基础上成立两个或两个以上公司。在这个意义上，公司分立是法律设计的一种简化程序，使公司在无须消灭的情况下实现"一分为二"或"一分为多"，因此，公司分立是公司组织法定变更的特殊形式。

（3）公司分立是依照法定的条件和程序来进行的行为。由于公司分立将会引起分立前公司主体和权利义务的变更，而且也必然涉及相关主体的利益，为了保护各方主体利益，分立行为必须严格依照公司法所规定的条件和程序来进行。

（二）公司分立与相近概念的区别

1. 公司分立与营业转让（资产转让或资产剥离）的区别

（1）内容不同。虽然两者存在共同点，即原公司都要将一部分资产分离出去，但是，在资产转让中，虽然转让方公司要将一部分资产转让分离出去，但是，转让方将因此获得对价，所以，转让方的资产总额不变，公司资产负债表中的所有者权益（包括股本）也不因此而变动，只是资产内部的科目发生变动；而在公司分立中，原公司分离一部分资产后，不会获得对价，资产总额因此减少，所有者权益（包括股本）也因此减少。

（2）对股东地位的影响不同。资产转让不会影响股东地位，影响的只是买卖双方公司的资产形态；而公司分立直接影响股东的地位，在派生分立中，原公司的股东对原公司的股权将减少，但是，相应地获得分立出来的公司的股权，在新设分立中，原公司的股东对原公司的股权因原公司的消灭而消灭，但是，相应地获得分立出来的公司的股权。

（3）法律性质不同。公司分立的本质是公司的人格的变化，而资产转让的本质是买卖合同。

2. 公司派生分立与转投资的区别

派生分立与转投资都具有将一部分资产分离出去，投资于新公司的表面形式，而且，派生分立中原公司与分离出去的新公司均具有独立的法人资格，这与转投资关系中投资公司与被投资公司之间的关系十分类似；但派生分立与转投资的区别还是比较明显的，主要体现为：

（1）形成的法律关系不同。转投资中的两个公司之间是以投资来联结的股东与公司的关系。即投资公司与被投资公司之间是控股或者参股的关系；而公司分立中的两个公司是相互独立的，不具有股东与公司的关系，它们的财产不相混同，分别属于各自的公司。

（2）对股东地位的影响不同。转投资对于投资公司的股东没有任何影响；而在公司派生分立中，原公司的股东可以从原公司中分立出来，成为新公司的股东，也可以减少对原公司的股权，而相应地获得对新公司的股权。

（3）对资产负债表的影响不同。

在转投资中，投资公司的资产总额不变，变化的只是资产的形态，即资产科目内的现金科目减少，而长期投资增加；而在公司派生分立中，原公司不仅资产总额减少，并且所有者权益也相应减少。

3. 公司分立的税务处理

（1）不征收营业税。根据《中华人民共和国营业税暂行条例》及其《实施细则》的规定，营业税的征收范围为：在中华人民共和国境内有偿提供应税劳务、转让无形资产或者销售不动产的行为。公司分立不属于该征税范围，其实质是被分立公司股东将该公司的资产、负债转移至另一家公司，有别于被分立公司将该公司资产（土地使用权、房屋建筑物）转让给另一家公司的应征营业税行为，因此，公司分立不应征收营业税。

（2）不征收增值税。根据《中华人民共和国增值税暂行条例》及其《实施细则》的规定，增值税的征收范围为：在中华人民共和国境内销售货物或者提供加工、修理修配劳务以及进口货物。公司分立不属于该征税范围，其实质是被分立公司股东将该企业的资产、负债转移至另一家公司，有别于被分立公司将该公司资产（存货、固定资产）转让给另一家公司的应征增值税行为，因此，企业分立不应征收增值税。

（3）不征收土地增值税。根据《中华人民共和国土地增值税暂行条例》规定，土地增值税的征收范围为：转让国有土地使用权、地上的建筑物及其附着物并取得收入。公司分立涉及的土地所有权转移不属于土地增值税征税范围，并非被分立公司将土地转让给新成立公司，而是被分立公司的股东将该资产换股，因此，公司分立涉及的土地转移不征收土地增值税。

4. 公司分立的评估

对于公司的分立，公开发行股票的上市公司需要评估，国有和国有控股公司需要评估，其余类型的公司由股东自定。一般情况下，非国有公司分立进行资产评估，主要原因是对股东和对投资人负责，但法律没有硬性规定必须评估。

根据《中华人民共和国企业所得税法实施条例》第 25 条规定，企业发生非货币性资产交换，以及将货物、财产、劳务用于捐赠、偿债、赞助、集资、广告、样品、职工福利或者利润分配等用途的，应当视同销售货物、转让财产或者提供劳务，但国务院财政、税务主管部门另有规定的除外。非货币性资产投资属于非货币性资产交换，非货币性资产出资超过账面价值的部分应根据规定缴纳所得税。

二、分立的方式

公司分立主要有派生分立和新设分立两种形式。

派生分立，也称存续分立，是指一个公司分立成两个以上公司，本公司继续存在并设立一个以上新的公司。

新设分立，也称解散分立，是指一个公司分解为两个以上公司，本公司解散并设立两个以上新的公司。

派生分立方式，本公司继续存在但注册资本减少，原股东在本公司、新公司的股权比例可以不变。在实践中，总公司为了实现资产扩张，降低投资风险，往往把其分公司改组成具有法人资格的全资子公司，此时总公司亦转化为母公司，母公司仅以其投资额为限对新设子公司债务负有限责任。

三、分立的程序

（一）作出决定和决议

公司的股东（大）会作出分立决议。分立决议是导致公司资产重新配置的重大法律行为，直接关系股东的权益，是公司的重大事项，所以分立决议的决定权不在董事会，而在股东（大）会，参与合并的各公司必须经各自的股东（大）会以通过特别决议所需要的多数赞成票同意合并协议。

（二）订立分立协议

公司分立协议应当包括以下内容：

（1）公司即将分立的各方的公司名称、地址。

（2）分立各方的财产范围。

（3）分立各方的债权、债务。即分立各方从原来的公司取得的债权的种类、数量，分立以后各方应当承担债务的种类、债权人、数量等。

（4）分立以后股东的姓名、地址、股东在分立以后享有的比例或者享有股份的种类、数额等。

（5）分立以后公司的营业范围。

（6）分立各方认为应当载明的其他事项。

（三）编制资产负债表和财产清单

公司法规定，公司分立，其财产作相应的分割。公司分立时，应当编制资产负债表及财产清单。资产负债表是反映企业在某一特定日期（如月末、季末、年末）全部资产、负债和所有者权益情况的会计报表，是企业经营活动的静态体现，根据"资产 = 负债 + 所有者权益"这一平衡公式，依照一定的分类标准和一定的次序，将某一特定日期的资产、负债、所有者权益的具体项目予以适当的排列编制而成。它表明企业在某一特定日期所拥有或控制的经济资源、所承担的现有义务和所有者对净资产的要求权。公司财产清单内容应包括：序号、资产名称（实物资产及规格、数量、单价、金额）、账面金额、合计等，最后备注。财产清单也可以分类为固定资产、流动资产、其他资产或无形资产等，建立表格，然后总结表格。公司财产是指公司拥有或控制的，用于经营管理活动且与取得应纳税有关的资产。公司资产包括现金、银行存款、应收及预付款项（包括应收票据）、库存、投资（包括委托贷款、委托理财）、固定资产、无形资产（不包括商誉）和其他资产。

（四）通知债权人

公司应当自作出分立决议之日起 10 日内通知债权人，并于 30 日内在报纸上至少公告三次。债权人自接到通知书之日起 30 日内，未接到通知书的自第一次公告之日起 90 日内，有权要求公司清偿债务或者提供相应的担保。不清偿债务或者不提供相应的担保的，公司不得分立。

（五）报有关部门审批

股份有限公司的分立须经国务院授权的部门或者省级人民政府批准，外商投资企业的公司分立须经原审批机关（对外经济贸易主管部门）的批准。

（六）办理登记手续

在派生分立中，原公司的登记事项如注册资本等发生变化，应办理变更登记，分立出来的公司应办理设立登记；在新设分立中，原公司解散，应办理注销登记，分立出来的公司应办理设立登记。

四、分立的法律后果

公司的分立会产生以下法律后果：

（一）公司的变更、设立和解散

在派生分立中，原公司的登记事项如注册资本等发生变化，并产生新的公司人格——分立出来的公司；在新设分立中，原公司解散，人格消灭，但产生两个或两个以上的新的公司（分立出来的公司）。

（二）股东和股权的变动

公司的分立不仅导致公司资产的分立，而且导致股东和股权的变动。在派生分立中，原公司的股东可以从原公司中分立出来，成为新公司的股东，也可以减少原公司的股权，而相应地获得新公司的股权；在新设分立中，股东在原公司的股权因原公司消灭而消灭，但相应获得新公司的股权。

（三）债权、债务的承继

如果分立协议对债务的分配作出约定，按照约定执行。

如果分立协议对债务的分配没有作出约定，根据《公司法》第 176 条的规定，"公司分立前的债务由分立后的公司承担连带责任。"

第三节 公司的增资与减资

公司法虽然确立了资本确定、维持、不变的原则，但公司资本并非绝对不变。实际上，随公司经营活动的开展、业务范围和市场状况的变化，客观上也要求公司资本相应地增加或减少。同时，公司成立之后，其实有资产和净资产即处于经常的变动之中，为使公司资本反映公司净资产的情况，也要求公司资本作相应的调整。由此，公司法对公司资本的增加和资本的减少作了系统的法律规定。

一、增加资本

（一）增资的目的和意义

增加资本，简称增资，是指公司基于筹集资金、扩大经营等目的，依照法定的条件和程序增加公司的资本总额。公司增资通常具有下述目的和意义：

（1）筹集经营资金，开拓新的投资项目或投资领域，扩大现有经营规模。

（2）保持现有运营资金，减少股东收益分配。在公司形成大量公积金和未分配利润情况下，通过增加资本可以停止或减少对股东的收益分配，而使公司继续占用现有的资金。

（3）调整现有股东结构和持股比例，改变公司管理机构的组成。吸收新的股东，可以改变股东成分和结构。在现有股东范围内的增资，通过认购新股比例的安排，则可以调整现有股东相互间的持股比例。而在股东结构和持股比例变更之后，公司将可实现其管理机构和管理人员的重新安排和调整。

（4）公司吸收合并。在公司与其他公司吸收合并时，被合并公司的资产在并入另一公司的同时，会促使公司增加资本。

（5）增强公司实力，提高公司信用。资本规模直接反映公司的资产实力和经营规模，增资由此成为显示和提高公司商业信用并取得竞争优势的重要方式。

（二）增资的方式

（1）内部增资与外部增资。内部增资，是由现有股东认购增加的公司资本。外部增资，是由股东之外的投资者认购新增的公司资本。内部增资和外部增资可以同时采用。

（2）同比增资与不同比增资。同比增资，是内部增资时各股东按原出资比例或持股比例同步增加出资，增资后各股东的股权比例或持股比例不变。不同比增资，是内部增资时各股东改变原出资比例或持股比例而增加出资，也可能有的股东不增加出资，增资后各股东的股权比例或持股比例将发生变化。

（3）追加性增资与分配性增资。追加性增资，是通过现有股东或其他投资者对公司的新的投入而增加资本，其结果既增加公司的资本，也增加公司的资产或运营资金。分配性增资，是内部增资的一种方式，是在现有股东不作新的投入情况下，通过将未分配利润用于股东出资缴纳、把公积金转为资本的方式增加资本，其结果只是改变公司资产的性质和结构，而不改变其总的价值金额，只增加公司的资本总额，而不增加公司的资产总量。

（4）增加股份数额与增加股份金额。这是股份有限公司采用的增资方式。增加股份的数额，即公司在原定股份总数之外发行新的股份。增加的股份，既可以由原有股东优先认股，也可以向社会公开发行。增加股份金额，即公司在不改变原定股份总数的情况下增加每股股份的金额或面额。此种增资只能是内部增资，即由原有股东增加自己的股份出资。

（5）配股增资与送股增资。这是上市公司广泛采用的增资方式。配股增资，又称增资配股，是指上市公司根据现有公司股东持股的数量按照一定的比例向其发售股份。配股的对象仅限于公司现有股东，配股的条件通常要优于公司对外发行的条件。送股增资，又称送股或送红股，是指上市公司根据现有公司股东持股的数量按照一定的比例向其无偿分配股份，其实质是向股东进行收益的分配，只是分配的不是货币，而是股份。

（6）公司债转换增资与债转股增资。公司债转换增资，是指将公司发行的可转化公司债依照规定的条件转换成为公司的股份，由此导致公司资本的增加。债转股增资，是我国商业银行改革和资产重组的过程中所实行的特殊增资方式，即将银行对债务人公司所享有的债权按约定的方法折抵为对该公司一定金额的股权，银行从债权人变成为该公司的股东，由此导致公司资本的增加。

（三）增资条件和程序

增加资本能够增强公司实力，提高公司信用，有利于债权人利益和交易安全，因此，各国立法对有限责任公司增资的条件通常不作强制性要求，而由公司自行决定。但股份有限公司因其公众性特点，法律对其增资予以必要的限制。在授权资本制或认可资本制之下，股份如果分期发行，法律通常规定公司在发行完章程所定的股份总数之前，一般不得再增加资本。同时，公司如果增资，其增资后第一次发行的股份不得低于新增股份的一定比例，如四分之一等。我国公司法关于新股发行条件的规定同时也是股份有限公司增资的条件。

公司增资，会导致股权的稀释和股权结构的调整，是直接影响现有股东利益并可能引发严重利益冲突的公司重大事项。不同股东的处境和要求不同，其在增资中的立场和态度也会完全不同。因此，在法律程序上，公司增资必须经过股东大会决议，变更公司章程，并办理相应的变更登记手续。我国公司法规定，有限责任公司股东会对增加资本作出决议，必须经代表三分之二以上表决权的股东通过。违反上述增资条件和程序，会导致公司增资的无效或被撤销。

二、减少资本

（一）减资的目的和意义

减少资本，简称减资，是指公司基于某种情况或需要，依照法定条件和程序，减少公司的资本总额。根据资本不变原则，公司的资本不得随意减少，但并非绝对不可改变，而是可以通过法定的程序减资。减资的目的和意义在于：

（1）缩小经营规模，或停止经营项目。

（2）减少资本过剩，提高财产效用。在原定公司资本过高情况下，如保持资本不变，会导致资本在公司中的停滞和浪费，不利于充分发挥社会财富的经济效益。

（3）实现股利分配，保证股东利益。在"无盈不分"的盈利分配原则之下，如果公司亏损严重，将使股东长期得不到股利的分配，不利于调动股东的积极性。通过减资，可以尽快改变公司的亏损状态，使公司具备向股东分配股利的条件。

（4）缩小资本与净资产差距，真实反映公司资本信用状况。如果公司亏损严重，资本与其净资产差额过大，公司资本会失去其应有的标示公司信用状况的法律意义，通过减资使得二者保持基本一致。

（5）公司分立。在派生分立情况下，原公司的主体地位不变，但资产减少，也会要求资本相应减少。

（二）减资的方式

1. 同比减资与不同比减资。同比减资，是各股东按原出资比例或持股比例同步减少出资，减资后各股东的股权比例或持股比例不变。不同比减资，是各股东改变原出资比例或持股比例而减少出资，也可能有的股东不减少出资，减资后各股东的股权比例或持股比例将发生变化。

2. 返还出资的减资、免除出资义务的减资与销除股权或股份的减资。返还出资的减资，是对已缴足出资额的股权或股份，将部分出资款返还给股东，此种减资的结果既减少公司的资本，也减少公司的资产或运营资金。免除出资义务的减资，是对尚未缴足出资额的股权或股份，免除股东全部或部分缴纳出资的义务。销除股权或股份的减资，是在公司因亏损而减资时，直接取消部分股权或股份，或者直接减少每个股份的金额，并抵销本应弥补的公司亏损。后两种减资的结果只是改变公司资产的性质和结构，而不改变其总的价值金额，只减少公司的资本总额，而不减少公司的资产总量。

3. 减少股份数额与减少股份金额。减少股份数额，即每股金额并不减少，而只是减少股份总数。其具体方法又分为销除股份和合并股份。减少股份金额，即不改变股份总数，只减少每股的金额。

（三）减资的条件和程序

资本的减少，直接涉及股东的股权利益，同时也可能在实际上减少公司的资产，缩小公司的责任范围，因而直接影响到公司债权人的利益，为此法律规定了比增加资本更为严格的法律程序。根据我国公司法和其他有关规定，公司减资的条件和程序如下：

（1）股东大会作出减资决议，并相应地对章程进行修改。

（2）编制资产负债表及财产清单。

（3）通知债权人和对外公告。公司应当自作出减资决议之日起10日内，通知债权人，并于30日内在报纸上至少公告三次。

（4）债务清偿或担保。债权人自接到通知书之日起30日内，未接到通知书的自第一次公告之日起90日内，有权要求公司清偿债务或者提供相应的担保。

（5）办理减资登记手续。自登记之日起，减资生效。

第四节 公司组织的变更

一、组织变更的概念

公司的变更是指公司设立登记的事项，包括名称、住所、法定代表人、注册资本、企业类型（组织形式）、经营范围、营业期限、有限责任公司股东或者股份有限公司发起人的姓名或者名称的变化。而公司的组织变更是公司变更的一种重要形式。公司的组织变更是指在保持公司法人人格持续性的前提下，将公司从一种形态转变为另一种形态的行为。

二、组织变更的条件

我们主要介绍我国公司法关于有限责任公司变更为股份有限公司的条件的规定。

为了规范和完善有限责任公司变更为股份有限公司的运作，根据公司法的有关规定，公司变更条件和程序如下：

（1）公司股份总额的确定以具有资格的会计师事务所审计后的净资产额为依据，其折合的股份总额应当等于有限公司净资产额；因关联交易和非正常因素引起的利润变化导致的净资产变动，原则上准予变更，但需出具相应的有效证明；涉及国有资产的，须按照国有资产管理的有关规定办理相关手续。

（2）申请变更的公司与母公司或并行子公司之间在人员、财务和资产方面应当达到独立运作，未达到"人员独立、财务独立、资产完整"的，必须进行调整和完善。

（3）申请变更的公司无重大违法记录。

（4）已办理原有限责任公司的债权、债务与变更后的股份有限公司承继手续。

（5）有限责任公司变更为股份有限公司且有上市请求的，还需符合以下要求：

①有限责任公司设立后最近一年进行过合并、分立、股权转让、资产置换、资产剥离等重大资产重组行为，其股本总额、总资产、净资产及股东人数发生变化超过70%的，原则上需工商变更登记后满六个月。

②因吸收新股东增资扩股使股本发生变化超过50%的，应依法进行评估，以评估值作为参考依据；评估后的净资产与账面审计净资产差距超过30%的，原则上不予变更。

③申请变更的有限责任公司，主营业务利润占总额的比例不得低于70%。

④公司法人治理结构健全。

三、申报材料

有限责任公司变更为股份有限公司所需材料如下：

（1）企业变更（改制）登记申请书，内含企业变更（改制）登记申请表，投资者、法定代表人登记表，董事会成员、经理、监事任职证明，企业住所证明等表格，根据不同变更事项填妥相应内容。

（2）原公司股东会决议。

（3）国务院授权部门或者省级人民政府的批准文件。

（4）具有法定资格的会计师事务所出具的审计报告。

（5）创立大会的会议记录或创立大会决议（附董事会决议和监事会决议）。

（6）公司章程（提交打印件一份，请全体股东亲笔签字；有法人股东的，要加盖该法人单位）。

（7）筹办公司的财务审计报告。

（8）验资报告。

（9）国有股权管理文件（含国有股权的提交）。

（10）发起人的资格证明。

（11）名称（变更）预先核准申请书、企业名称变更预先核准通知书及其他名称变更预先登记材料。

（12）指定（委托）书。

（13）改制企业营业执照的正、副本。

四、组织变更程序

这里主要介绍有限责任公司变更为股份有限公司的程序。

根据我国公司法的规定，有限责任公司变更为股份有限公司，应遵循下列程序：

（一）董事会拟订公司变更的方案

《公司法》第46条规定，董事会对股东会负责，行使变更公司形式的方案。

（二）股东会决议

变更公司形式将直接影响到股东的权益和责任，所以，变更公司形式的最终决定权在股东会，而不是董事会，《公司法》第37条也明确规定，股东会行使对变更公司形式事项作出决议的职权。

（三）主管部门批准

在我国，股份有限公司的设立基本上采用行政许可原则，即设立股份有限公司必须经国务院授权的有关部门或省级人民政府批准，所以，有限责任公司变更为股份有限公司，也须经国务院授权的有关部门或省级人民政府批准。

（四）办理变更登记

有限责任公司变更为股份有限公司，除公司组织形式变更外，公司的诸多事项如资本、章程等也因此变更，公司应当依法向原登记机关办理变更登记。

五、组织变更的效力

公司的组织变更只是公司的组织形式的变化，而非新设公司，其人格继续存在，变更前公司的权利和义务当然由变更后的公司继续享有和承担。《公司法》第9条明确规定，有限责任公司依法变更为股份有限公司的，原有限责任公司的债权、债务由变更后的股份有限公司承继。

知识考核要点

1. 公司的合并和分立。
2. 公司的增资与减资。
3. 公司组织的变更。

思 考 练 习

1. 公司分立对债权人的保护有哪些？
2. 公司债权人可否因公司不当减资对股东和高级管理人员提起诉讼？

案例赏析

中航通飞（北京）教育科技有限公司等与肇启光新增资本认购纠纷二审民事判决书

【基本案情】

中航公司于 2016 年 9 月 5 日成立，闫志强系中航公司法定代表人。肇启光曾系中航公司员工、现已离职。2018 年 5 月 21 日，肇启光通过银行转账 2.5 万元至中航公司账户，记载用途为"肇启光入资款"。肇启光主张其与中航公司就其向公司入资 2.5 万元达成口头协议。中航公司认可肇启光主张的口头协议，同时陈述该口头协议中中航公司已明确肇启光入资的 2.5 万元对应股份占比为 2.5%。肇启光主张中航公司从未明确其股份。关于案涉 2.5 万元如何确定相应股权的事实，中航公司在第一次庭审中陈述，公司注册资本是 1 000 万元、肇启光入资 2.5 万元所以股权对应占比 2.5%，同时又陈述肇启光的股份是公司股东张忠华转让出来的股份；中航公司在第二次庭审中，提交《股东协议》，记载股东有闫志强、张忠华、郝丽英、李运良、国亮、王少兴及其他股东，其中其他股东认缴 25%、实缴 25 万元；中航公司陈述该其他股东是包括肇启光在内的后续入资股东，因股东人员不固定、公司未完成包括肇启光在内的部分股东的公司股东名册登记、工商变更登记，公司未曾召开过股东会议，故包括肇启光在内的部分股东未参加过股东会议，公司目前经营亏损，未曾向肇启光进行过分红。另，本案于 2019 年 4 月 18 日向闫志强、中航公司送达起诉状及传票。

【诉讼请求】

1. 解除肇启光与中航公司的入资协议；
2. 闫志强、中航公司返还肇启光入资款 2.5 万元，并赔偿利息损失（以 2.5 万元为基数，自 2018 年 5 月 21 日起至实际还清之日止，按银行同期同类贷款利率计算）；
3. 本案诉讼费由闫志强、中航公司负担。

【一审裁判】

一审法院认为，肇启光与中航公司均认可双方达成肇启光入资中航公司 2.5 万元的口头协议，该院对此不持异议；虽中航公司辩称其口头协议已约定股权比例，但未提交相应证据佐证，该院对此不予采信。

中航公司在订立口头协议及履行过程中，未提交公司股东会或股东大会关于增加公司注册资本的决议文件，其庭审关于公司确定肇启光股权比例为2.5%的陈述存在矛盾，其第一次庭审中陈述肇启光股权来源于公司其他股东张忠华转让的股权，其第二次庭审中陈述肇启光股权属于《股东协议》约定的"其他股东"部分，中航公司对于肇启光股权比例的陈述可见，中航公司未认定肇启光为公司新增资本，且中航公司亦未就肇启光的股权进行股东名册登记及工商变更登记，以及未就资本新增进行工商变更登记，但中航公司已实际收取肇启光入资款并陈述已使用该款项用于公司经营，则中航公司并未履行其与肇启光达成的口头协议，已构成根本违约。现肇启光请求解除协议，具有法律依据，该院予以支持。对于肇启光关于闫志强、中航公司存在欺诈的主张，双方未就入资涉及的股权及其他权益进行明确约定以及中航公司在口头协议成立后未履行协议行为并非欺诈行为，且欺诈并非行使法定解除权的情形，对其该项主张该院不予采信。对于解除时间，肇启光以诉讼方式要求解除合同，案涉协议应自人民法院向中航公司送达起诉状时即2019年4月18日解除。

我国《合同法》第九十七条规定，合同解除后，尚未履行的，终止履行；已经履行的，根据履行情况和合同性质，当事人可以要求恢复原状、采取其他补救措施，并有权要求赔偿损失。肇启光主张返还入资款的请求，具有事实和法律依据，该院予以支持。肇启光主张支付利息损失的请求，该院对于合理部分予以支持。

对于肇启光关于闫志强系具体经办人员及公司法定代表人而主张其承担还款及支付利息的请求，闫志强非协议相对方，肇启光直接向中航公司支付款项，闫志强履行职务行为的法律后果应由公司承担。对于肇启光的前述主张，该院不予支持。

综上所述，依照《中华人民共和国民法总则》第六十一条，《中华人民共和国合同法》第九十四条、第九十七条、第一百零七条，《中华人民共和国民事诉讼法》第六十四条之规定，判决：1. 肇启光与中航公司入资口头协议于2019年4月18日解除；2. 中航公司于判决生效之日起7日内返还肇启光入资款2.5万元，并支付肇启光利息损失（以2.5万元为基数，自2019年4月18日起至2019年8月19日，按照中国人民银行同期同类贷款利率计算的利息；及以2.5万元为基数、自2019年8月20日至实际付清之日止，按照全国银行间同业拆借中心公布的贷款基准利率计算的利息）；3. 驳回肇启光的其他诉讼请求。

【二审认定】

中航公司提交新证据材料：2016年9月1日版本的中航公司章程，证明《股东协议》是基于2016年9月1日中航公司章程中股份占比减持后形成的。经本院质证，肇启光对该份证据真实性认可，对关联性、证明目的不予认可。本院对该份证据真实性不持异议，但由于该份证据无法显示其与《股东协议》的关联性，对证明目的不予确认。

据当事人陈述和经审查确认的证据，补充认定如下事实：中航公司的公司章程对于股权转让未作出明确规定，公司的股权一般向原股东之外的公司员工转让，但并未变更工商登记信息，将肇启光记载于股东名册或公司章程，亦未就肇启光入股作出股东会决议。肇启光于2018年5月21日向中航公司入股2.5万元，于2019年1月20日被中航公司辞退。在此期间，中航公司未分红，肇启光亦未享有其他股东权利。

本院认为，肇启光、中航公司对双方之间存在口头入资协议均无异议，且肇启光已实际支付中航公司 2.5 万元入资款，中航公司确认收到该款项，故双方之间的口头入资协议成立并生效，本案争议焦点在于肇启光是否有权解除入资协议。

本院认为，中航公司认可已将肇启光的资金用于公司经营，但自肇启光入股到其被中航公司辞退的 8 个月期间，中航公司未通过任何形式明确其股东身份或实现其股东权利，肇启光主张中航公司构成根本违约，合同目的无法实现，请求解除合同具有事实和法律依据。

关于中航公司主张，肇启光持有中航公司 2.5% 的股权，该股权系基于《股东协议》签署后，张忠华减资部分所得，并非增资。本院认为，首先，《股东协议》中的股东并不包含肇启光，无法确认肇启光被《股东协议》中的"其他股东"所包含。其次，本案证据无法显示张忠华与肇启光的关系，无法证明肇启光的股权来源于张忠华。最后，中航公司主张《股东协议》中的减资款项的退还主体应为中航公司，且至今未退还款项，但已收取肇启光的入股款项，故无法直接认定肇启光获取股权的方式为继受张忠华的股权。综上，中航公司的主张无事实依据，本院不予支持。

综上所述，中航公司的上诉请求不能成立，应予驳回；一审判决认定事实清楚，适用法律正确，应予维持。依照《中华人民共和国民事诉讼法》第一百七十条第一款第一项规定，判决如下：驳回上诉，维持原判。

第九章
公司的解散与清算

【知识目标】

1. 了解公司终止、清算、破产、解散的概念。
2. 掌握公司清算和解散的具体程序。

【工作任务】

红都服装公司在经营过程中，向亮京公司借款人民币 1000 万元，双方签订了借款合同，并约定了借款利息。之后，红都服装公司经营困难，亏损严重，由于未能参加工商年检，被市场监督管理部门依法吊销公司营业执照。亮京公司向人民法院提起诉讼，主张因红都服装公司被吊销后，其股东并未按照有关法律的规定进行清算，因此要求红都服装公司的股东甲、乙、丙、丁依法承担连带清偿责任。请尝试分析：亮京公司的主张能否成立？

第一节　公司的终止

一、公司终止的概念和特征

公司终止是指公司根据法定程序彻底结束经营活动并使公司的法人资格归于消灭的事实状态和法律结果。它既可以指消灭法人资格的一种最终结果，也可以指消灭法人资格的一系列法律过程。

公司终止法律制度是公司法的重要部分。在市场经济中，必须遵从的一条基本原则便是竞争原则，竞争导致优胜劣汰，因此，企业的进入和退出机制是一个充分竞争市场的基础制度之一。在一个完善的市场经济法律体系中，市场主体的退出法律制度是不可或缺的。公司终止即是关于公司退出市场并消灭主体资格的法律制度，其特征如下：

（1）公司终止的法律意义是使公司的法人资格和市场经营主体资格消灭。

（2）公司终止必须依据法定程序进行。公司作为多种社会经济关系的复杂综合体，它的消灭影响到债权人、公司员工、股东等各方面的利益，因此它的终止不可以随意进行，而必须按照法律规定的程序进行。只有在法律没有强制性规定的情况下，才可由公司章程或股东决定。

（3）公司终止必须要经过清算程序，只有在以公司财产对债务进行清偿并对剩余财产分配完毕之后，公司方可以最终消灭。

公司是法人企业，而法人为法律拟制的人，不可能具有自然人出生、死亡的自然生理过程，其主体能力由法律赋予，因此，其产生和消灭需要依法律规定程序进行并以法律规定的事由为标志。公司法人的权利能力和行为能力从公司登记成立时起，至公司终止注销时止。

二、公司终止的原因

公司法就其属性而言是国内法。各国对公司终止的原因所作的规定差别不是很大，概括起来主要有自愿解散、司法解散、倒闭或破产、行政机关命令解散等四种情况。其中：自愿解散是指由公司的权力机关因各种理由的发生而决议终止公司的存在情况，包括公司被合并、公司分立而发生的终止。司法解散主要指公司得以继续存在的某种条件已经丧失，虽经努力而不得恢复，由利害关系人向法院申请解散的情况。公司倒闭一般是指公司经营出现严重困难，不得不结束营业的状况。倒闭的说法在许多国家并不具有严格的法律含义，但在英国则是公司企业被动终止的法律程序；破产制度适用于不能清偿到期债务的自然人。行政命令解散大多数国家均有规定，是政府为维护社会秩序和公共利益对严重违反法律的公司企业的一种处罚和保安手段。

根据我国公司法的规定，公司终止的原因主要包括：

（1）破产。公司因不能清偿到期债务，被依法宣告破产并对其全部财产强制进行清算和分配，最后终止公司。根据申请破产人的不同，破产包括由债权人申请破产和由公司自己申请破产两种。

（2）解散。即公司因发生法律或章程规定的解散事由而停止业务活动，并进行清算，最后使公司终止。根据我国公司法的规定，解散事由主要包括以下4种情形：①公司章程规定的营业期限届满或者公司章程规定的其他解散事由出现时；②股东会决议解散；③因公司合并或者分立需要解散；④公司违反法律、行政法规被依法责令关闭。

三、公司的解散

（一）解散的概念

"解散"这一概念在我国的使用还比较混乱，在立法和学理上均未形成统一认识。在立法上，各种法律、行政法规、部委规章、司法解释在涉及行政处罚方式时，通常混用解散、撤销、吊销、关闭、责令停产等词语。有的将解散作为上位概念，即解散包括撤销、吊销等行政处罚。在学理上认识也不尽相同，但一般都认为解散不仅包括自愿解散，也包括行政机关强制解散，即包括撤销、吊销、关闭、责令停产停业等行政处罚方式。但对于是否将破产列为解散原因认识差异较大，有人认为解散为一上位概念，基本等同于公司终止，而破产只是解散的一种方式；有人则认为解散与破产为并列概念，都是公司终止方式之一。根据我国公司法的结构，本书采用后一种概念定义及分类方式，将解散定义为公司因发生章程规定或法律规定的除破产以外的解散事由而停止业务活动，并进行清算的状态和过程。

公司解散的特征为：

（1）公司解散的目的和结果是公司将要永久性停止存在并消灭法人资格和市场经营主体资格。

（2）债权人或有关机关在作出公司解散决定后，公司并未立即终止，其法人资格仍然存在，一直到公司清算完毕并注销后才消灭其主体资格。

（3）公司解散必须要经过法定清算程序。为了维护债权人和所有股东的利益，法律规定公司解散时须组成清算组织，进行清算，以公平地清偿债务和分配公司财产。但是，在公司因合并或分立而解散时，则不必进行清算。这是因为公司合并和分立必须要对债权人清偿债务或者提供相应的担保，否则公司不得合并、分立。此外，公司合并或分立后仍有债权债务承继者，债权债务关系也不会消灭。

（二）解散的分类与原因

因解散原因的不同，解散可以分为两类：

1. 任意解散

任意解散，也称为自愿解散，是指依公司章程或股东决议而解散。这种解散与外在意志无关，而取决于公司股东的意志，股东可以选择解散或者不解散公司，因此称为任意解散。但是，任意解散不等于解散的程序也为任意，其解散仍必须依法定程序进行。

任意解散的具体原因包括：

（1）公司章程规定的营业期限届满，公司未形成延长营业期限的决议。我国公司法既未规定公司的最高经营期限，又未强制要求公司章程对其规定，因此，经营期限是我国公司章程任意规定的事项。如果公司章程中规定了经营期限，在此期限届满前，股东会可以形成延长经营期限的决议，如果没有形成此决议，公司即进入解散程序。

但是，在中外合资经营的有限责任公司中，《中华人民共和国中外合资经营企业法》规定不同行业、不同情况的合营企业的合营期限应作不同的约定。有的行业的合营企业，应当约定合营期限；有的行业的合营企业，可以约定合营期限，也可以不约定合营期限。约定合营期限的合营企业，合营各方同意延长合营期限的，应在距合营期满六个月前向审查批准机关提出申请。审查批准机关应自接到申请之日起一个月内决定批准或不批准。

（2）公司章程规定的其他解散事由出现。解散事由一般是公司章程相对必要记载的事项，股东在制定公司章程时，可以预先约定公司的各种解散事由。如果在公司经营中，规定的解散事由出现，股东会可以决议公司解散。

（3）股东会形成公司解散的决议。有限责任公司经代表三分之二以上表决权的股东通过；股份有限公司经出席股东大会的股东所持表决权的三分之二通过，股东会或股东大会可以作出解散公司的决议。国有独资公司因不设股东会，其解散的决定应由国家授权投资的机构或部门作出。中外合资有限责任公司也不设股东会，其董事会可以决议解散，如果董事会不能形成决议，则由合资一方向政府机关提出解散申请，由政府机关协调处理。

（4）公司合并或分立。当公司吸收合并时，吸收方存续，被吸收方解散；当公司新设合并时，合并各方均解散。当公司分立时，如果原公司存续，则不存在解散问题；如果原公司分立后不再存在，则原公司应解散。公司的合并、分立决议均应由股东会作出。

2. 强制解散

强制解散是指因政府有关机关决定或法院判决而发生的解散。具体分为：

（1）行政解散。我国公司法规定，公司违反法律、行政法规被依法责令关闭的，应当解散。这种解散属于行政处罚方式，在公司经营严重违反了工商、税收、劳动、市场、环境保护等对公司行为进行规制的法律法规和规章时，为了维护社会秩序，有关违法事项的主管机关可以作出决定以终止其主体资格，使其永久不能进入市场进行经营。在不同的法规、规章中，解散、撤销、吊销、责令停产停业、关闭一般均属于行政解散。例如，《中华人民共和国产品质量法》规定在产品中掺杂、掺假，以假充真，以次充好，或者以不合格产品冒充合格产品，情节严重的，吊销营业执照。

（2）司法强制解散。公司司法强制解散，是指公司经营出现显著困难、重大损害或者董事、股东之间出现僵局，导致公司机构不能按照法定程序作出决策陷入无法正常运转时，依据股东的申请，由法院裁判解散公司的法律制度。根据《公司法》第182条的规定，公司司法强制解散应满足以下条件：公司经营管理发生严重困难，继续存续会使股东利益受到重大损失；其他途径不能解决该问题；由持有公司全部股东表决权百分之十以上的股东申请。在符合上述条件后，公司股东可以请求法院判令公司解散。

根据《最高人民法院关于适用〈中华人民共和国公司法〉若干问题的规定（二）》（以下简称《公司法司法解释二》）的规定，单独或者合计持有公司全部股东表决权10%以上的股东，以下列事由之一提起解散公司诉讼，并符合《公司法》第182条规定的，人民法院应予受理：①公司持续两年以上无法召开股东会或者股东大会，公司经营管理发生严重困难的；②股东表决时无法达到法定或者公司章程规定的比例，持续两年以上不能做出有效的股东会或者股东大会决议，公司经营管理发生严重困难的；③公司董事长期冲突，且无法通过股东会或者股东大会解决，公司经营管理发生严重困难的；④经营管理发生其他严重困难，公司继续存续会使股东利益受到重大损失的情形。

股东以知情权、利润分配请求权等权益受到损害，或者公司亏损、财产不足以偿还全部债务，以及公司被吊销企业法人营业执照未进行清算等为由，提起解散公司诉讼的，人民法院不予受理。

股东提起解散公司诉讼，同时又申请人民法院对公司进行清算的，人民法院对其提出的清算申请不予受理。人民法院可以告知原告，在人民法院判决解散公司后，依据《民法典》第70条、《公司法》第182条和《公司法司法解释二》第7条的规定，自行组织清算或者另行申请人民法院对公司进行清算。

股东提起解散公司诉讼时，向人民法院申请财产保全或者证据保全的，在股东提供担保且不影响公司正常经营的情形下，人民法院可予以保全。

股东提起解散公司诉讼应当以公司为被告。

原告以其他股东为被告一并提起诉讼的，人民法院应当告知原告将其他股东变更为第三人；原告坚持不予变更的，人民法院应当驳回原告对其他股东的起诉。

原告提起解散公司诉讼应当告知其他股东，或者由人民法院通知其参加诉讼。其他股东或者有关利害关系人申请以共同原告或者第三人身份参加诉讼的，人民法院应予准许。

人民法院审理解散公司诉讼案件，应当注重调解。当事人协商同意由公司或者股东收购股份，或者以减资等方式使公司存续，且不违反法律、行政法规强制性规定的，人民法院应予支持。当事人不能协商一致使公司存续的，人民法院应当及时判决。

经人民法院调解公司收购原告股份的，公司应当自调解书生效之日起六个月内将股份转让或者注销。股份转让或者注销之前，原告不得以公司收购其股份为由对抗公司债权人。

人民法院关于解散公司诉讼作出的判决，对公司全体股东具有法律约束力。

人民法院判决驳回解散公司诉讼请求后，提起该诉讼的股东或者其他股东又以同一事实和理由提起解散公司诉讼的，人民法院不予受理。

如何判断公司经营管理出现了严重困难？

首先，要对公司经营管理严重困难进行正确解释，这里的困难不仅包括公司的日常生产等经营上的困难，也包括公司事务管理上的困难。严重困难表示困难应当达到一定的程度，通过股东单纯行使其股东权利已经不能克服。例如，股东会和董事会僵局的情形就是公司的经营管理上出现了严重困难致使公司无法正常运转。

其次，要对公司经营管理严重困难进行细化解释，以利于正确适用法律。例如，可以规定在下列情况下股东有权依据法律请求法院解散公司：公司股东或董事之间发生严重纠纷或者分歧，导致公司不能按照正常法律程序作出决策，公司业务处于显著停顿状态，而股东对打破这种僵局又无能为力，为此公司正在遭受或者将要遭受不可弥补的损害；公司股东在表决权上陷入僵局，而且在连续两个年度会议日期的期间内不能选出任期届满的董事、监事、经理及其继任者；公司的资产正被滥用或流失，如董事不当挪用、处分公司资产，危及公司的存续，而股东对此无能为力；股东遭受不当行为侵害，这表现为董事或其他股东故意损害股东法定权利，或者这种情况持续发生时，针对单个侵权行为的救济已不再有效，股东权利在公司里得不到最基本的尊重，公司成了侵害股东的工具；其他导致公司经营管理发生严重困难的原因，等等。

最后，公司经营状况的判断毕竟是属于一个商业判断，法官作为公司外部人员很难对公司的经营作出正确、客观的评价。为防止部分股东滥用诉权，损害公司以及其他股东的利益，我们可借鉴我国台湾地区的做法，规定法院在作出解散公司的裁定或者判决之前应征询对公司有监督权的主管机关的意见，以作法院正确判断的参考。

如何认定重大损失？

公司的经营管理陷入严重困难，无论对公司还是对股东的利益都构成一定的损害。但作为申请公司解散的股东仍然需要举证证明公司继续存续会对股东利益造成重大损失。既然是重大损失，必然要达到一定的严重程度。例如：股东权利无法行使；分红大量减少；股权价值大幅贬低；公司财产被少数股东控制并滥用，财务状况不明，严重危及公司存续；公司业务显著停顿，公司面临破产边缘；公司业务不能正常开展，致使合同无法履行，可能遭受巨额违约金的索赔；公司少数股东利用公司从事不当业务，公司可能被吊销营业执照。

股东是否需要穷尽其他所有途径？

司法强制解散公司是一种较为严厉的救济方式，因此公司法规定股东在上述情况下仍需证明其采取了其他救济措施仍然不能解决或者克服公司的经营困难，方能判决解散公司。这就是穷尽一切救济原则的体现。

主张解散的股东在提起解散公司之诉前，应当穷尽其他方式行使其股东权利。如，通过私力救济的方式先行和解，就股东的退股、除名、转让股权或者表决解散等事宜进行协商；在公司决议违法的情况下，通过公力救济的方式，依据《公司法》第 22 条的规定，提出撤销股东会或股东大会决议、董事会决议之诉。

在董事、高级管理人员给公司造成损失时，依据《公司法》第151条的规定，对董事、高级管理人员提出侵权之诉；在公司拒绝分红或者非法转让公司财产的情况下，依据《公司法》第74条的规定，提出收购股东权之诉，等等。法院在审理过程中应当查明，提起解散公司的股东是否在相应情况下采取了对应的救济措施。

第二节 公司的清算

一、清算的概念与法律意义

公司清算是指公司解散或被宣告破产后，依照一定程序了结公司事务，收回债权、清偿债务并且分配财产，最终使公司终止消灭的程序。

清算是公司终止的必要步骤，这是因为：

（1）公司往往并非由一人控制，其股东众多，并且，随着所有权与经营权分离，董事、经理开始掌握公司控制权。因此，为了防止实际控制公司的董事、经理或控股股东在公司终止之前私自处分公司财产或不公平地分配公司的财产，从而损害公司股东的利益，就需要以法定的程序对公司财产进行公平的清算，以保护所有股东的利益。此外，公司股东人数较多，如果每个公司终止前都需要股东对财产分配方式和程序形成决议，则不仅难以达成一致意见而且容易引发争议，所以仅从经济和效率的角度出发，也需要法律相对统一地规定一套普遍适用的清算制度。

（2）公司的股东对公司承担的是有限责任，以其投资为限，股东不再对公司承担任何责任。公司的债务是由公司的财产进行清偿，因而公司财产是公司债权人利益的保障。如果公司未经清算清偿而终止，从而消灭主体资格，则债权人的债权将无法实现。因此，必须在公司终止前依法定的清算程序以公司的财产对债权人进行清偿，从而保障债权人的利益和经济秩序的稳定。为公司企业的终止而进行的清偿就是清算。

（3）公司的终止不仅影响股东和债权人的利益，还会影响许多利益相关人的利益，其中最重要的便是公司的职工，为了保障职工的利益，也必须通过法定程序分配公司财产。

在进入清算程序后，公司便进入终止前的特殊阶段，其权利能力和行为能力均出现重大变化。清算的法律意义为：

（1）清算期间，公司仍具有法人资格。公司解散或被宣告破产后，公司法人资格和主体资格并未立即消灭，在清算期间，公司仍为法人，只是业务活动范围有所限制。

（2）清算期间，公司的代表机构为清算组织。公司的董事会不再依其职责代表公司，公司的财产、印章、财务文件等均由清算组织接管。清算组织负责处理公司未了结的事务，并代表公司对外进行诉讼。

（3）清算期间，公司的权利能力、行为能力有所限制。虽然公司仍具有法人资格，但清算前和清算期间的公司的主体能力有很大差异，有些国家将处于清算阶段的公司称为"清算法人"或"清算公司"。在清算期间，公司不得再进行新的经营活动，公司的全部活动应局限于清理公司已经发生但尚未了结的事务，包括清偿债务、实现债权以及处理公司内部事务。

（4）清算期间，公司财产在未按法定程序清偿前，不得分配给股东。公司财产必须先支付清算费用、职工工资和劳动保险费用，缴纳所欠税款，清偿公司债务，这之后如果还有剩余财产，才能对股东进行分配。

（5）公司清算的最终结果是导致公司法人资格消灭，公司终止。清算结束后，公司所有事务均已了结，债务清偿完毕，公司财产已全部被分配，这时，清算组织即可向公司登记机关申请公司注销，最终消灭公司全部权利义务关系，公司终止。

二、清算的分类

清算因清算对象、清算原因及清算的复杂程度不同而在立法上有不同的分类。一般而言，清算可以分为以下几类：

（一）任意清算与法定清算

任意清算是指不须依法律规定的方式、程序，而仅依全体股东的意见或章程规定进行的清算，它只适用于无限公司、两合公司这类结构简单且股东对公司债务负无限责任的公司。但是对于有限责任公司和股份有限公司，其社会影响面相对广泛，相关利害关系人较多，并且其股东仅对公司债务承担有限责任，因此，为了保护债权人和相关利害关系人的利益，以使公司财产公平分配，也为了提高公司清算的效率，各国均规定了法定清算制度，即必须按法律规定的程序进行清算。有限责任公司和股份有限公司必须进行法定清算。本章所提公司清算均指法定清算。

（二）破产清算与非破产清算

破产清算，是指公司被宣告破产，依破产程序进行的清算。非破产清算是指公司法人在资产足以清偿债务的情况下进行的清算，非破产清算又分为普通清算和特别清算。

（三）普通清算和特别清算

普通清算是指公司在解散后自行组织清算机构进行清算；特别清算是指公司因某些特殊事由解散后，或者被宣告破产后，或者在普通清算发生显著障碍无法继续时，由政府有关部门或者法院介入而进行的清算。它们都属于法定清算。

《公司法》第190条规定："公司被依法宣告破产的，依照有关企业破产的法律实施破产清算。"第183条规定："公司因本法第一百八十条第（一）项、第（二）项、第（四）项、第（五）项规定而解散的，应当在解散事由出现之日起十五日内成立清算组，开始清算。有限责任公司的清算组由股东组成，股份有限公司的清算组由董事或者股东大会确定的人员组成。逾期不成立清算组进行清算的，债权人可以申请人民法院指定有关人员组成清算组进行清算。人民法院应当受理该申请，并及时组织清算组进行清算。"

三、清算组织

清算组织也称清算机构，是清算事务的执行人。公司解散、宣告破产后，在清算终结前，公司的法人资格仍然存在，其股东会和监事会作为公司机构仍然存在，只是作为公司决策机构和对外代表的董事会以及作为公司执行机构的经理不再履行其职责，而由清算组织替代，负责公司清算期间事务的处理。

各国公司法对清算组织的称谓有所不同，美国标准公司法称之为财产管理人及保管人；德国公司法称之为清算人，并且规定法人可以是清算人；我国公司法规定清算机构为清算组，其中，破产时称为破产清算组。外商投资公司则称为清算委员会。

（一）清算组织的成立和组成

在公司被宣告破产、决定或被决定解散之日起，公司即进入清算阶段，首先就需要及时选任公司的清算组织，以行使清算职权。清算组织的人员一般由公司股东、董事等公司原组织机构人员及会计、法律等方面的专业人员组成。关于具体人员的选任，各国规定并不相同，有的规定由公司执行业务的股东或者执行业务的董事担任，有的规定由股东会选任，等等。如果为特殊清算，则还会有法院或有关政府机关的人员参加，其人员由法院或有关机关指定。

在我国公司法中，公司自行解散的，应当自决定解散之日起15日内成立清算组，开始自行清算。有限责任公司的清算组由股东组成，股份有限公司的清算组由股东大会确定其人选。特别清算中，在宣告破产或决定撤销、关闭之日起15日内，应由法院（破产时）或有关主管机关（强制解散时）组织股东、有关机关及有关专业人员成立清算组。有下列情形之一，债权人、公司股东、董事或其他利害关系人申请人民法院指定清算组进行清算的，人民法院应予受理：①公司解散逾期不成立清算组进行清算的；②虽然成立清算组但故意拖延清算的；③违法清算可能严重损害债权人或者股东利益的。

依据《公司登记管理条例》的规定，公司解散，依法应当清算的，清算组应当自成立之日起10日内将清算组成员、清算组负责人名单向公司登记机关备案。

公司清算组备案要准备的材料：

（1）清算组负责人签署的公司备案申请书（公司加盖公章）。

（2）清算组负责人签署的指定代表或者共同委托代理人的证明（公司加盖公章）及指定代表或委托代理人的身份证件复印件。

（3）有限责任公司提交股东会关于成立清算组的决议（由代表三分之二以上表决权的股东签署）；股份有限公司提交股东大会关于成立清算组的决议（由股东大会会议主持人及出席会议的董事签字确认）。

（4）公司企业法人营业执照副本复印件。

《公司法司法解释二》规定，人民法院受理公司清算案件，应当及时指定有关人员组成清算组。清算组成员可以从下列人员或者机构中产生：公司股东、董事、监事、高级管理人员；依法设立的律师事务所、会计师事务所、破产清算事务所等社会中介机构；依法设立的律师事务所、会计师事务所、破产清算事务所等社会中介机构中具备相关专业知识并取得执业资格的人员。

人民法院指定的清算组成员有下列情形之一的，人民法院可以根据债权人、公司股东、董事或其他利害关系人的申请，或者依职权更换清算组成员：有违反法律或者行政法规的行为；丧失执业能力或者民事行为能力；有严重损害公司或者债权人利益的行为。

（二）清算组织的职权职责

公司进入清算程序后，即进入特殊状态，由清算组织负责执行公司与清算有关的必要事务并对外代表公司，因此，法律需要明确规定清算组织的职权职责。

清算组织的职权主要包括：①清理公司财产，分别编制资产负债表和财产清单；②通知和公告债权人；③处理与清算公司未了结的事务；④缴纳公司所欠税款；⑤提出财产评估和作价依据；⑥清理债权、债务；⑦处理企业清偿债务后的剩余财产；⑧代表企业参与民事诉讼活动。公司依法清算结束并办理注销登记前，有关公司的民事诉讼，应当以公司的名义进行。公司成立清算组的，由清算组负责人代表公司参加诉讼；尚未成立清算组的，由原法定代表人代表公司参加诉讼。

（三）清算组成员的忠实义务和赔偿责任

为了约束清算组成员的行为，各国法律均对清算组织的成员设定了忠实义务，譬如清算人员应当忠于职守，依法履行清算义务，不得利用职权收受贿赂或者其他非法收入，不得侵占公司财产等。如果清算人员因故意或者重大过失给公司或者债权人造成损失的，则应当承担赔偿责任，构成犯罪的，还应承担刑事责任。

公司清算时，清算组应当按照《公司法》第185条的规定，将公司解散清算事宜书面通知全体已知债权人，并根据公司规模和营业地域范围在全国或者公司注册登记地省级有影响的报纸上进行公告。清算组未按照上述规定履行通知和公告义务，导致债权人未及时申报债权而未获清偿，债权人主张清算组成员对因此造成的损失承担赔偿责任的，人民法院应依法予以支持。

清算组成员从事清算事务时，违反法律、行政法规或者公司章程给公司或者债权人造成损失，公司或者债权人主张其承担赔偿责任的，人民法院应依法予以支持。有限责任公司的股东、股份有限公司连续180日以上单独或者合计持有公司1%以上股份的股东，依据《公司法》第151条第三款的规定，以清算组成员有上述行为为由向人民法院提起诉讼的，人民法院应予受理。

公司已经清算完毕注销，上述股东参照《公司法》第151条第三款的规定，直接以清算组成员为被告、其他股东为第三人向人民法院提起诉讼的，人民法院应予受理。

（四）其他人员的赔偿责任

《公司法司法解释二》规定：

"有限责任公司的股东、股份有限公司的董事和控股股东未在法定期限内成立清算组开始清算，导致公司财产贬值、流失、毁损或者灭失，债权人主张其在造成损失范围内对公司债务承担赔偿责任的，人民法院应依法予以支持。有限责任公司的股东、股份有限公司的董事和控股股东因怠于履行义务，导致公司主要财产、账册、重要文件等灭失，无法进行清算，债权人主张其对公司债务承担连带清偿责任的，人民法院应依法予以支持。上述情形系实际控制人原因造成，债权人主张实际控制人对公司债务承担相应民事责任的，人民法院应依法予以支持。

"有限责任公司的股东、股份有限公司的董事和控股股东，以及公司的实际控制人在公司解散后，恶意处置公司财产给债权人造成损失，或者未经依法清算，以虚假的清算报告骗取公司登记机关办理法人注销登记，债权人主张其对公司债务承担相应赔偿责任的，人民法院应依法予以支持。

"公司解散应当在依法清算完毕后，申请办理注销登记。公司未经清算即办理注销登记，导致公司无法进行清算，债权人主张有限责任公司的股东、股份有限公司的董事和控股股东，以及公司的实际控制人对公司债务承担清偿责任的，人民法院应依法予以支持。公司未经依法清算即办理注销登记，股东或者第三人在公司登记机关办理注销登记时承诺对公司债务承担责任，债权人主张其对公司债务承担相应民事责任的，人民法院应依法予以支持。

"公司解散时，股东尚未缴纳的出资均应作为清算财产。股东尚未缴纳的出资，包括到期应缴未缴的出资，以及依照公司法第二十六条和第八十条的规定分期缴纳尚未届满缴纳期限的出资。公司财产不足以清偿债务时，债权人主张未缴出资股东，以及公司设立时的其他股东或者发起人在未缴出资范围内对公司债务承担连带清偿责任的，人民法院应依法予以支持。"

四、清算程序

清算组式成立后，公司即开始进入实质性清算程序。具体包括：

（一）清理公司财产

清算组要全面清理公司的全部财产，不仅包括固定资产，还要包括流动资产；不仅包括有形资产，还包括商标、知识产权等无形资产；不仅包括债权，还要包括债务。编制资产负债表和财产清单，制定清算方案。清算方案应当报股东会、股东大会或者人民法院确认。清算组执行未经确认的清算方案给公司或者债权人造成损失，公司、股东或者债权人有权要求清算组人员承担赔偿责任。

公司解散时，股东尚未缴纳的出资均应作为清算财产。股东尚未缴纳的出资，包括到期应缴未缴的出资，以及依照《公司法》第26条和第80条的规定分期缴纳尚未届满缴纳期限的出资。

清算组在清理公司财产、编制资产负债表和财产清单后，发现公司财产不足清偿债务的，应当依法向人民法院申请宣告破产。人民法院指定的清算组在清理公司财产、编制资产负债表和财务清单时，发现公司财产不足清偿债务的，可以与债权人协商制作有关债务清偿方案。债务清偿方案经全体债权人确认且不损害其他利害关系人利益的，人民法院可依清算组的申请裁定予以认可。

公司原法定代表人应当全面向清算组移交公司管理权，需要移交的内容包括但不限于：

（1）公司公章。公司进入清算以后应当严格控制公司公章得使用与保管。

（2）无遗漏的债权债务清册。

（3）资产清册。应当按照流动资产与固定资产分类登记造册。

（4）合同书、协议书等各种法律文件，应当编制成册。

（5）账务账册、传票、凭证、空白支票等。

（6）职工花名册，含在职与离退休得全体人员得花名册，详细记载工龄、工种、用工形式、工资及工资拖欠、社保拖欠等情形。

（7）企业购买的有价证券，享有的无形资产的权利凭证。

（8）企业的历史档案与其他应当提交的资料。

清算组清算公司资产时应注意：首先，清算组应当确定公司的财产范围，这种财产范围一般包括：公司经营管理的全部财产；公司享有的债权；公司解散时享有的股权；公司享有的其他财产权利。其次，清算组应当接管公司财产。将公司的实物与债权进行清查登记；同时对公司享有的债权进行确认；调查公司对外投资情况；对公司的其他权利进行登记；还要对公司的非金钱财产进行财产估价。最后，清算组应当要求占有清算公司财物的持有人交还其财物，如果相应的财物无法交回，则可以要求相应的持有人作价清偿；如果清算公司向外进行了投资，则应当严格按照公司法与相关法律法规要求回收对外投资；责成相关股东交足尚未缴纳或者抽回的出资。

清算组接管公司债务时应注意：公司的债务一般包括银行借款、应付货款、应付工资、未缴纳税金、专项应付款、其他合同义务。接管公司的债务分为债务的确认与登记，对债务的确认就是接管债务的最重要的工作，通常情况下应当审查债务产生的原因与依据，对相应的债务产生的合同进行审查，审查有无违规合同或者是否应当是公司承担的债务，完成公司债务的确认后，将得到清算组确认的债务登记造册。

清算组及时设立清算账户，清算账户应当在清算组接管公司的同时设立，因为清算组一开始工作便会发生清算费用，而公司原有的账户是以正常的生产经营为条件的，不能满足清算业务的需要，因此应当及时设立清算费用账户与清算损益账户。

（二）通知、公告债权人并进行债权登记

清算组成立后应立即在法定期限内直接通知已知的债权人并公告通知未知的债权人，以便债权人在法定期限内向清算组申报债权。债权人申报并提供相应证明后，清算组应进行登记，以此作为财产分配的依据。我国公司法规定，清算组应当自成立之日起 10 日内通知债权人，并于 60 日内在报纸上公告。债权人应当自接到通知书之日起 30 日内，未接到通知书的自公告之日起 45 日内，向清算组申报其债权。债权人在规定的期限内未申报债权，在公司清算程序终结前补充申报的，清算组应予登记。债权人补充申报的债权，可以在公司尚未分配财产中依法清偿。公司清算程序终结，是指清算报告经股东会、股东大会或者人民法院确认完毕。公司尚未分配财产不能全额清偿，债权人主张股东以其在剩余财产分配中已经取得的财产予以清偿的，人民法院应予支持；但债权人因重大过错未在规定期限内申报债权的除外。

债权人或者清算组，以公司尚未分配财产和股东在剩余财产分配中已经取得的财产，不能全额清偿补充申报的债权为由，向人民法院提出破产清算申请的，人民法院不予受理。

清算组未按照上述规定履行通知和公告义务，导致债权人未及时申报债权而未获清偿，清算组成员对因此造成的损失承担赔偿责任。债权人申报债权，应当说明债权的有关事项，并提供证明材料。清算组应当对债权进行登记。在申报债权期间，清算组不得对债权人进行清偿。债权人在规定的期限内未申报债权，在公司清算程序终结前补充申报的，清算组应予登记。

（三）提出财产估价和清算方案

清算组要提出合理的财产估价方案，计算出公司可分配财产的数额，并提出分配方

案，以供股东、债权人、有关机关的审查和质疑，在解散程序中须将清算方案报股东会或者有关主管机关确认，在破产程序中则须经债权人会议决议通过并报法院审查裁定。

（四）分配财产

清算的核心是分配财产。财产法定分配顺序依次为：①支付清算费用；②支付职工工资及劳动保险费用；③清缴所欠税款；④清偿企业债务；⑤清偿完毕前述 4 项款项后的公司剩余财产，有限责任公司按照股东的出资比例分配，股份有限公司按照股东持有的股份比例分配。同时，清算组如果发现公司财产不足清偿债务，应当立即向人民法院申请宣告破产，在公司经人民法院裁定宣告破产后，清算组应当将清算事务移交给人民法院，进入破产清算程序。清算期间，公司存续，但不得开展与清算无关的经营活动。公司财产在未依照前款规定清偿前，不得分配给股东。

（五）清算过程中清算组可委托第三方的其他事项

（1）清算组可委托律师的工作，包括：清算企业对外债权的审查；清算企业财产的产权界定；对清算企业投资，包括项目投资及投资形成的法人实体进行权益比例和股权比例的界定，并负责起草权益转让和股权转让协议书，代理清算企业进行起诉和应诉；负责财产所有人行使取回权的审核工作；负责审核清算企业所签订并正在履行中的合同，并决定是否继续履行；负责抵销权、别除权内容的审核；其他应由律师处理的法律事务。

（2）清算组委托会计师事务所的工作（主要为国有及国有控股企业），包括：对清算企业清算前三年的经营情况进行审计，出具年度审计报告；对清算企业清算前企业负责人任期绩效进行审计，出具任期绩效审计报告；负责清算企业注册资本缴交情况的审计，并做出肯定性结论；对清算过程财务收支进行审计，出具清算审计报告。

（3）清算组委托评估师事务所的工作（主要为国有及国有控股企业），包括：负责根据清算组提供的关于财产的资料，对该财产进行评估并出具报告；作为清算组处理清算财产的底价。

（4）清算组委托税务师事务所的工作，包括：负责根据清算组提供的关于财务的资料，对清算企业清算前三年及清算过程的清算损益进行审核；出具清算企业所得税汇算清缴鉴证报告，作为清算企业注销税务登记的依据。

（六）清算结束后的工作

1. 清算报告的确认

《公司法》第 188 条规定，公司清算结束后，清算组应当制作清算报告，报股东会、股东大会或者人民法院确认，并报送公司登记机关，申请注销公司登记，公告公司终止。

2. 公司注销登记

有下列情形之一的，公司清算组应当自公司清算结束之日起 30 日内向原公司登记机关申请注销登记：公司被依法宣告破产；公司章程规定的营业期限届满或者公司章程规定的其他解散事由出现，但公司通过修改公司章程而存续的除外；股东会、股东大会决议解散或者一人有限责任公司的股东、外商投资的公司董事会决议解散；依法被吊销营业执照、责令关闭或者被撤销；人民法院依法予以解散；法律、行政法规规定的其他解散情形。

3. 公司申请注销需提交的文件

（1）公司清算组负责人签署的公司注销登记申请书（公司加盖公章）。

（2）公司签署的指定代表或者共同委托代理人的证明（公司加盖公章）及指定代表或委托代理人的身份证复印件（本人签字），应标明具体委托事项、被委托人的权限、委托期限。

（3）清算组成员签署的备案确认通知书。

（4）依照公司法作出的决议或者决定。有限责任公司提交股东会决议，股份有限公司提交股东大会决议。有限责任公司由代表三分之二以上表决权的股东签署，股东为自然人的由本人签字，自然人以外的股东加盖公章；股份有限公司由代表三分之二以上表决权的发起人加盖公章或者股东大会会议主持人及出席会议的董事签字确认。

国有独资有限责任公司提交出资人或出资人授权部门的文件。一人有限责任公司提交股东的书面决定（股东为自然人的由本人签字，法人股东加盖公章）。以上材料内容应当包括：公司注销决定、注销原因。法院的裁定解散、破产的，行政机关责令关闭的，应当分别提交法院的裁定文件或行政机关责令关闭的决定。因违反《公司登记管理条例》有关规定被公司登记机关依法撤销公司设立登记的，提交公司登记机关撤销公司设立登记的决定。

（5）经确认的清算报告。有限责任公司提交股东会决议，股份有限公司提交股东大会决议。有限责任公司由代表三分之二以上表决权的股东签署，股东为自然人的由本人签字，自然人以外的股东加盖公章；股份有限公司由代表三分之二以上表决权的发起人加盖公章或者股东大会会议主持人及出席会议的董事签字确认。

国有独资有限责任公司提交出资人或出资人授权部门的文件。一人有限责任公司提交股东的书面决定（股东为自然人的由本人签字，法人股东加盖公章）。

（6）刊登注销公告的报纸报样。

（7）法律、行政法规规定应当提交的其他文件。

（8）公司的企业法人营业执照正、副本。国有独资公司申请注销登记，还应当提交国有资产监督管理机构的决定，其中，国务院确定的重要的国有独资公司，还应当提交本级人民政府的批准文件。

有分公司的公司申请注销登记，还应当提交分公司的注销登记证明。

经公司登记机关注销登记，公司终止。

🚗 知 识 考 核 要 点 ▶▶ ▶

1. 公司的解散。

2. 公司的清算。

3. 公司僵局。

4. 公司的注销。

🚗 思 考 练 习 ▶▶ ▶

1. 公司解散与公司终止有什么区别？

2. 公司解散与公司破产有什么区别?

案例赏析

于峰与深圳市志来科技开发有限公司等公司解散纠纷

【基本案情】

奇隆海公司成立于 2001 年 10 月 30 日,注册资本 500 万元,股东为于峰、刘海华、李浩,法定代表人为于峰。2009 年 9 月 24 日,深圳志来公司受让原部分股东股权,成为奇隆海公司股东,现奇隆海公司的股东为于峰和深圳志来公司,其中于峰持股 49%,深圳志来公司持股 51%。2011 年 6 月 28 日,深圳志来公司(乙方)与于峰(甲方)与签署终止合作协议书,双方根据本合同约定对合作进行结算,甲方向乙方回购奇隆海公司 51% 股权。如双方未能就对账达成一致,双方同意自 2011 年 7 月 9 日起终止对奇隆海公司的合作经营,奇隆海公司由甲方负责经营,甲方自负盈亏。该协议签订后,深圳志来公司将保险柜钥匙交付奇隆海公司,并办理了银行人名章变更事宜。此后,深圳志来公司(原名称深圳市志来贸易有限公司)曾起诉于峰和奇隆海公司,要求退回投资本金 305 万元及利息。2011 年 11 月 30 日,深圳市福田区人民法院作出 (2011) 深福法民二初字第 7604 号民事判决书,判决于峰返还深圳志来公司投资本金 305 万元及利息,奇隆海公司承担连带责任。于峰、奇隆海公司提起上诉后,2012 年 4 月 20 日广东省深圳市中级人民法院作出 (2012) 深中法商终字第 469 号民事判决书,驳回上诉,维持原判。2019 年 1 月 21 日,因奇隆海公司的危险化学品经营许可证有效期届满,被北京市房山区安全生产监督管理局予以注销。本案一审审理中,深圳志来公司认可 2011 年与于峰合作终止后没有召开过股东会;于峰提供 2014 年 5 月 15 日向深圳志来公司快递的函件,快递地址为广东省深圳市福田中心区 23 - 1 - 6 卓越大厦 1410 室,快递单显示为"退回"。深圳志来公司称未拒收该函件,该公司地址已于 2011 年 10 月变更为安徽大厦,此后经过两次变更为现地址。深圳志来公司表示如奇隆海公司需要办理相关手续,会积极予以配合。

【诉讼请求】

1. 申请奇隆海公司解散;
2. 撤销对于峰的财产冻结,将于峰移除被执行人名单;
3. 进行财产清算,理顺股权归属,股东承担相应责任;
4. 赔偿因深圳志来公司过失给于峰造成的损失。

【焦点问题】

本案的争议焦点为奇隆海公司是否符合公司解散的条件。《中华人民共和国公司法》及其司法解释明确规定了公司解散事由和条件。所谓公司经营管理困难,即公司僵局,是指公司的运行机制完全失灵,股东会等权力机构和管理机构无法正常运行,对公司的任何事项无法作出任何决议,公司的一切事务处于瘫痪。股东利益受到重大损失并非个别股东利益受损,而是公司管理机制失灵造成股东整体利益受损。根据《最高人民法院关于适用〈中华人民共和国公司法〉若干问题的规定(二)》的规定,公司僵局中的公司持续两年以上无法召开股东会或者股东大会中的"无法召开"是指应当召开而不能召开。

本案中，于峰和深圳志来公司双方同意自2011年7月9日起终止对奇隆海公司的合作经营，奇隆海公司由于峰负责经营，自负盈亏，并且深圳志来公司已经办理了银行人名章变更及交付保险柜钥匙等事宜。本案审理工程中，深圳志来公司亦表示如奇隆海公司需要办理相关手续，会积极予以配合。现无证据证明存在无法召开股东会，导致奇隆海公司经营管理发生严重困难，继续存续会使股东利益受到重大损失的情形。综上，一审法院对于峰的请求不予支持。于峰所诉撤销对其的财产冻结，将其移除被执行人名单，进行财产清算，理顺股权归属，股东承担相应责任，赔偿因被告过失给其造成的损失等，均不属于本案审理范围。

综上，依照《中华人民共和国公司法》第一百八十二条，《最高人民法院关于适用〈中华人民共和国公司法〉若干问题的规定（二）》第一条、第二条、第四条的规定，判决：驳回于峰的诉讼请求。

【二审裁判】

本院认为，《中华人民共和国公司法》第一百八十二条规定："公司经营管理发生严重困难，继续存续会使股东利益受到重大损失，通过其他途径不能解决的，持有公司全部股东表决权百分之十以上的股东，可以请求人民法院解散公司。"《最高人民法院关于适用〈中华人民共和国公司法〉若干问题的规定（二）》第一条规定："单独或者合计持有公司全部股东表决权百分之十以上的股东，以下列事由之一提起解散公司诉讼，并符合公司法第一百八十二条规定的，人民法院应予受理：（一）公司持续两年以上无法召开股东会或者股东大会，公司经营管理发生严重困难的；（二）股东表决时无法达到法定或者公司章程规定的比例，持续两年以上不能做出有效的股东会或者股东大会决议，公司经营管理发生严重困难的；（三）公司董事长期冲突，且无法通过股东会或者股东大会解决，公司经营管理发生严重困难的；（四）经营管理发生其他严重困难，公司继续存续会使股东利益受到重大损失的情形。股东以知情权、利润分配请求权等权益受到损害，或者公司亏损、财产不足以偿还全部债务，以及公司被吊销企业法人营业执照未进行清算等为由，提起解散公司诉讼的，人民法院不予受理。"依据上述规定，司法解散公司需同时满足三个条件：公司经营管理发生严重困难、公司继续存续会给股东造成重大损失、其他途径不能解决。根据各方二审诉辩意见，本案二审的争议焦点是奇隆海公司是否符合公司解散的条件。

本案中，各方均认可自2011年7月9日于峰和深圳志来公司终止对奇隆海公司的合作经营后，奇隆海公司就由于峰独自负责经营，自负盈亏，现有证据不能证明奇隆海公司曾连续两年召集过股东会但无法正常召开，而于峰在本案审理过程中所主张的公司经营问题，深圳志来公司表示会积极予以配合解决，故于峰提交的现有证据不足以证明奇隆海公司存在无法召开股东会，导致奇隆海公司经营管理发生严重困难，继续存续会使股东利益受到重大损失的情形。一审法院对于峰要求解散公司的诉讼请求不予支持，处理正确，本院予以维持。于峰的其他诉讼请求，不属于本案审理范围，其可另行主张。

综上所述，于峰的上诉请求不能成立，应予驳回；一审判决认定事实清楚，适用法律正确，应予维持。依照《中华人民共和国民事诉讼法》第一百七十条第一款第一项规定，判决如下：驳回上诉，维持原判。

第十章

公司法律责任

【知识目标】

1. 理解违反公司法律责任的含义。
2. 了解哪些人可能承担违反公司法律的责任。
3. 了解违反公司法行为的主要表现。
4. 了解法律责任形式。

【工作任务】

甲公司欠乙公司 100 万元货款，不欲还债，甲公司董事长王某遂找到在该市市场监督管理局任局长的舅舅方某，在未经清算的情况下，将甲公司在市市场监督管理局进行了注销登记。乙公司找到王某，要求甲公司还债，王某表示："甲公司早不存在，怎么还债？不信你们可以去查。"乙公司经查询发现，甲公司果然已被注销，乙公司气愤难平，欲追究相关人员的法律责任。请尝试分析：对于公司被注销的法律事实，市场监督管理局是否存在违法行为并要负法律责任？

第一节　公司法律责任概述

一、公司法律责任的含义

（一）概念

公司法专设"法律责任"一章，公司法上的法律责任，是指行为人违反公司法所设置的义务应承担的法律后果，包括民事责任、行政责任、刑事责任。

1. 民事责任——私法责任

公司法设置民事责任，主要基于保护公司、股东以及相关主体的利益不受侵害的目的，是对违法行为损害的利益关系进行的恢复，反映的是责任人和相对人的关系，具有救济性和事后补偿的功能。

2. 行政责任和刑事责任——公法责任

公司法设置行政责任和刑事责任，主要基于保护国家和社会利益不受侵害的目的，是对损害国家和社会利益的违法行为的惩处，反映的是责任人与国家和社会的关系，具有惩罚性的功能。

（二）公司法上法律责任的特征

（1）集中规定和分散规定相结合。公司法第 12 章集中规定了行政责任和刑事责任；

增加了相关章节中民事责任的内容，除了附则，包括总则在内的其余各章都有关于民事责任的规定——有利于保护公司、股东、相关主体的利益，突出了公司法的商法属性。

（2）责任主体多种。包括公司，公司的发起人和股东，公司的董事、监事、高级管理人员，公司的清算组和清算人员，承担资产评估、验资或验证等职能的中介机构及其直接责任人员，外国公司，直接负责的主管人员和其他直接责任人员以及其他人。

（3）责任内容法定。责任内容是由公司法和其他法律法规规定（刑法、证券法、公司登记管理条例）的，承担责任必须符合法律规定的条件。

二、违反公司法律责任的分类

根据责任形式的不同可以将其分为民事责任、行政责任和刑事责任。行政责任又可分为行政处罚和行政处分。

（一）民事责任

（1）公司的民事责任。《公司法》第3条对公司的民事责任作了概括性的规定，公司以其全部财产对公司的债务承担责任。该责任为民法中债的责任。公司的民事责任更多地是由其他民事法律规定的，如民法典规定的侵权责任和违约责任等，对公司同样是适用的。

（2）股东、发起人的民事责任。公司法规定的股东、发起人出资不足的补交责任、损害赔偿责任、设立不能责任等，属于民事责任。股东在公司解散后，未经清算分配了财产，有返还财产的责任。

（3）公司实际控制人、董事、监事、高级管理人员的民事责任。如公司实际控制人利用关联关系损害公司利益的赔偿责任等。董事、监事、高级管理人员执行公司职务时违反法律、行政法规或者公司章程的规定，给公司造成损失的，应当承担赔偿责任。董事、监事、高级管理人员违反忠实义务获得了收入，对公司有返还财产的责任等。

（4）中介机构的民事责任。如承担资产评估、验资或者验证的机构因出具的评估结果、验资或者验资证明不实，给公司债权人造成损失的，除能证明自己没有过错的以外，应当承担赔偿责任。

（二）行政责任

《公司法》在第12章"法律责任"中，主要规定了行政责任。行政责任包括行政处罚和行政处分。罚款（分为比例罚款和数额罚款）、吊销营业执照、没收违法所得等属于行政处罚。单位对自己的工作人员给予惩戒属于行政处分。行政处分主要有警告、记过、记大过降级、撤职、开除六种。

进行行政处罚的机关主要是公司登记机关（市场监督管理机关），也有政府财政部门等机关。对行政处罚不服的，可以以处罚机关为被告，提起行政诉讼。根据《中华人民共和国行政诉讼法》第12条的规定，人民法院受理公民、法人或者其他组织提起的下列诉讼：

（1）对行政拘留、暂扣或者吊销许可证和执照、责令停产停业、没收违法所得、没收非法财物、罚款、警告等行政处罚不服的；

（2）对限制人身自由或者对财产的查封、扣押、冻结等行政强制措施和行政强制执行不服的；

（3）申请行政许可，行政机关拒绝或者在法定期限内不予答复，或者对行政机关作出的有关行政许可的其他决定不服的；

（4）对行政机关作出的关于确认土地、矿藏、水流、森林、山岭、草原、荒地、滩涂、海域等自然资源的所有权或者使用权的决定不服的；

（5）对征收、征用决定及其补偿决定不服的；

（6）申请行政机关履行保护人身权、财产权等合法权益的法定职责，行政机关拒绝履行或者不予答复的；

（7）认为行政机关侵犯其经营自主权或者农村土地承包经营权、农村土地经营权的；

（8）认为行政机关滥用行政权力排除或者限制竞争的；

（9）认为行政机关违法集资、摊派费用或者违法要求履行其他义务的；

（10）认为行政机关没有依法支付抚恤金、最低生活保障待遇或者社会保险待遇的；

（11）认为行政机关不依法履行、未按照约定履行或者违法变更、解除政府特许经营协议、土地房屋征收补偿协议等协议的；

（12）认为行政机关侵犯其他人身权、财产权等合法权益的。

除前款规定外，人民法院受理法律、法规规定可以提起诉讼的其他行政案件。

（三）刑事责任

刑事责任是其行为构成犯罪的人应当承担的法律责任。《公司法》第215条规定："违反本法规定，构成犯罪的，依法追究刑事责任。"

三、民事责任优先的原则

金钱赔偿的民事责任优先于行政责任、刑事责任的适用。《公司法》第214条规定："公司违反本法规定，应当承担民事赔偿责任和缴纳罚款、罚金的，其财产不足以支付时，先承担民事赔偿责任。"

第二节 《公司法》对法律责任的具体规定

《公司法》从责任主体和行为表现两个方面对法律责任作出了具体规定。

一、公司及有关责任人的法律责任

（一）虚报注册资本取得公司登记的法律责任

《公司法》第198条规定："违反本法规定，虚报注册资本、提交虚假材料或者采取其他欺诈手段隐瞒重要事实取得公司登记的，由公司登记机关责令改正，对虚报注册资本的公司，处以虚报注册资本金额百分之五以上百分之十五以下的罚款；对提交虚假材料或者采取其他欺诈手段隐瞒重要事实的公司，处以五万元以上五十万元以下的罚款；情节严重的，撤销公司登记或者吊销营业执照。"

以欺诈手段取得公司登记是以不真实的情况申报，欺骗公司登记部门，取得公司注册的行为，欺诈手段有：

（1）虚报注册资本。注册资本，是登记注册中最具有实质意义的事项。有限责任公司的注册资本为在公司登记机关登记的全体股东认缴的出资额。股份有限公司采取发起方式设立的，注册资本为在公司登记机关登记的全体发起人认购的股本总额。股份有限公司采取募集方式的，注册资本为在公司登记机关登记的实收股本总额。从虚报注册资本的行为本质来看，一般包括以少报多和以无报有的行为。

（2）提交虚假材料。提交虚假材料是指向公司登记机关提交虚假证明文件等。

（3）以其他欺诈手段隐瞒重要事实，包括虚报股东发起人数，虚报公司住所等。

对以上违法行为的行政处罚采取两种方法：其一，对虚报注册资本的，以虚报的注册资本基数，处以 5% 以上 15% 以下的罚款。其二，对提交虚假材料或者以其他手段隐瞒重要事实的，处以 5 万元以上 50 万元以下的罚款。欺诈取得登记的行为情节严重的，撤销公司登记或者吊销营业执照。罚款与撤销公司登记可以并用，罚款与吊销营业执照也可以并用。

（二）未经依法登记冒用公司名义的法律责任

未依法登记而冒用有限责任公司或者股份有限公司名义，或者未依法登记为有限责任公司或股份有限公司的分公司，而冒用有限责任公司或者股份有限公司的分公司的名义，由公司登记机关责令改正或者予以取缔，可以并处 10 万元以下的罚款。

（三）外国公司违法设立分支机构的法律责任

外国公司违反公司法的规定，擅自在中国境内设立分支机构，由公司登记机关责令改正或者关闭，可以并处 5 万元以上 20 万元以下的罚款。

（四）公司成立后不正常开展生产经营活动的法律责任

公司成立后无正当理由超过 6 个月未开业，或者开业后自行停业连续 6 个月以上，可以由公司登记机关吊销营业执照。

（五）擅自变更登记事项的法律责任

公司登记事项发生变更时，未依照法律规定办理有关变更的登记，由公司登记机关责令限期登记；逾期不登记的，处以 1 万元以上 10 万元以下的罚款。

（六）在会计账簿以外另立会计账簿的法律责任

公司违反法律规定，在法定的会计账簿以外另立会计账簿，由县级以上人民政府财政部门责令改正，处以 5 万元以上 50 万元以下的罚款。

（七）提供虚假财务报告等材料的法律责任

公司在依法向有关主管部门提供的财务会计报告等材料上作虚假记载或者隐瞒重要事实的，由有关主管部门对直接负责的主管人员和其他直接责任人员处以 3 万元以上 30 万元以下的罚款。

（八）不按规定提取法定公积金的法律责任

公司不依照法律规定提取法定公积金，由县级以上人民政府财政部门责令如数补足应当提取的金额，可以对公司处以 20 万元以下的罚款。

（九）公司在合并、分立、减少注册资本时，不依法通知或者公告债权人的法律责任

公司在合并、分立、减少注册资本或者进行清算时，不依照公司法规定通知或者公告债权人，由公司登记机关责令改正，对公司处以 1 万元以上 10 万元以下的罚款。

（十）进行清算时隐匿财产的法律责任

公司在进行清算时，隐匿财产，对资产负债表或者财产清单作虚假记载或者在未清偿债务前分配公司的财产，由公司登记机关责令改正，对公司处以隐匿财产或者未清偿债务前分配公司财产金额 5% 以上 10% 以下的罚款；对直接负责的主管人员和其他直接责任人员处以 1 万元以上 10 万元以下的罚款。

二、股东及发起人的法律责任

（一）虚假出资的法律责任

根据《公司法》第 199 条规定，公司的发起人、股东虚假出资，未交付或者未按期交付作为出资的货币或者非货币财产的，由公司登记机关责令改正，处以虚假出资金额 5% 以上 15% 以下的罚款。

从法律规定来看，虚假出资的行为人是公司发起人、股东。"发起人"是创办公司的人，"股东"即公司的出资人。其行为表现是未交付或者未按期交付作为出资的货币或者非货币财产。违约责任形式是责令改正，处以罚款。罚款的额度与虚报注册资本相同，为虚假出资的 5% 以上 15% 以下。《中华人民共和国刑法》第 159 条规定了虚假出资、抽逃出资罪，该条只适用于依法实行注册资本实缴登记制的公司。

（二）抽逃出资的法律责任

根据《公司法》第 200 条规定，公司的发起人、股东在公司成立后，抽逃其出资的，由公司登记机关责令改正，处以所抽逃出资金额 5% 以上 15% 以下的罚款。

从法律规定来看，抽逃行为人是发起人和股东。抽逃的时间，是在公司成立以后。

三、公司领导人员的法律责任

董事、监事、经理利用职权收受贿赂或者其他非法收入、侵占公司财产的，没收违法所得，责令退还公司财产，由公司给予处分；构成犯罪的，依法追究刑事责任。

公司的控股股东、实际控制人、董事、监事、高级管理人员不得利用其关联关系损害公司利益；否则，给公司造成损失的，应当承担赔偿责任。

四、清算组、资产评估、验资机构的法律责任

（一）清算组未真实报送报告的法律责任

承担资产评估、验资或者验证的机构提供虚假材料，由公司登记机关没收违法所得，处以违法所得 1 倍以上 5 倍以下的罚款，并可以由有关主管部门依法责令该机构停业，吊销直接责任人员的资格证书，吊销营业执照。

（二）评估、验资或者验证的机构因过失提供有重大遗漏的报告的法律责任

承担资产评估、验资或者验证的机构因过失提供有重大遗漏的报告，由公司登记机关责令改正，情节较重的，处以所得收入 1 倍以上 5 倍以下的罚款，并可以由有关主管部门依法责令该机构停业，吊销直接责任人员的资格证书，吊销营业执照。

（三）资产评估、验资或者验证的机构出具不实报告的法律责任

承担资产评估、验资或者验证的机构因其出具的评估结果、验资或者验证证明不实，给公司债权人造成损失的，除能够证明自己没有过错的以外，在其评估或者证明不实的金额范围内承担赔偿责任。

五、政府相关部门的法律责任

依据《公司法》规定，公司登记机关对不符合公司法规定条件的登记申请予以登记，或者对符合公司法规定条件的登记申请不予登记的，对直接负责的主管人员和其他直接责任人员，依法给予行政处分。公司登记机关的上级部门强令公司登记机关对不符合公司法规定条件的登记申请予以登记，或者对符合公司法规定条件的登记申请不予登记的，或者对违法登记进行包庇的，对直接负责的主管人员和其他直接责任人员依法给予行政处分。

知识考核要点

1. 承担违反公司法规定的责任主体。
2. 公司及有关责任人的法律责任。

思考练习

1. 公司法是从哪些角度对违法行为主体进行制裁的？
2. 公司股东承担责任的情形有哪些？

参 考 文 献

［1］赵旭东. 公司法学［M］. 2 版. 北京：高等教出版社，2006.

［2］叶林. 公司法原理与案例教程［M］. 北京：中国人民大学出版社，2006.

［3］车辉. 公司法理论与实务［M］. 北京：中国政法大学出版社，2009.

［4］隋彭生. 公司法［M］. 5 版. 北京：中国人民大学出版社，2016.

［5］李建伟. 公司法学［M］. 北京：中国人民大学出版社，2018.

一、中华人民共和国公司法（2018 修订）

（1993 年 12 月 29 日第八届全国人民代表大会常务委员会第五次会议通过，根据 1999 年 12 月 25 日第九届全国人民代表大会常务委员会第十三次会议《关于修改〈中华人民共和国公司法〉的决定》第一次修正，根据 2004 年 8 月 28 日第十届全国人民代表大会常务委员会第十一次会议《关于修改〈中华人民共和国公司法〉的决定》第二次修正，2005 年 10 月 27 日第十届全国人民代表大会常务委员会第十八次会议修订，根据 2013 年 12 月 28 日第十二届全国人民代表大会常务委员会第六次会议《关于修改〈中华人民共和国海洋环境保护法〉等七部法律的决定》第三次修正，根据 2018 年 10 月 26 日第十三届全国人民代表大会常务委员会第六次会议《关于修改〈中华人民共和国公司法〉的决定》第四次修正）

时　效　性：现行有效
发文机关：全国人大常委会
文　　　号：主席令第 15 号
发文日期：2018 年 10 月 26 日
生效日期：2018 年 10 月 26 日

第一章　总　　则

第一条　为了规范公司的组织和行为，保护公司、股东和债权人的合法权益，维护社会经济秩序，促进社会主义市场经济的发展，制定本法。

第二条　本法所称公司是指依照本法在中国境内设立的有限责任公司和股份有限公司。

第三条　公司是企业法人，有独立的法人财产，享有法人财产权。公司以其全部财产对公司的债务承担责任。

有限责任公司的股东以其认缴的出资额为限对公司承担责任；股份有限公司的股东以其认购的股份为限对公司承担责任。

第四条　公司股东依法享有资产收益、参与重大决策和选择管理者等权利。

第五条　公司从事经营活动，必须遵守法律、行政法规，遵守社会公德、商业道德，诚实守信，接受政府和社会公众的监督，承担社会责任。

公司的合法权益受法律保护，不受侵犯。

第六条　设立公司，应当依法向公司登记机关申请设立登记。符合本法规定的设立条件的，由公司登记机关分别登记为有限责任公司或者股份有限公司；不符合本法规定的设立条件的，不得登记为有限责任公司或者股份有限公司。

法律、行政法规规定设立公司必须报经批准的，应当在公司登记前依法办理批准手续。

公众可以向公司登记机关申请查询公司登记事项，公司登记机关应当提供查询服务。

第七条 依法设立的公司，由公司登记机关发给公司营业执照。公司营业执照签发日期为公司成立日期。

公司营业执照应当载明公司的名称、住所、注册资本、经营范围、法定代表人姓名等事项。

公司营业执照记载的事项发生变更的，公司应当依法办理变更登记，由公司登记机关换发营业执照。

第八条 依照本法设立的有限责任公司，必须在公司名称中标明有限责任公司或者有限公司字样。

依照本法设立的股份有限公司，必须在公司名称中标明股份有限公司或者股份公司字样。

第九条 有限责任公司变更为股份有限公司，应当符合本法规定的股份有限公司的条件。股份有限公司变更为有限责任公司，应当符合本法规定的有限责任公司的条件。

有限责任公司变更为股份有限公司的，或者股份有限公司变更为有限责任公司的，公司变更前的债权、债务由变更后的公司承继。

第十条 公司以其主要办事机构所在地为住所。

第十一条 设立公司必须依法制定公司章程。公司章程对公司、股东、董事、监事、高级管理人员具有约束力。

第十二条 公司的经营范围由公司章程规定，并依法登记。公司可以修改公司章程，改变经营范围，但是应当办理变更登记。

公司的经营范围中属于法律、行政法规规定须经批准的项目，应当依法经过批准。

第十三条 公司法定代表人依照公司章程的规定，由董事长、执行董事或者经理担任，并依法登记。公司法定代表人变更，应当办理变更登记。

第十四条 公司可以设立分公司。设立分公司，应当向公司登记机关申请登记，领取营业执照。分公司不具有法人资格，其民事责任由公司承担。

公司可以设立子公司，子公司具有法人资格，依法独立承担民事责任。

第十五条 公司可以向其他企业投资；但是，除法律另有规定外，不得成为对所投资企业的债务承担连带责任的出资人。

第十六条 公司向其他企业投资或者为他人提供担保，依照公司章程的规定，由董事会或者股东会、股东大会决议；公司章程对投资或者担保的总额及单项投资或者担保的数额有限额规定的，不得超过规定的限额。

公司为公司股东或者实际控制人提供担保的，必须经股东会或者股东大会决议。

前款规定的股东或者受前款规定的实际控制人支配的股东，不得参加前款规定事项的表决。该项表决由出席会议的其他股东所持表决权的过半数通过。

第十七条 公司必须保护职工的合法权益，依法与职工签订劳动合同，参加社会保险，加强劳动保护，实现安全生产。

公司应当采用多种形式，加强公司职工的职业教育和岗位培训，提高职工素质。

第十八条 公司职工依照《中华人民共和国工会法》组织工会，开展工会活动，维护职工合法权益。公司应当为本公司工会提供必要的活动条件。公司工会代表职工就职工的劳动报酬、工作时间、福利、保险和劳动安全卫生等事项依法与公司签订集体合同。

公司依照宪法和有关法律的规定，通过职工代表大会或者其他形式，实行民主管理。

公司研究决定改制以及经营方面的重大问题、制定重要的规章制度时，应当听取公司工会的意见，并通过职工代表大会或者其他形式听取职工的意见和建议。

第十九条 在公司中，根据中国共产党章程的规定，设立中国共产党的组织，开展党的活动。公司应当为党组织的活动提供必要条件。

第二十条 公司股东应当遵守法律、行政法规和公司章程，依法行使股东权利，不得滥用股东权利损害公司或者其他股东的利益；不得滥用公司法人独立地位和股东有限责任损害公司债权人的利益。

公司股东滥用股东权利给公司或者其他股东造成损失的，应当依法承担赔偿责任。

公司股东滥用公司法人独立地位和股东有限责任，逃避债务，严重损害公司债权人利益的，应当对公司债务承担连带责任。

第二十一条 公司的控股股东、实际控制人、董事、监事、高级管理人员不得利用其关联关系损害公司利益。

违反前款规定，给公司造成损失的，应当承担赔偿责任。

第二十二条 公司股东会或者股东大会、董事会的决议内容违反法律、行政法规的无效。

股东会或者股东大会、董事会的会议召集程序、表决方式违反法律、行政法规或者公司章程，或者决议内容违反公司章程的，股东可以自决议作出之日起六十日内，请求人民法院撤销。

股东依照前款规定提起诉讼的，人民法院可以应公司的请求，要求股东提供相应担保。

公司根据股东会或者股东大会、董事会决议已办理变更登记的，人民法院宣告该决议无效或者撤销该决议后，公司应当向公司登记机关申请撤销变更登记。

第二章 有限责任公司的设立和组织机构

第一节 设 立

第二十三条 设立有限责任公司，应当具备下列条件：

（一）股东符合法定人数；

（二）有符合公司章程规定的全体股东认缴的出资额；

（三）股东共同制定公司章程；

（四）有公司名称，建立符合有限责任公司要求的组织机构；

（五）有公司住所。

第二十四条　有限责任公司由五十个以下股东出资设立。

第二十五条　有限责任公司章程应当载明下列事项：

（一）公司名称和住所；

（二）公司经营范围；

（三）公司注册资本；

（四）股东的姓名或者名称；

（五）股东的出资方式、出资额和出资时间；

（六）公司的机构及其产生办法、职权、议事规则；

（七）公司法定代表人；

（八）股东会会议认为需要规定的其他事项。

股东应当在公司章程上签名、盖章。

第二十六条　有限责任公司的注册资本为在公司登记机关登记的全体股东认缴的出资额。

法律、行政法规以及国务院决定对有限责任公司注册资本实缴、注册资本最低限额另有规定的，从其规定。

第二十七条　股东可以用货币出资，也可以用实物、知识产权、土地使用权等可以用货币估价并可以依法转让的非货币财产作价出资；但是，法律、行政法规规定不得作为出资的财产除外。

对作为出资的非货币财产应当评估作价，核实财产，不得高估或者低估作价。法律、行政法规对评估作价有规定的，从其规定。

第二十八条　股东应当按期足额缴纳公司章程中规定的各自所认缴的出资额。股东以货币出资的，应当将货币出资足额存入有限责任公司在银行开设的账户；以非货币财产出资的，应当依法办理其财产权的转移手续。

股东不按照前款规定缴纳出资的，除应当向公司足额缴纳外，还应当向已按期足额缴纳出资的股东承担违约责任。

第二十九条　股东认足公司章程规定的出资后，由全体股东指定的代表或者共同委托的代理人向公司登记机关报送公司登记申请书、公司章程等文件，申请设立登记。

第三十条　有限责任公司成立后，发现作为设立公司出资的非货币财产的实际价额显著低于公司章程所定价额的，应当由交付该出资的股东补足其差额；公司设立时的其他股东承担连带责任。

第三十一条　有限责任公司成立后，应当向股东签发出资证明书。

出资证明书应当载明下列事项：

（一）公司名称；

（二）公司成立日期；

（三）公司注册资本；

（四）股东的姓名或者名称、缴纳的出资额和出资日期；

（五）出资证明书的编号和核发日期。

出资证明书由公司盖章。

第三十二条 有限责任公司应当置备股东名册，记载下列事项：

（一）股东的姓名或者名称及住所；

（二）股东的出资额；

（三）出资证明书编号。

记载于股东名册的股东，可以依股东名册主张行使股东权利。

公司应当将股东的姓名或者名称向公司登记机关登记；登记事项发生变更的，应当办理变更登记。未经登记或者变更登记的，不得对抗第三人。

第三十三条 股东有权查阅、复制公司章程、股东会会议记录、董事会会议决议、监事会会议决议和财务会计报告。

股东可以要求查阅公司会计账簿。股东要求查阅公司会计账簿的，应当向公司提出书面请求，说明目的。公司有合理根据认为股东查阅会计账簿有不正当目的，可能损害公司合法利益的，可以拒绝提供查阅，并应当自股东提出书面请求之日起十五日内书面答复股东并说明理由。公司拒绝提供查阅的，股东可以请求人民法院要求公司提供查阅。

第三十四条 股东按照实缴的出资比例分取红利；公司新增资本时，股东有权优先按照实缴的出资比例认缴出资。但是，全体股东约定不按照出资比例分取红利或者不按照出资比例优先认缴出资的除外。

第三十五条 公司成立后，股东不得抽逃出资。

第二节 组织机构

第三十六条 有限责任公司股东会由全体股东组成。股东会是公司的权力机构，依照本法行使职权。

第三十七条 股东会行使下列职权：

（一）决定公司的经营方针和投资计划；

（二）选举和更换非由职工代表担任的董事、监事，决定有关董事、监事的报酬事项；

（三）审议批准董事会的报告；

（四）审议批准监事会或者监事的报告；

（五）审议批准公司的年度财务预算方案、决算方案；

（六）审议批准公司的利润分配方案和弥补亏损方案；

（七）对公司增加或者减少注册资本作出决议；

（八）对发行公司债券作出决议；

（九）对公司合并、分立、解散、清算或者变更公司形式作出决议；

（十）修改公司章程；

（十一）公司章程规定的其他职权。

对前款所列事项股东以书面形式一致表示同意的，可以不召开股东会会议，直接作出决定，并由全体股东在决定文件上签名、盖章。

第三十八条 首次股东会会议由出资最多的股东召集和主持，依照本法规定行使职权。

第三十九条 股东会会议分为定期会议和临时会议。

定期会议应当依照公司章程的规定按时召开。代表十分之一以上表决权的股东，三分之一以上的董事，监事会或者不设监事会的公司的监事提议召开临时会议的，应当召开临时会议。

第四十条 有限责任公司设立董事会的，股东会会议由董事会召集，董事长主持；董事长不能履行职务或者不履行职务的，由副董事长主持；副董事长不能履行职务或者不履行职务的，由半数以上董事共同推举一名董事主持。

有限责任公司不设董事会的，股东会会议由执行董事召集和主持。

董事会或者执行董事不能履行或者不履行召集股东会会议职责的，由监事会或者不设监事会的公司的监事召集和主持；监事会或者监事不召集和主持的，代表十分之一以上表决权的股东可以自行召集和主持。

第四十一条 召开股东会会议，应当于会议召开十五日前通知全体股东；但是，公司章程另有规定或者全体股东另有约定的除外。

股东会应当对所议事项的决定作成会议记录，出席会议的股东应当在会议记录上签名。

第四十二条 股东会会议由股东按照出资比例行使表决权；但是，公司章程另有规定的除外。

第四十三条 股东会的议事方式和表决程序，除本法有规定的外，由公司章程规定。

股东会会议作出修改公司章程、增加或者减少注册资本的决议，以及公司合并、分立、解散或者变更公司形式的决议，必须经代表三分之二以上表决权的股东通过。

第四十四条 有限责任公司设董事会，其成员为三人至十三人；但是，本法第五十条另有规定的除外。

两个以上的国有企业或者两个以上的其他国有投资主体投资设立的有限责任公司，其董事会成员中应当有公司职工代表；其他有限责任公司董事会成员中可以有公司职工代表。董事会中的职工代表由公司职工通过职工代表大会、职工大会或者其他形式民主选举产生。

董事会设董事长一人，可以设副董事长。董事长、副董事长的产生办法由公司章程规定。

第四十五条 董事任期由公司章程规定，但每届任期不得超过三年。董事任期届满，连选可以连任。

董事任期届满未及时改选，或者董事在任期内辞职导致董事会成员低于法定人数的，在改选出的董事就任前，原董事仍应当依照法律、行政法规和公司章程的规定，履行董事职务。

第四十六条 董事会对股东会负责，行使下列职权：

（一）召集股东会会议，并向股东会报告工作；

（二）执行股东会的决议；

（三）决定公司的经营计划和投资方案；

（四）制订公司的年度财务预算方案、决算方案；

（五）制订公司的利润分配方案和弥补亏损方案；

（六）制订公司增加或者减少注册资本以及发行公司债券的方案；

（七）制订公司合并、分立、解散或者变更公司形式的方案；

（八）决定公司内部管理机构的设置；

（九）决定聘任或者解聘公司经理及其报酬事项，并根据经理的提名决定聘任或者解聘公司副经理、财务负责人及其报酬事项；

（十）制定公司的基本管理制度；

（十一）公司章程规定的其他职权。

第四十七条 董事会会议由董事长召集和主持；董事长不能履行职务或者不履行职务的，由副董事长召集和主持；副董事长不能履行职务或者不履行职务的，由半数以上董事共同推举一名董事召集和主持。

第四十八条 董事会的议事方式和表决程序，除本法有规定的外，由公司章程规定。

董事会应当对所议事项的决定作成会议记录，出席会议的董事应当在会议记录上签名。

董事会决议的表决，实行一人一票。

第四十九条 有限责任公司可以设经理，由董事会决定聘任或者解聘。经理对董事会负责，行使下列职权：

（一）主持公司的生产经营管理工作，组织实施董事会决议；

（二）组织实施公司年度经营计划和投资方案；

（三）拟订公司内部管理机构设置方案；

（四）拟订公司的基本管理制度；

（五）制定公司的具体规章；

（六）提请聘任或者解聘公司副经理、财务负责人；

（七）决定聘任或者解聘除应由董事会决定聘任或者解聘以外的负责管理人员；

（八）董事会授予的其他职权。

公司章程对经理职权另有规定的，从其规定。

经理列席董事会会议。

第五十条 股东人数较少或者规模较小的有限责任公司，可以设一名执行董事，不设董事会。执行董事可以兼任公司经理。

执行董事的职权由公司章程规定。

第五十一条 有限责任公司设监事会，其成员不得少于三人。股东人数较少或者规模较小的有限责任公司，可以设一至二名监事，不设监事会。

监事会应当包括股东代表和适当比例的公司职工代表，其中职工代表的比例不得低于三分之一，具体比例由公司章程规定。监事会中的职工代表由公司职工通过职工代表大会、职工大会或者其他形式民主选举产生。

监事会设主席一人，由全体监事过半数选举产生。监事会主席召集和主持监事会会议；监事会主席不能履行职务或者不履行职务的，由半数以上监事共同推举一名监事召集和主持监事会会议。

董事、高级管理人员不得兼任监事。

第五十二条 监事的任期每届为三年。监事任期届满,连选可以连任。

监事任期届满未及时改选,或者监事在任期内辞职导致监事会成员低于法定人数的,在改选出的监事就任前,原监事仍应当依照法律、行政法规和公司章程的规定,履行监事职务。

第五十三条 监事会、不设监事会的公司的监事行使下列职权:

(一)检查公司财务;

(二)对董事、高级管理人员执行公司职务的行为进行监督,对违反法律、行政法规、公司章程或者股东会决议的董事、高级管理人员提出罢免的建议;

(三)当董事、高级管理人员的行为损害公司的利益时,要求董事、高级管理人员予以纠正;

(四)提议召开临时股东会会议,在董事会不履行本法规定的召集和主持股东会会议职责时召集和主持股东会会议;

(五)向股东会会议提出提案;

(六)依照本法第一百五十一条的规定,对董事、高级管理人员提起诉讼;

(七)公司章程规定的其他职权。

第五十四条 监事可以列席董事会会议,并对董事会决议事项提出质询或者建议。

监事会、不设监事会的公司的监事发现公司经营情况异常,可以进行调查;必要时,可以聘请会计师事务所等协助其工作,费用由公司承担。

第五十五条 监事会每年度至少召开一次会议,监事可以提议召开临时监事会会议。

监事会的议事方式和表决程序,除本法有规定的外,由公司章程规定。

监事会决议应当经半数以上监事通过。

监事会应当对所议事项的决定作成会议记录,出席会议的监事应当在会议记录上签名。

第五十六条 监事会、不设监事会的公司的监事行使职权所必需的费用,由公司承担。

第三节 一人有限责任公司的特别规定

第五十七条 一人有限责任公司的设立和组织机构,适用本节规定;本节没有规定的,适用本章第一节、第二节的规定。

本法所称一人有限责任公司,是指只有一个自然人股东或者一个法人股东的有限责任公司。

第五十八条 一个自然人只能投资设立一个一人有限责任公司。该一人有限责任公司不能投资设立新的一人有限责任公司。

第五十九条 一人有限责任公司应当在公司登记中注明自然人独资或者法人独资,并在公司营业执照中载明。

第六十条 一人有限责任公司章程由股东制定。

第六十一条 一人有限责任公司不设股东会。股东作出本法第三十七条第一款所列决定时，应当采用书面形式，并由股东签名后置备于公司。

第六十二条　一人有限责任公司应当在每一会计年度终了时编制财务会计报告，并经会计师事务所审计。

第六十三条　一人有限责任公司的股东不能证明公司财产独立于股东自己的财产的，应当对公司债务承担连带责任。

第四节　国有独资公司的特别规定

第六十四条　国有独资公司的设立和组织机构，适用本节规定；本节没有规定的，适用本章第一节、第二节的规定。

本法所称国有独资公司，是指国家单独出资、由国务院或者地方人民政府授权本级人民政府国有资产监督管理机构履行出资人职责的有限责任公司。

第六十五条　国有独资公司章程由国有资产监督管理机构制定，或者由董事会制订报国有资产监督管理机构批准。

第六十六条　国有独资公司不设股东会，由国有资产监督管理机构行使股东会职权。国有资产监督管理机构可以授权公司董事会行使股东会的部分职权，决定公司的重大事项，但公司的合并、分立、解散、增加或者减少注册资本和发行公司债券，必须由国有资产监督管理机构决定；其中，重要的国有独资公司合并、分立、解散、申请破产的，应当由国有资产监督管理机构审核后，报本级人民政府批准。

前款所称重要的国有独资公司，按照国务院的规定确定。

第六十七条　国有独资公司设董事会，依照本法第四十六条、第六十六条的规定行使职权。董事每届任期不得超过三年。董事会成员中应当有公司职工代表。

董事会成员由国有资产监督管理机构委派；但是，董事会成员中的职工代表由公司职工代表大会选举产生。

董事会设董事长一人，可以设副董事长。董事长、副董事长由国有资产监督管理机构从董事会成员中指定。

第六十八条　国有独资公司设经理，由董事会聘任或者解聘。经理依照本法第四十九条规定行使职权。

经国有资产监督管理机构同意，董事会成员可以兼任经理。

第六十九条　国有独资公司的董事长、副董事长、董事、高级管理人员，未经国有资产监督管理机构同意，不得在其他有限责任公司、股份有限公司或者其他经济组织兼职。

第七十条　国有独资公司监事会成员不得少于五人，其中职工代表的比例不得低于三分之一，具体比例由公司章程规定。

监事会成员由国有资产监督管理机构委派；但是，监事会成员中的职工代表由公司职工代表大会选举产生。监事会主席由国有资产监督管理机构从监事会成员中指定。

监事会行使本法第五十三条第（一）项至第（三）项规定的职权和国务院规定的其他职权。

第三章　有限责任公司的股权转让

第七十一条　有限责任公司的股东之间可以相互转让其全部或者部分股权。

股东向股东以外的人转让股权，应当经其他股东过半数同意。股东应就其股权转让事项书面通知其他股东征求同意，其他股东自接到书面通知之日起满三十日未答复的，视为同意转让。其他股东半数以上不同意转让的，不同意的股东应当购买该转让的股权；不购买的，视为同意转让。

经股东同意转让的股权，在同等条件下，其他股东有优先购买权。两个以上股东主张行使优先购买权的，协商确定各自的购买比例；协商不成的，按照转让时各自的出资比例行使优先购买权。

公司章程对股权转让另有规定的，从其规定。

第七十二条　人民法院依照法律规定的强制执行程序转让股东的股权时，应当通知公司及全体股东，其他股东在同等条件下有优先购买权。其他股东自人民法院通知之日起满二十日不行使优先购买权的，视为放弃优先购买权。

第七十三条　依照本法第七十一条、第七十二条转让股权后，公司应当注销原股东的出资证明书，向新股东签发出资证明书，并相应修改公司章程和股东名册中有关股东及其出资额的记载。对公司章程的该项修改不需再由股东会表决。

第七十四条　有下列情形之一的，对股东会该项决议投反对票的股东可以请求公司按照合理的价格收购其股权：

（一）公司连续五年不向股东分配利润，而公司该五年连续盈利，并且符合本法规定的分配利润条件的；

（二）公司合并、分立、转让主要财产的；

（三）公司章程规定的营业期限届满或者章程规定的其他解散事由出现，股东会会议通过决议修改章程使公司存续的。

自股东会会议决议通过之日起六十日内，股东与公司不能达成股权收购协议的，股东可以自股东会会议决议通过之日起九十日内向人民法院提起诉讼。

第七十五条　自然人股东死亡后，其合法继承人可以继承股东资格；但是，公司章程另有规定的除外。

第四章　股份有限公司的设立和组织机构

第一节　设　　立

第七十六条　设立股份有限公司，应当具备下列条件：

（一）发起人符合法定人数；

（二）有符合公司章程规定的全体发起人认购的股本总额或者募集的实收股本总额；

（三）股份发行、筹办事项符合法律规定；

（四）发起人制订公司章程，采用募集方式设立的经创立大会通过；

（五）有公司名称，建立符合股份有限公司要求的组织机构；

（六）有公司住所。

第七十七条 股份有限公司的设立，可以采取发起设立或者募集设立的方式。

发起设立，是指由发起人认购公司应发行的全部股份而设立公司。

募集设立，是指由发起人认购公司应发行股份的一部分，其余股份向社会公开募集或者向特定对象募集而设立公司。

第七十八条 设立股份有限公司，应当有二人以上二百人以下为发起人，其中须有半数以上的发起人在中国境内有住所。

第七十九条 股份有限公司发起人承担公司筹办事务。

发起人应当签订发起人协议，明确各自在公司设立过程中的权利和义务。

第八十条 股份有限公司采取发起设立方式设立的，注册资本为在公司登记机关登记的全体发起人认购的股本总额。在发起人认购的股份缴足前，不得向他人募集股份。

股份有限公司采取募集方式设立的，注册资本为在公司登记机关登记的实收股本总额。

法律、行政法规以及国务院决定对股份有限公司注册资本实缴、注册资本最低限额另有规定的，从其规定。

第八十一条 股份有限公司章程应当载明下列事项：

（一）公司名称和住所；

（二）公司经营范围；

（三）公司设立方式；

（四）公司股份总数、每股金额和注册资本；

（五）发起人的姓名或者名称、认购的股份数、出资方式和出资时间；

（六）董事会的组成、职权和议事规则；

（七）公司法定代表人；

（八）监事会的组成、职权和议事规则；

（九）公司利润分配办法；

（十）公司的解散事由与清算办法；

（十一）公司的通知和公告办法；

（十二）股东大会会议认为需要规定的其他事项。

第八十二条 发起人的出资方式，适用本法第二十七条的规定。

第八十三条 以发起设立方式设立股份有限公司的，发起人应当书面认足公司章程规定其认购的股份，并按照公司章程规定缴纳出资。以非货币财产出资的，应当依法办理其财产权的转移手续。

发起人不依照前款规定缴纳出资的，应当按照发起人协议承担违约责任。

发起人认足公司章程规定的出资后，应当选举董事会和监事会，由董事会向公司登记机关报送公司章程以及法律、行政法规规定的其他文件，申请设立登记。

第八十四条 以募集设立方式设立股份有限公司的，发起人认购的股份不得少于公司股份总数的百分之三十五；但是，法律、行政法规另有规定的，从其规定。

第八十五条 发起人向社会公开募集股份，必须公告招股说明书，并制作认股书。认股书应当载明本法第八十六条所列事项，由认股人填写认购股数、金额、住所，并签名、盖章。认股人按照所认购股数缴纳股款。

第八十六条 招股说明书应当附有发起人制订的公司章程，并载明下列事项：

（一）发起人认购的股份数；

（二）每股的票面金额和发行价格；

（三）无记名股票的发行总数；

（四）募集资金的用途；

（五）认股人的权利、义务；

（六）本次募股的起止期限及逾期未募足时认股人可以撤回所认股份的说明。

第八十七条 发起人向社会公开募集股份，应当由依法设立的证券公司承销，签订承销协议。

第八十八条 发起人向社会公开募集股份，应当同银行签订代收股款协议。

代收股款的银行应当按照协议代收和保存股款，向缴纳股款的认股人出具收款单据，并负有向有关部门出具收款证明的义务。

第八十九条 发行股份的股款缴足后，必须经依法设立的验资机构验资并出具证明。发起人应当自股款缴足之日起三十日内主持召开公司创立大会。创立大会由发起人、认股人组成。

发行的股份超过招股说明书规定的截止期限尚未募足的，或者发行股份的股款缴足后，发起人在三十日内未召开创立大会的，认股人可以按照所缴股款并加算银行同期存款利息，要求发起人返还。

第九十条 发起人应当在创立大会召开十五日前将会议日期通知各认股人或者予以公告。创立大会应有代表股份总数过半数的发起人、认股人出席，方可举行。

创立大会行使下列职权：

（一）审议发起人关于公司筹办情况的报告；

（二）通过公司章程；

（三）选举董事会成员；

（四）选举监事会成员；

（五）对公司的设立费用进行审核；

（六）对发起人用于抵作股款的财产的作价进行审核；

（七）发生不可抗力或者经营条件发生重大变化直接影响公司设立的，可以作出不设立公司的决议。

创立大会对前款所列事项作出决议，必须经出席会议的认股人所持表决权过半数通过。

第九十一条 发起人、认股人缴纳股款或者交付抵作股款的出资后，除未按期募足股份、发起人未按期召开创立大会或者创立大会决议不设立公司的情形外，不得抽回其股本。

第九十二条 董事会应于创立大会结束后三十日内，向公司登记机关报送下列文件，申请设立登记：

（一）公司登记申请书；

（二）创立大会的会议记录；

（三）公司章程；

（四）验资证明；

（五）法定代表人、董事、监事的任职文件及其身份证明；

（六）发起人的法人资格证明或者自然人身份证明；

（七）公司住所证明。

以募集方式设立股份有限公司公开发行股票的，还应当向公司登记机关报送国务院证券监督管理机构的核准文件。

第九十三条 股份有限公司成立后，发起人未按照公司章程的规定缴足出资的，应当补缴；其他发起人承担连带责任。

股份有限公司成立后，发现作为设立公司出资的非货币财产的实际价额显著低于公司章程所定价额的，应当由交付该出资的发起人补足其差额；其他发起人承担连带责任。

第九十四条 股份有限公司的发起人应当承担下列责任：

（一）公司不能成立时，对设立行为所产生的债务和费用负连带责任；

（二）公司不能成立时，对认股人已缴纳的股款，负返还股款并加算银行同期存款利息的连带责任；

（三）在公司设立过程中，由于发起人的过失致使公司利益受到损害的，应当对公司承担赔偿责任。

第九十五条 有限责任公司变更为股份有限公司时，折合的实收股本总额不得高于公司净资产额。有限责任公司变更为股份有限公司，为增加资本公开发行股份时，应当依法办理。

第九十六条 股份有限公司应当将公司章程、股东名册、公司债券存根、股东大会会议记录、董事会会议记录、监事会会议记录、财务会计报告置备于本公司。

第九十七条 股东有权查阅公司章程、股东名册、公司债券存根、股东大会会议记录、董事会会议决议、监事会会议决议、财务会计报告，对公司的经营提出建议或者质询。

第二节 股东大会

第九十八条 股份有限公司股东大会由全体股东组成。股东大会是公司的权力机构，依照本法行使职权。

第九十九条 本法第三十七条第一款关于有限责任公司股东会职权的规定，适用于股份有限公司股东大会。

第一百条 股东大会应当每年召开一次年会。有下列情形之一的，应当在两个月内召开临时股东大会：

（一）董事人数不足本法规定人数或者公司章程所定人数的三分之二时；

（二）公司未弥补的亏损达实收股本总额三分之一时；

（三）单独或者合计持有公司百分之十以上股份的股东请求时；

（四）董事会认为必要时；

（五）监事会提议召开时；

（六）公司章程规定的其他情形。

第一百零一条 股东大会会议由董事会召集，董事长主持；董事长不能履行职务或者不履行职务的，由副董事长主持；副董事长不能履行职务或者不履行职务的，由半数以上董事共同推举一名董事主持。

董事会不能履行或者不履行召集股东大会会议职责的，监事会应当及时召集和主持；监事会不召集和主持的，连续九十日以上单独或者合计持有公司百分之十以上股份的股东可以自行召集和主持。

第一百零二条 召开股东大会会议，应当将会议召开的时间、地点和审议的事项于会议召开二十日前通知各股东；临时股东大会应当于会议召开十五日前通知各股东；发行无记名股票的，应当于会议召开三十日前公告会议召开的时间、地点和审议事项。

单独或者合计持有公司百分之三以上股份的股东，可以在股东大会召开十日前提出临时提案并书面提交董事会；董事会应当在收到提案后二日内通知其他股东，并将该临时提案提交股东大会审议。临时提案的内容应当属于股东大会职权范围，并有明确议题和具体决议事项。

股东大会不得对前两款通知中未列明的事项作出决议。

无记名股票持有人出席股东大会会议的，应当于会议召开五日前至股东大会闭会时将股票交存于公司。

第一百零三条 股东出席股东大会会议，所持每一股份有一表决权。但是，公司持有的本公司股份没有表决权。

股东大会作出决议，必须经出席会议的股东所持表决权过半数通过。但是，股东大会作出修改公司章程、增加或者减少注册资本的决议，以及公司合并、分立、解散或者变更公司形式的决议，必须经出席会议的股东所持表决权的三分之二以上通过。

第一百零四条 本法和公司章程规定公司转让、受让重大资产或者对外提供担保等事项必须经股东大会作出决议的，董事会应当及时召集股东大会会议，由股东大会就上述事项进行表决。

第一百零五条 股东大会选举董事、监事，可以依照公司章程的规定或者股东大会的决议，实行累积投票制。

本法所称累积投票制，是指股东大会选举董事或者监事时，每一股份拥有与应选董事或者监事人数相同的表决权，股东拥有的表决权可以集中使用。

第一百零六条 股东可以委托代理人出席股东大会会议，代理人应当向公司提交股东授权委托书，并在授权范围内行使表决权。

第一百零七条 股东大会应当对所议事项的决定作成会议记录，主持人、出席会议的董事应当在会议记录上签名。会议记录应当与出席股东的签名册及代理出席的委托书一并保存。

第三节　董事会、经理

第一百零八条　股份有限公司设董事会,其成员为五人至十九人。

董事会成员中可以有公司职工代表。董事会中的职工代表由公司职工通过职工代表大会、职工大会或者其他形式民主选举产生。

本法第四十五条关于有限责任公司董事任期的规定,适用于股份有限公司董事。

本法第四十六条关于有限责任公司董事会职权的规定,适用于股份有限公司董事会。

第一百零九条　董事会设董事长一人,可以设副董事长。董事长和副董事长由董事会以全体董事的过半数选举产生。

董事长召集和主持董事会会议,检查董事会决议的实施情况。副董事长协助董事长工作,董事长不能履行职务或者不履行职务的,由副董事长履行职务;副董事长不能履行职务或者不履行职务的,由半数以上董事共同推举一名董事履行职务。

第一百一十条　董事会每年度至少召开两次会议,每次会议应当于会议召开十日前通知全体董事和监事。

代表十分之一以上表决权的股东、三分之一以上董事或者监事会,可以提议召开董事会临时会议。董事长应当自接到提议后十日内,召集和主持董事会会议。

董事会召开临时会议,可以另定召集董事会的通知方式和通知时限。

第一百一十一条　董事会会议应有过半数的董事出席方可举行。董事会作出决议,必须经全体董事的过半数通过。

董事会决议的表决,实行一人一票。

第一百一十二条　董事会会议,应由董事本人出席;董事因故不能出席,可以书面委托其他董事代为出席,委托书中应载明授权范围。

董事会应当对会议所议事项的决定作成会议记录,出席会议的董事应当在会议记录上签名。

董事应当对董事会的决议承担责任。董事会的决议违反法律、行政法规或者公司章程、股东大会决议,致使公司遭受严重损失的,参与决议的董事对公司负赔偿责任。但经证明在表决时曾表明异议并记载于会议记录的,该董事可以免除责任。

第一百一十三条　股份有限公司设经理,由董事会决定聘任或者解聘。

本法第四十九条关于有限责任公司经理职权的规定,适用于股份有限公司经理。

第一百一十四条　公司董事会可以决定由董事会成员兼任经理。

第一百一十五条　公司不得直接或者通过子公司向董事、监事、高级管理人员提供借款。

第一百一十六条　公司应当定期向股东披露董事、监事、高级管理人员从公司获得报酬的情况。

第四节　监事会

第一百一十七条　股份有限公司设监事会,其成员不得少于三人。

监事会应当包括股东代表和适当比例的公司职工代表,其中职工代表的比例不得低于三分之一，具体比例由公司章程规定。监事会中的职工代表由公司职工通过职工代表大会、职工大会或者其他形式民主选举产生。

监事会设主席一人，可以设副主席。监事会主席和副主席由全体监事过半数选举产生。监事会主席召集和主持监事会会议；监事会主席不能履行职务或者不履行职务的，由监事会副主席召集和主持监事会会议；监事会副主席不能履行职务或者不履行职务的，由半数以上监事共同推举一名监事召集和主持监事会会议。

董事、高级管理人员不得兼任监事。

本法第五十二条关于有限责任公司监事任期的规定，适用于股份有限公司监事。

第一百一十八条 本法第五十三条、第五十四条关于有限责任公司监事会职权的规定，适用于股份有限公司监事会。

监事会行使职权所必需的费用，由公司承担。

第一百一十九条 监事会每六个月至少召开一次会议。监事可以提议召开临时监事会会议。

监事会的议事方式和表决程序，除本法有规定的外，由公司章程规定。

监事会决议应当经半数以上监事通过。

监事会应当对所议事项的决定作成会议记录，出席会议的监事应当在会议记录上签名。

第五节　上市公司组织机构的特别规定

第一百二十条 本法所称上市公司，是指其股票在证券交易所上市交易的股份有限公司。

第一百二十一条 上市公司在一年内购买、出售重大资产或者担保金额超过公司资产总额百分之三十的，应当由股东大会作出决议，并经出席会议的股东所持表决权的三分之二以上通过。

第一百二十二条 上市公司设独立董事，具体办法由国务院规定。

第一百二十三条 上市公司设董事会秘书，负责公司股东大会和董事会会议的筹备、文件保管以及公司股东资料的管理，办理信息披露事务等事宜。

第一百二十四条 上市公司董事与董事会会议决议事项所涉及的企业有关联关系的，不得对该项决议行使表决权，也不得代理其他董事行使表决权。该董事会会议由过半数的无关联关系董事出席即可举行，董事会会议所作决议须经无关联关系董事过半数通过。出席董事会的无关联关系董事人数不足三人的，应将该事项提交上市公司股东大会审议。

第五章　股份有限公司的股份发行和转让

第一节　股份发行

第一百二十五条 股份有限公司的资本划分为股份，每一股的金额相等。

公司的股份采取股票的形式。股票是公司签发的证明股东所持股份的凭证。

第一百二十六条 股份的发行，实行公平、公正的原则，同种类的每一股份应当具有同等权利。

同次发行的同种类股票，每股的发行条件和价格应当相同；任何单位或者个人所认购的股份，每股应当支付相同价额。

第一百二十七条 股票发行价格可以按票面金额，也可以超过票面金额，但不得低于票面金额。

第一百二十八条 股票采用纸面形式或者国务院证券监督管理机构规定的其他形式。

股票应当载明下列主要事项：

（一）公司名称；

（二）公司成立日期；

（三）股票种类、票面金额及代表的股份数；

（四）股票的编号。

股票由法定代表人签名，公司盖章。

发起人的股票，应当标明发起人股票字样。

第一百二十九条 公司发行的股票，可以为记名股票，也可以为无记名股票。

公司向发起人、法人发行的股票，应当为记名股票，并应当记载该发起人、法人的名称或者姓名，不得另立户名或者以代表人姓名记名。

第一百三十条 公司发行记名股票的，应当置备股东名册，记载下列事项：

（一）股东的姓名或者名称及住所；

（二）各股东所持股份数；

（三）各股东所持股票的编号；

（四）各股东取得股份的日期。

发行无记名股票的，公司应当记载其股票数量、编号及发行日期。

第一百三十一条 国务院可以对公司发行本法规定以外的其他种类的股份，另行作出规定。

第一百三十二条 股份有限公司成立后，即向股东正式交付股票。公司成立前不得向股东交付股票。

第一百三十三条 公司发行新股，股东大会应当对下列事项作出决议：

（一）新股种类及数额；

（二）新股发行价格；

（三）新股发行的起止日期；

（四）向原有股东发行新股的种类及数额。

第一百三十四条 公司经国务院证券监督管理机构核准公开发行新股时，必须公告新股招股说明书和财务会计报告，并制作认股书。

本法第八十七条、第八十八条的规定适用于公司公开发行新股。

第一百三十五条 公司发行新股，可以根据公司经营情况和财务状况，确定其作价方案。

第一百三十六条 公司发行新股募足股款后，必须向公司登记机关办理变更登记，并公告。

第二节　股份转让

第一百三十七条　股东持有的股份可以依法转让。

第一百三十八条　股东转让其股份，应当在依法设立的证券交易场所进行或者按照国务院规定的其他方式进行。

第一百三十九条　记名股票，由股东以背书方式或者法律、行政法规规定的其他方式转让；转让后由公司将受让人的姓名或者名称及住所记载于股东名册。

股东大会召开前二十日内或者公司决定分配股利的基准日前五日内，不得进行前款规定的股东名册的变更登记。但是，法律对上市公司股东名册变更登记另有规定的，从其规定。

第一百四十条　无记名股票的转让，由股东将该股票交付给受让人后即发生转让的效力。

第一百四十一条　发起人持有的本公司股份，自公司成立之日起一年内不得转让。公司公开发行股份前已发行的股份，自公司股票在证券交易所上市交易之日起一年内不得转让。

公司董事、监事、高级管理人员应当向公司申报所持有的本公司的股份及其变动情况，在任职期间每年转让的股份不得超过其所持有本公司股份总数的百分之二十五；所持本公司股份自公司股票上市交易之日起一年内不得转让。上述人员离职后半年内，不得转让其所持有的本公司股份。公司章程可以对公司董事、监事、高级管理人员转让其所持有的本公司股份作出其他限制性规定。

第一百四十二条　公司不得收购本公司股份。但是，有下列情形之一的除外：

（一）减少公司注册资本；

（二）与持有本公司股份的其他公司合并；

（三）将股份用于员工持股计划或者股权激励；

（四）股东因对股东大会作出的公司合并、分立决议持异议，要求公司收购其股份；

（五）将股份用于转换上市公司发行的可转换为股票的公司债券；

（六）上市公司为维护公司价值及股东权益所必需。

公司因前款第（一）项、第（二）项规定的情形收购本公司股份的，应当经股东大会决议；公司因前款第（三）项、第（五）项、第（六）项规定的情形收购本公司股份的，可以依照公司章程的规定或者股东大会的授权，经三分之二以上董事出席的董事会会议决议。

公司依照本条第一款规定收购本公司股份后，属于第（一）项情形的，应当自收购之日起十日内注销；属于第（二）项、第（四）项情形的，应当在六个月内转让或者注销；属于第（三）项、第（五）项、第（六）项情形的，公司合计持有的本公司股份数不得超过本公司已发行股份总额的百分之十，并应当在三年内转让或者注销。

上市公司收购本公司股份的，应当依照《中华人民共和国证券法》的规定履行信息披露义务。上市公司因本条第一款第（三）项、第（五）项、第（六）项规定的情形收购本公司股份的，应当通过公开的集中交易方式进行。

公司不得接受本公司的股票作为质押权的标的。

第一百四十三条 记名股票被盗、遗失或者灭失，股东可以依照《中华人民共和国民事诉讼法》规定的公示催告程序，请求人民法院宣告该股票失效。人民法院宣告该股票失效后，股东可以向公司申请补发股票。

第一百四十四条 上市公司的股票，依照有关法律、行政法规及证券交易所交易规则上市交易。

第一百四十五条 上市公司必须依照法律、行政法规的规定，公开其财务状况、经营情况及重大诉讼，在每会计年度内半年公布一次财务会计报告。

第六章 公司董事、监事、高级管理人员的资格和义务

第一百四十六条 有下列情形之一的，不得担任公司的董事、监事、高级管理人员：

（一）无民事行为能力或者限制民事行为能力；

（二）因贪污、贿赂、侵占财产、挪用财产或者破坏社会主义市场经济秩序，被判处刑罚，执行期满未逾五年，或者因犯罪被剥夺政治权利，执行期满未逾五年；

（三）担任破产清算的公司、企业的董事或者厂长、经理，对该公司、企业的破产负有个人责任的，自该公司、企业破产清算完结之日起未逾三年；

（四）担任因违法被吊销营业执照、责令关闭的公司、企业的法定代表人，并负有个人责任的，自该公司、企业被吊销营业执照之日起未逾三年；

（五）个人所负数额较大的债务到期未清偿。

公司违反前款规定选举、委派董事、监事或者聘任高级管理人员的，该选举、委派或者聘任无效。

董事、监事、高级管理人员在任职期间出现本条第一款所列情形的，公司应当解除其职务。

第一百四十七条 董事、监事、高级管理人员应当遵守法律、行政法规和公司章程，对公司负有忠实义务和勤勉义务。

董事、监事、高级管理人员不得利用职权收受贿赂或者其他非法收入，不得侵占公司的财产。

第一百四十八条 董事、高级管理人员不得有下列行为：

（一）挪用公司资金；

（二）将公司资金以其个人名义或者以其他个人名义开立账户存储；

（三）违反公司章程的规定，未经股东会、股东大会或者董事会同意，将公司资金借贷给他人或者以公司财产为他人提供担保；

（四）违反公司章程的规定或者未经股东会、股东大会同意，与本公司订立合同或者进行交易；

（五）未经股东会或者股东大会同意，利用职务便利为自己或者他人谋取属于公司的商业机会，自营或者为他人经营与所任职公司同类的业务；

（六）接受他人与公司交易的佣金归为己有；

（七）擅自披露公司秘密；

（八）违反对公司忠实义务的其他行为。

董事、高级管理人员违反前款规定所得的收入应当归公司所有。

第一百四十九条 董事、监事、高级管理人员执行公司职务时违反法律、行政法规或者公司章程的规定，给公司造成损失的，应当承担赔偿责任。

第一百五十条 股东会或者股东大会要求董事、监事、高级管理人员列席会议的，董事、监事、高级管理人员应当列席并接受股东的质询。

董事、高级管理人员应当如实向监事会或者不设监事会的有限责任公司的监事提供有关情况和资料，不得妨碍监事会或者监事行使职权。

第一百五十一条 董事、高级管理人员有本法第一百四十九条规定的情形的，有限责任公司的股东、股份有限公司连续一百八十日以上单独或者合计持有公司百分之一以上股份的股东，可以书面请求监事会或者不设监事会的有限责任公司的监事向人民法院提起诉讼；监事有本法第一百四十九条规定的情形的，前述股东可以书面请求董事会或者不设董事会的有限责任公司的执行董事向人民法院提起诉讼。

监事会、不设监事会的有限责任公司的监事，或者董事会、执行董事收到前款规定的股东书面请求后拒绝提起诉讼，或者自收到请求之日起三十日内未提起诉讼，或者情况紧急、不立即提起诉讼将会使公司利益受到难以弥补的损害的，前款规定的股东有权为了公司的利益以自己的名义直接向人民法院提起诉讼。

他人侵犯公司合法权益，给公司造成损失的，本条第一款规定的股东可以依照前两款的规定向人民法院提起诉讼。

第一百五十二条 董事、高级管理人员违反法律、行政法规或者公司章程的规定，损害股东利益的，股东可以向人民法院提起诉讼。

第七章 公司债券

第一百五十三条 本法所称公司债券，是指公司依照法定程序发行、约定在一定期限还本付息的有价证券。

公司发行公司债券应当符合《中华人民共和国证券法》规定的发行条件。

第一百五十四条 发行公司债券的申请经国务院授权的部门核准后，应当公告公司债券募集办法。

公司债券募集办法中应当载明下列主要事项：

（一）公司名称；

（二）债券募集资金的用途；

（三）债券总额和债券的票面金额；

（四）债券利率的确定方式；

（五）还本付息的期限和方式；

（六）债券担保情况；

（七）债券的发行价格、发行的起止日期；

（八）公司净资产额；

（九）已发行的尚未到期的公司债券总额；

（十）公司债券的承销机构。

第一百五十五条 公司以实物券方式发行公司债券的，必须在债券上载明公司名称、债券票面金额、利率、偿还期限等事项，并由法定代表人签名，公司盖章。

第一百五十六条 公司债券，可以为记名债券，也可以为无记名债券。

第一百五十七条 公司发行公司债券应当置备公司债券存根簿。

发行记名公司债券的，应当在公司债券存根簿上载明下列事项：

（一）债券持有人的姓名或者名称及住所；

（二）债券持有人取得债券的日期及债券的编号；

（三）债券总额，债券的票面金额、利率、还本付息的期限和方式；

（四）债券的发行日期。

发行无记名公司债券的，应当在公司债券存根簿上载明债券总额、利率、偿还期限和方式、发行日期及债券的编号。

第一百五十八条 记名公司债券的登记结算机构应当建立债券登记、存管、付息、兑付等相关制度。

第一百五十九条 公司债券可以转让，转让价格由转让人与受让人约定。

公司债券在证券交易所上市交易的，按照证券交易所的交易规则转让。

第一百六十条 记名公司债券，由债券持有人以背书方式或者法律、行政法规规定的其他方式转让；转让后由公司将受让人的姓名或者名称及住所记载于公司债券存根簿。

无记名公司债券的转让，由债券持有人将该债券交付给受让人后即发生转让的效力。

第一百六十一条 上市公司经股东大会决议可以发行可转换为股票的公司债券，并在公司债券募集办法中规定具体的转换办法。上市公司发行可转换为股票的公司债券，应当报国务院证券监督管理机构核准。

发行可转换为股票的公司债券，应当在债券上标明可转换公司债券字样，并在公司债券存根簿上载明可转换公司债券的数额。

第一百六十二条 发行可转换为股票的公司债券的，公司应当按照其转换办法向债券持有人换发股票，但债券持有人对转换股票或者不转换股票有选择权。

第八章 公司财务、会计

第一百六十三条 公司应当依照法律、行政法规和国务院财政部门的规定建立本公司的财务、会计制度。

第一百六十四条 公司应当在每一会计年度终了时编制财务会计报告，并依法经会计师事务所审计。

财务会计报告应当依照法律、行政法规和国务院财政部门的规定制作。

第一百六十五条 有限责任公司应当依照公司章程规定的期限将财务会计报告送交各股东。

股份有限公司的财务会计报告应当在召开股东大会年会的二十日前置备于本公司，供股东查阅；公开发行股票的股份有限公司必须公告其财务会计报告。

第一百六十六条 公司分配当年税后利润时，应当提取利润的百分之十列入公司法定公积金。公司法定公积金累计额为公司注册资本的百分之五十以上的，可以不再提取。

公司的法定公积金不足以弥补以前年度亏损的，在依照前款规定提取法定公积金之前，应当先用当年利润弥补亏损。

公司从税后利润中提取法定公积金后，经股东会或者股东大会决议，还可以从税后利润中提取任意公积金。

公司弥补亏损和提取公积金后所余税后利润，有限责任公司依照本法第三十四条的规定分配；股份有限公司按照股东持有的股份比例分配，但股份有限公司章程规定不按持股比例分配的除外。

股东会、股东大会或者董事会违反前款规定，在公司弥补亏损和提取法定公积金之前向股东分配利润的，股东必须将违反规定分配的利润退还公司。

公司持有的本公司股份不得分配利润。

第一百六十七条　股份有限公司以超过股票票面金额的发行价格发行股份所得的溢价款以及国务院财政部门规定列入资本公积金的其他收入，应当列为公司资本公积金。

第一百六十八条　公司的公积金用于弥补公司的亏损、扩大公司生产经营或者转为增加公司资本。但是，资本公积金不得用于弥补公司的亏损。

法定公积金转为资本时，所留存的该项公积金不得少于转增前公司注册资本的百分之二十五。

第一百六十九条　公司聘用、解聘承办公司审计业务的会计师事务所，依照公司章程的规定，由股东会、股东大会或者董事会决定。

公司股东会、股东大会或者董事会就解聘会计师事务所进行表决时，应当允许会计师事务所陈述意见。

第一百七十条　公司应当向聘用的会计师事务所提供真实、完整的会计凭证、会计账簿、财务会计报告及其他会计资料，不得拒绝、隐匿、谎报。

第一百七十一条　公司除法定的会计账簿外，不得另立会计账簿。

对公司资产，不得以任何个人名义开立账户存储。

第九章　公司合并、分立、增资、减资

第一百七十二条　公司合并可以采取吸收合并或者新设合并。

一个公司吸收其他公司为吸收合并，被吸收的公司解散。两个以上公司合并设立一个新的公司为新设合并，合并各方解散。

第一百七十三条　公司合并，应当由合并各方签订合并协议，并编制资产负债表及财产清单。公司应当自作出合并决议之日起十日内通知债权人，并于三十日内在报纸上公告。债权人自接到通知书之日起三十日内，未接到通知书的自公告之日起四十五日内，可以要求公司清偿债务或者提供相应的担保。

第一百七十四条　公司合并时，合并各方的债权、债务，应当由合并后存续的公司或者新设的公司承继。

第一百七十五条　公司分立，其财产作相应的分割。

公司分立，应当编制资产负债表及财产清单。公司应当自作出分立决议之日起十日内

通知债权人，并于三十日内在报纸上公告。

第一百七十六条 公司分立前的债务由分立后的公司承担连带责任。但是，公司在分立前与债权人就债务清偿达成的书面协议另有约定的除外。

第一百七十七条 公司需要减少注册资本时，必须编制资产负债表及财产清单。

公司应当自作出减少注册资本决议之日起十日内通知债权人，并于三十日内在报纸上公告。债权人自接到通知书之日起三十日内，未接到通知书的自公告之日起四十五日内，有权要求公司清偿债务或者提供相应的担保。

第一百七十八条 有限责任公司增加注册资本时，股东认缴新增资本的出资，依照本法设立有限责任公司缴纳出资的有关规定执行。

股份有限公司为增加注册资本发行新股时，股东认购新股，依照本法设立股份有限公司缴纳股款的有关规定执行。

第一百七十九条 公司合并或者分立，登记事项发生变更的，应当依法向公司登记机关办理变更登记；公司解散的，应当依法办理公司注销登记；设立新公司的，应当依法办理公司设立登记。

公司增加或者减少注册资本，应当依法向公司登记机关办理变更登记。

第十章 公司解散和清算

第一百八十条 公司因下列原因解散：

（一）公司章程规定的营业期限届满或者公司章程规定的其他解散事由出现；

（二）股东会或者股东大会决议解散；

（三）因公司合并或者分立需要解散；

（四）依法被吊销营业执照、责令关闭或者被撤销；

（五）人民法院依照本法第一百八十二条的规定予以解散。

第一百八十一条 公司有本法第一百八十条第（一）项情形的，可以通过修改公司章程而存续。

依照前款规定修改公司章程，有限责任公司须经持有三分之二以上表决权的股东通过，股份有限公司须经出席股东大会会议的股东所持表决权的三分之二以上通过。

第一百八十二条 公司经营管理发生严重困难，继续存续会使股东利益受到重大损失，通过其他途径不能解决的，持有公司全部股东表决权百分之十以上的股东，可以请求人民法院解散公司。

第一百八十三条 公司因本法第一百八十条第（一）项、第（二）项、第（四）项、第（五）项规定而解散的，应当在解散事由出现之日起十五日内成立清算组，开始清算。有限责任公司的清算组由股东组成，股份有限公司的清算组由董事或者股东大会确定的人员组成。逾期不成立清算组进行清算的，债权人可以申请人民法院指定有关人员组成清算组进行清算。人民法院应当受理该申请，并及时组织清算组进行清算。

第一百八十四条 清算组在清算期间行使下列职权：

（一）清理公司财产，分别编制资产负债表和财产清单；

（二）通知、公告债权人；

（三）处理与清算有关的公司未了结的业务；

（四）清缴所欠税款以及清算过程中产生的税款；

（五）清理债权、债务；

（六）处理公司清偿债务后的剩余财产；

（七）代表公司参与民事诉讼活动。

第一百八十五条 清算组应当自成立之日起十日内通知债权人，并于六十日内在报纸上公告。债权人应当自接到通知书之日起三十日内，未接到通知书的自公告之日起四十五日内，向清算组申报其债权。

债权人申报债权，应当说明债权的有关事项，并提供证明材料。清算组应当对债权进行登记。

在申报债权期间，清算组不得对债权人进行清偿。

第一百八十六条 清算组在清理公司财产、编制资产负债表和财产清单后，应当制定清算方案，并报股东会、股东大会或者人民法院确认。

公司财产在分别支付清算费用、职工的工资、社会保险费用和法定补偿金，缴纳所欠税款，清偿公司债务后的剩余财产，有限责任公司按照股东的出资比例分配，股份有限公司按照股东持有的股份比例分配。

清算期间，公司存续，但不得开展与清算无关的经营活动。公司财产在未依照前款规定清偿前，不得分配给股东。

第一百八十七条 清算组在清理公司财产、编制资产负债表和财产清单后，发现公司财产不足清偿债务的，应当依法向人民法院申请宣告破产。

公司经人民法院裁定宣告破产后，清算组应当将清算事务移交给人民法院。

第一百八十八条 公司清算结束后，清算组应当制作清算报告，报股东会、股东大会或者人民法院确认，并报送公司登记机关，申请注销公司登记，公告公司终止。

第一百八十九条 清算组成员应当忠于职守，依法履行清算义务。

清算组成员不得利用职权收受贿赂或者其他非法收入，不得侵占公司财产。

清算组成员因故意或者重大过失给公司或者债权人造成损失的，应当承担赔偿责任。

第一百九十条 公司被依法宣告破产的，依照有关企业破产的法律实施破产清算。

第十一章 外国公司的分支机构

第一百九十一条 本法所称外国公司是指依照外国法律在中国境外设立的公司。

第一百九十二条 外国公司在中国境内设立分支机构，必须向中国主管机关提出申请，并提交其公司章程、所属国的公司登记证书等有关文件，经批准后，向公司登记机关依法办理登记，领取营业执照。

外国公司分支机构的审批办法由国务院另行规定。

第一百九十三条 外国公司在中国境内设立分支机构，必须在中国境内指定负责该分支机构的代表人或者代理人，并向该分支机构拨付与其所从事的经营活动相适应的资金。

对外国公司分支机构的经营资金需要规定最低限额的，由国务院另行规定。

第一百九十四条 外国公司的分支机构应当在其名称中标明该外国公司的国籍及责任

形式。

外国公司的分支机构应当在本机构中置备该外国公司章程。

第一百九十五条 外国公司在中国境内设立的分支机构不具有中国法人资格。

外国公司对其分支机构在中国境内进行经营活动承担民事责任。

第一百九十六条 经批准设立的外国公司分支机构，在中国境内从事业务活动，必须遵守中国的法律，不得损害中国的社会公共利益，其合法权益受中国法律保护。

第一百九十七条 外国公司撤销其在中国境内的分支机构时，必须依法清偿债务，依照本法有关公司清算程序的规定进行清算。未清偿债务之前，不得将其分支机构的财产移至中国境外。

第十二章　法律责任

第一百九十八条 违反本法规定，虚报注册资本、提交虚假材料或者采取其他欺诈手段隐瞒重要事实取得公司登记的，由公司登记机关责令改正，对虚报注册资本的公司，处以虚报注册资本金额百分之五以上百分之十五以下的罚款；对提交虚假材料或者采取其他欺诈手段隐瞒重要事实的公司，处以五万元以上五十万元以下的罚款；情节严重的，撤销公司登记或者吊销营业执照。

第一百九十九条 公司的发起人、股东虚假出资，未交付或者未按期交付作为出资的货币或者非货币财产的，由公司登记机关责令改正，处以虚假出资金额百分之五以上百分之十五以下的罚款。

第二百条 公司的发起人、股东在公司成立后，抽逃其出资的，由公司登记机关责令改正，处以所抽逃出资金额百分之五以上百分之十五以下的罚款。

第二百零一条 公司违反本法规定，在法定的会计账簿以外另立会计账簿的，由县级以上人民政府财政部门责令改正，处以五万元以上五十万元以下的罚款。

第二百零二条 公司在依法向有关主管部门提供的财务会计报告等材料上作虚假记载或者隐瞒重要事实的，由有关主管部门对直接负责的主管人员和其他直接责任人员处以三万元以上三十万元以下的罚款。

第二百零三条 公司不依照本法规定提取法定公积金的，由县级以上人民政府财政部门责令如数补足应当提取的金额，可以对公司处以二十万元以下的罚款。

第二百零四条 公司在合并、分立、减少注册资本或者进行清算时，不依照本法规定通知或者公告债权人的，由公司登记机关责令改正，对公司处以一万元以上十万元以下的罚款。

公司在进行清算时，隐匿财产，对资产负债表或者财产清单作虚假记载或者在未清偿债务前分配公司财产的，由公司登记机关责令改正，对公司处以隐匿财产或者未清偿债务前分配公司财产金额百分之五以上百分之十以下的罚款；对直接负责的主管人员和其他直接责任人员处以一万元以上十万元以下的罚款。

第二百零五条 公司在清算期间开展与清算无关的经营活动的，由公司登记机关予以警告，没收违法所得。

第二百零六条 清算组不依照本法规定向公司登记机关报送清算报告，或者报送清算报告隐瞒重要事实或者有重大遗漏的，由公司登记机关责令改正。

清算组成员利用职权徇私舞弊、谋取非法收入或者侵占公司财产的，由公司登记机关责令退还公司财产，没收违法所得，并可以处以违法所得一倍以上五倍以下的罚款。

第二百零七条 承担资产评估、验资或者验证的机构提供虚假材料的，由公司登记机关没收违法所得，处以违法所得一倍以上五倍以下的罚款，并可以由有关主管部门依法责令该机构停业、吊销直接责任人员的资格证书，吊销营业执照。

承担资产评估、验资或者验证的机构因过失提供有重大遗漏的报告的，由公司登记机关责令改正，情节较重的，处以所得收入一倍以上五倍以下的罚款，并可以由有关主管部门依法责令该机构停业、吊销直接责任人员的资格证书，吊销营业执照。

承担资产评估、验资或者验证的机构因其出具的评估结果、验资或者验证证明不实，给公司债权人造成损失的，除能够证明自己没有过错的外，在其评估或者证明不实的金额范围内承担赔偿责任。

第二百零八条 公司登记机关对不符合本法规定条件的登记申请予以登记，或者对符合本法规定条件的登记申请不予登记的，对直接负责的主管人员和其他直接责任人员，依法给予行政处分。

第二百零九条 公司登记机关的上级部门强令公司登记机关对不符合本法规定条件的登记申请予以登记，或者对符合本法规定条件的登记申请不予登记的，或者对违法登记进行包庇的，对直接负责的主管人员和其他直接责任人员依法给予行政处分。

第二百一十条 未依法登记为有限责任公司或者股份有限公司，而冒用有限责任公司或者股份有限公司名义的，或者未依法登记为有限责任公司或者股份有限公司的分公司，而冒用有限责任公司或者股份有限公司的分公司名义的，由公司登记机关责令改正或者予以取缔，可以并处十万元以下的罚款。

第二百一十一条 公司成立后无正当理由超过六个月未开业的，或者开业后自行停业连续六个月以上的，可以由公司登记机关吊销营业执照。

公司登记事项发生变更时，未依照本法规定办理有关变更登记的，由公司登记机关责令限期登记；逾期不登记的，处以一万元以上十万元以下的罚款。

第二百一十二条 外国公司违反本法规定，擅自在中国境内设立分支机构的，由公司登记机关责令改正或者关闭，可以并处五万元以上二十万元以下的罚款。

第二百一十三条 利用公司名义从事危害国家安全、社会公共利益的严重违法行为的，吊销营业执照。

第二百一十四条 公司违反本法规定，应当承担民事赔偿责任和缴纳罚款、罚金的，其财产不足以支付时，先承担民事赔偿责任。

第二百一十五条 违反本法规定，构成犯罪的，依法追究刑事责任。

第十三章 附　　则

第二百一十六条 本法下列用语的含义：

（一）高级管理人员，是指公司的经理、副经理、财务负责人，上市公司董事会秘书和公司章程规定的其他人员。

（二）控股股东，是指其出资额占有限责任公司资本总额百分之五十以上或者其持有的股份占股份有限公司股本总额百分之五十以上的股东；出资额或者持有股份的比例虽然不足百分之五十，但依其出资额或者持有的股份所享有的表决权已足以对股东会、股东大会的决议产生重大影响的股东。

（三）实际控制人，是指虽不是公司的股东，但通过投资关系、协议或者其他安排，能够实际支配公司行为的人。

（四）关联关系，是指公司控股股东、实际控制人、董事、监事、高级管理人员与其直接或者间接控制的企业之间的关系，以及可能导致公司利益转移的其他关系。但是，国家控股的企业之间不仅因为同受国家控股而具有关联关系。

第二百一十七条 外商投资的有限责任公司和股份有限公司适用本法；有关外商投资的法律另有规定的，适用其规定。

第二百一十八条 本法自 2006 年 1 月 1 日起施行。

二、最高人民法院《关于适用〈中华人民共和国公司法〉若干问题的规定（一）》

（2006年3月27日最高人民法院审判委员会第1382次会议通过，根据2014年2月17日最高人民法院审判委员会第1607次会议《关于修改关于适用〈中华人民共和国公司法〉若干问题的规定的决定》修正）

为正确适用2005年10月27日十届全国人大常委会第十八次会议修订的《中华人民共和国公司法》，对人民法院在审理相关的民事纠纷案件中，具体适用公司法的有关问题规定如下：

第一条 公司法实施后，人民法院尚未审结的和新受理的民事案件，其民事行为或事件发生在公司法实施以前的，适用当时的法律法规和司法解释。

第二条 因公司法实施前有关民事行为或者事件发生纠纷起诉到人民法院的，如当时的法律法规和司法解释没有明确规定时，可参照适用公司法的有关规定。

第三条 原告以公司法第二十二条第二款、第七十四条第二款规定事由，向人民法院提起诉讼时，超过公司法规定期限的，人民法院不予受理。

第四条 公司法第一百五十一条规定的180日以上连续持股期间，应为股东向人民法院提起诉讼时，已期满的持股时间；规定的合计持有公司百分之一以上股份，是指两个以上股东持股份额的合计。

第五条 人民法院对公司法实施前已经终审的案件依法进行再审时，不适用公司法的规定。

第六条 本规定自公布之日起实施。

三、最高人民法院《关于适用〈中华人民共和国公司法〉若干问题的规定（二）》

（法释〔2020〕18 号被修订的司法解释之一）

（2008 年 5 月 5 日最高人民法院审判委员会第 1 447 次会议通过，根据 2014 年 2 月 17 日最高人民法院审判委员会第 1 607 次会议《关于修改关于适用〈中华人民共和国公司法〉若干问题的规定的决定》第一次修正，根据 2020 年 12 月 23 日最高人民法院审判委员会第 1 823 次会议通过的《最高人民法院关于修改〈最高人民法院关于破产企业国有划拨土地使用权应否列入破产财产等问题的批复〉等二十九件商事类司法解释的决定》第二次修正）

为正确适用《中华人民共和国公司法》，结合审判实践，就人民法院审理公司解散和清算案件适用法律问题作出如下规定。

第一条 单独或者合计持有公司全部股东表决权百分之十以上的股东，以下列事由之一提起解散公司诉讼，并符合公司法第一百八十二条规定的，人民法院应予受理：

（一）公司持续两年以上无法召开股东会或者股东大会，公司经营管理发生严重困难的；

（二）股东表决时无法达到法定或者公司章程规定的比例，持续两年以上不能做出有效的股东会或者股东大会决议，公司经营管理发生严重困难的；

（三）公司董事长期冲突，且无法通过股东会或者股东大会解决，公司经营管理发生严重困难的；

（四）经营管理发生其他严重困难，公司继续存续会使股东利益受到重大损失的情形。

股东以知情权、利润分配请求权等权益受到损害，或者公司亏损、财产不足以偿还全部债务，以及公司被吊销企业法人营业执照未进行清算等为由，提起解散公司诉讼的，人民法院不予受理。

第二条 股东提起解散公司诉讼，同时又申请人民法院对公司进行清算的，人民法院对其提出的清算申请不予受理。人民法院可以告知原告，在人民法院判决解散公司后，依据民法典第七十条、公司法第一百八十三条和本规定第七条的规定，自行组织清算或者另行申请人民法院对公司进行清算。

第三条 股东提起解散公司诉讼时，向人民法院申请财产保全或者证据保全的，在股东提供担保且不影响公司正常经营的情形下，人民法院可予以保全。

第四条 股东提起解散公司诉讼应当以公司为被告。

原告以其他股东为被告一并提起诉讼的，人民法院应当告知原告将其他股东变更为第三人；原告坚持不予变更的，人民法院应当驳回原告对其他股东的起诉。

原告提起解散公司诉讼应当告知其他股东，或者由人民法院通知其参加诉讼。其他股东或者有关利害关系人申请以共同原告或者第三人身份参加诉讼的，人民法院应予准许。

第五条 人民法院审理解散公司诉讼案件，应当注重调解。当事人协商同意由公司或者股东收购股份，或者以减资等方式使公司存续，且不违反法律、行政法规强制性规定的，人民法院应予支持。当事人不能协商一致使公司存续的，人民法院应当及时判决。

经人民法院调解公司收购原告股份的，公司应当自调解书生效之日起六个月内将股份转让或者注销。股份转让或者注销之前，原告不得以公司收购其股份为由对抗公司债权人。

第六条 人民法院关于解散公司诉讼作出的判决，对公司全体股东具有法律约束力。

人民法院判决驳回解散公司诉讼请求后，提起该诉讼的股东或者其他股东又以同一事实和理由提起解散公司诉讼的，人民法院不予受理。

第七条 公司应当依照民法典第七十条、公司法第一百八十三条的规定，在解散事由出现之日起十五日内成立清算组，开始自行清算。

有下列情形之一，债权人、公司股东、董事或其他利害关系人申请人民法院指定清算组进行清算的，人民法院应予受理：

（一）公司解散逾期不成立清算组进行清算的；

（二）虽然成立清算组但故意拖延清算的；

（三）违法清算可能严重损害债权人或者股东利益的。

第八条 人民法院受理公司清算案件，应当及时指定有关人员组成清算组。

清算组成员可以从下列人员或者机构中产生：

（一）公司股东、董事、监事、高级管理人员；

（二）依法设立的律师事务所、会计师事务所、破产清算事务所等社会中介机构；

（三）依法设立的律师事务所、会计师事务所、破产清算事务所等社会中介机构中具备相关专业知识并取得执业资格的人员。

第九条 人民法院指定的清算组成员有下列情形之一的，人民法院可以根据债权人、公司股东、董事或其他利害关系人的申请，或者依职权更换清算组成员：

（一）有违反法律或者行政法规的行为；

（二）丧失执业能力或者民事行为能力；

（三）有严重损害公司或者债权人利益的行为。

第十条 公司依法清算结束并办理注销登记前，有关公司的民事诉讼，应当以公司的名义进行。

公司成立清算组的，由清算组负责人代表公司参加诉讼；尚未成立清算组的，由原法定代表人代表公司参加诉讼。

第十一条 公司清算时，清算组应当按照公司法第一百八十五条的规定，将公司解散清算事宜书面通知全体已知债权人，并根据公司规模和营业地域范围在全国或者公司注册登记地省级有影响的报纸上进行公告。

清算组未按照前款规定履行通知和公告义务，导致债权人未及时申报债权而未获清偿，债权人主张清算组成员对因此造成的损失承担赔偿责任的，人民法院应依法予以支持。

第十二条 公司清算时，债权人对清算组核定的债权有异议的，可以要求清算组重新核定。清算组不予重新核定，或者债权人对重新核定的债权仍有异议，债权人以公司为被告向人民法院提起诉讼请求确认的，人民法院应予受理。

第十三条 债权人在规定的期限内未申报债权，在公司清算程序终结前补充申报的，清算组应予登记。

公司清算程序终结，是指清算报告经股东会、股东大会或者人民法院确认完毕。

第十四条 债权人补充申报的债权，可以在公司尚未分配财产中依法清偿。公司尚未分配财产不能全额清偿，债权人主张股东以其在剩余财产分配中已经取得的财产予以清偿的，人民法院应予支持；但债权人因重大过错未在规定期限内申报债权的除外。

债权人或者清算组，以公司尚未分配财产和股东在剩余财产分配中已经取得的财产，不能全额清偿补充申报的债权为由，向人民法院提出破产清算申请的，人民法院不予受理。

第十五条 公司自行清算的，清算方案应当报股东会或者股东大会决议确认；人民法院组织清算的，清算方案应当报人民法院确认。未经确认的清算方案，清算组不得执行。

执行未经确认的清算方案给公司或者债权人造成损失，公司、股东、董事、公司其他利害关系人或者债权人主张清算组成员承担赔偿责任的，人民法院应依法予以支持。

第十六条 人民法院组织清算的，清算组应当自成立之日起六个月内清算完毕。

因特殊情况无法在六个月内完成清算的，清算组应当向人民法院申请延长。

第十七条 人民法院指定的清算组在清理公司财产、编制资产负债表和财产清单时，发现公司财产不足清偿债务的，可以与债权人协商制作有关债务清偿方案。

债务清偿方案经全体债权人确认且不损害其他利害关系人利益的，人民法院可依清算组的申请裁定予以认可。清算组依据该清偿方案清偿债务后，应当向人民法院申请裁定终结清算程序。

债权人对债务清偿方案不予确认或者人民法院不予认可的，清算组应当依法向人民法院申请宣告破产。

第十八条 有限责任公司的股东、股份有限公司的董事和控股股东未在法定期限内成立清算组开始清算，导致公司财产贬值、流失、毁损或者灭失，债权人主张其在造成损失范围内对公司债务承担赔偿责任的，人民法院应依法予以支持。

有限责任公司的股东、股份有限公司的董事和控股股东因怠于履行义务，导致公司主要财产、账册、重要文件等灭失，无法进行清算，债权人主张其对公司债务承担连带清偿责任的，人民法院应依法予以支持。

上述情形系实际控制人原因造成，债权人主张实际控制人对公司债务承担相应民事责任的，人民法院应依法予以支持。

第十九条 有限责任公司的股东、股份有限公司的董事和控股股东，以及公司的实际控制人在公司解散后，恶意处置公司财产给债权人造成损失，或者未经依法清算，以虚假的清算报告骗取公司登记机关办理法人注销登记，债权人主张其对公司债务承担相应赔偿责任的，人民法院应依法予以支持。

第二十条 公司解散应当在依法清算完毕后，申请办理注销登记。公司未经清算即办理注销登记，导致公司无法进行清算，债权人主张有限责任公司的股东、股份有限公司的董事和控股股东，以及公司的实际控制人对公司债务承担清偿责任的，人民法院应依法予以支持。

公司未经依法清算即办理注销登记，股东或者第三人在公司登记机关办理注销登记时承诺对公司债务承担责任，债权人主张其对公司债务承担相应民事责任的，人民法院应依法予以支持。

第二十一条 按照本规定第十八条和第二十条第一款的规定应当承担责任的有限责任公司的股东、股份有限公司的董事和控股股东，以及公司的实际控制人为二人以上的，其中一人或者数人依法承担民事责任后，主张其他人员按照过错大小分担责任的，人民法院应依法予以支持。

第二十二条 公司解散时，股东尚未缴纳的出资均应作为清算财产。股东尚未缴纳的出资，包括到期应缴未缴的出资，以及依照公司法第二十六条和第八十条的规定分期缴纳尚未届满缴纳期限的出资。

公司财产不足以清偿债务时，债权人主张未缴出资股东，以及公司设立时的其他股东或者发起人在未缴出资范围内对公司债务承担连带清偿责任的，人民法院应依法予以支持。

第二十三条 清算组成员从事清算事务时，违反法律、行政法规或者公司章程给公司或者债权人造成损失，公司或者债权人主张其承担赔偿责任的，人民法院应依法予以支持。

有限责任公司的股东、股份有限公司连续一百八十日以上单独或者合计持有公司百分之一以上股份的股东，依据公司法第一百五十一条第三款的规定，以清算组成员有前款所述行为为由向人民法院提起诉讼的，人民法院应予受理。

公司已经清算完毕注销，上述股东参照公司法第一百五十一条第三款的规定，直接以清算组成员为被告、其他股东为第三人向人民法院提起诉讼的，人民法院应予受理。

第二十四条 解散公司诉讼案件和公司清算案件由公司住所地人民法院管辖。公司住所地是指公司主要办事机构所在地。公司办事机构所在地不明确的，由其注册地人民法院管辖。

基层人民法院管辖县、县级市或者区的公司登记机关核准登记公司的解散诉讼案件和公司清算案件；中级人民法院管辖地区、地级市以上的公司登记机关核准登记公司的解散诉讼案件和公司清算案件。

四、最高人民法院《关于适用〈中华人民共和国公司法〉若干问题的规定（三）》

（法释〔2020〕18号被修订的司法解释之一）

（2008年5月5日最高人民法院审判委员会第1447次会议通过，根据2014年2月17日最高人民法院审判委员会第1607次会议《关于修改关于适用〈中华人民共和国公司法〉若干问题的规定的决定》第一次修正，根据2020年12月23日最高人民法院审判委员会第1823次会议通过的《最高人民法院关于修改〈最高人民法院关于破产企业国有划拨土地使用权应否列入破产财产等问题的批复〉等二十九件商事类司法解释的决定》第二次修正）

为正确适用《中华人民共和国公司法》，结合审判实践，就人民法院审理公司设立、出资、股权确认等纠纷案件适用法律问题作出如下规定。

第一条 为设立公司而签署公司章程、向公司认购出资或者股份并履行公司设立职责的人，应当认定为公司的发起人，包括有限责任公司设立时的股东。

第二条 发起人为设立公司以自己名义对外签订合同，合同相对人请求该发起人承担合同责任的，人民法院应予支持；公司成立后合同相对人请求公司承担合同责任的，人民法院应予支持。

第三条 发起人以设立中公司名义对外签订合同，公司成立后合同相对人请求公司承担合同责任的，人民法院应予支持。

公司成立后有证据证明发起人利用设立中公司的名义为自己的利益与相对人签订合同，公司以此为由主张不承担合同责任的，人民法院应予支持，但相对人为善意的除外。

第四条 公司因故未成立，债权人请求全体或者部分发起人对设立公司行为所产生的费用和债务承担连带清偿责任的，人民法院应予支持。

部分发起人依照前款规定承担责任后，请求其他发起人分担的，人民法院应当判令其他发起人按照约定的责任承担比例分担责任；没有约定责任承担比例的，按照约定的出资比例分担责任；没有约定出资比例的，按照均等份额分担责任。

因部分发起人的过错导致公司未成立，其他发起人主张其承担设立行为所产生的费用和债务的，人民法院应当根据过错情况，确定过错一方的责任范围。

第五条 发起人因履行公司设立职责造成他人损害，公司成立后受害人请求公司承担侵权赔偿责任的，人民法院应予支持；公司未成立，受害人请求全体发起人承担连带赔偿责任的，人民法院应予支持。

公司或者无过错的发起人承担赔偿责任后，可以向有过错的发起人追偿。

第六条 股份有限公司的认股人未按期缴纳所认股份的股款，经公司发起人催缴后在合理期间内仍未缴纳，公司发起人对该股份另行募集的，人民法院应当认定该募集行为有效。认股人延期缴纳股款给公司造成损失，公司请求该认股人承担赔偿责任的，人民法院应予支持。

第七条 出资人以不享有处分权的财产出资，当事人之间对于出资行为效力产生争议的，人民法院可以参照民法典第三百一十一条的规定予以认定。

以贪污、受贿、侵占、挪用等违法犯罪所得的货币出资后取得股权的，对违法犯罪行为予以追究、处罚时，应当采取拍卖或者变卖的方式处置其股权。

第八条 出资人以划拨土地使用权出资，或者以设定权利负担的土地使用权出资，公司、其他股东或者公司债权人主张认定出资人未履行出资义务的，人民法院应当责令当事人在指定的合理期间内办理土地变更手续或者解除权利负担；逾期未办理或者未解除的，人民法院应当认定出资人未依法全面履行出资义务。

第九条 出资人以非货币财产出资，未依法评估作价，公司、其他股东或者公司债权人请求认定出资人未履行出资义务的，人民法院应当委托具有合法资格的评估机构对该财产评估作价。评估确定的价额显著低于公司章程所定价额的，人民法院应当认定出资人未依法全面履行出资义务。

第十条 出资人以房屋、土地使用权或者需要办理权属登记的知识产权等财产出资，已经交付公司使用但未办理权属变更手续，公司、其他股东或者公司债权人主张认定出资人未履行出资义务的，人民法院应当责令当事人在指定的合理期间内办理权属变更手续；在前述期间内办理了权属变更手续的，人民法院应当认定其已经履行了出资义务；出资人主张自其实际交付财产给公司使用时享有相应股东权利的，人民法院应予支持。

出资人以前款规定的财产出资，已经办理权属变更手续但未交付给公司使用，公司或者其他股东主张其向公司交付、并在实际交付之前不享有相应股东权利的，人民法院应予支持。

第十一条 出资人以其他公司股权出资，符合下列条件的，人民法院应当认定出资人已履行出资义务：

（一）出资的股权由出资人合法持有并依法可以转让；

（二）出资的股权无权利瑕疵或者权利负担；

（三）出资人已履行关于股权转让的法定手续；

（四）出资的股权已依法进行了价值评估。

股权出资不符合前款第（一）、（二）、（三）项的规定，公司、其他股东或者公司债权人请求认定出资人未履行出资义务的，人民法院应当责令该出资人在指定的合理期间内采取补正措施，以符合上述条件；逾期未补正的，人民法院应当认定其未依法全面履行出资义务。

股权出资不符合本条第一款第（四）项的规定，公司、其他股东或者公司债权人请求认定出资人未履行出资义务的，人民法院应当按照本规定第九条的规定处理。

第十二条 公司成立后，公司、股东或者公司债权人以相关股东的行为符合下列情形之一且损害公司权益为由，请求认定该股东抽逃出资的，人民法院应予支持：

（一）制作虚假财务会计报表虚增利润进行分配；

（二）通过虚构债权债务关系将其出资转出；

（三）利用关联交易将出资转出；

（四）其他未经法定程序将出资抽回的行为。

第十三条 股东未履行或者未全面履行出资义务，公司或者其他股东请求其向公司依法全面履行出资义务的，人民法院应予支持。

公司债权人请求未履行或者未全面履行出资义务的股东在未出资本息范围内对公司债务不能清偿的部分承担补充赔偿责任的，人民法院应予支持；未履行或者未全面履行出资义务的股东已经承担上述责任，其他债权人提出相同请求的，人民法院不予支持。

股东在公司设立时未履行或者未全面履行出资义务，依照本条第一款或者第二款提起诉讼的原告，请求公司的发起人与被告股东承担连带责任的，人民法院应予支持；公司的发起人承担责任后，可以向被告股东追偿。

股东在公司增资时未履行或者未全面履行出资义务，依照本条第一款或者第二款提起诉讼的原告，请求未尽公司法第一百四十七条第一款规定的义务而使出资未缴足的董事、高级管理人员承担相应责任的，人民法院应予支持；董事、高级管理人员承担责任后，可以向被告股东追偿。

第十四条 股东抽逃出资，公司或者其他股东请求其向公司返还出资本息、协助抽逃出资的其他股东、董事、高级管理人员或者实际控制人对此承担连带责任的，人民法院应予支持。

公司债权人请求抽逃出资的股东在抽逃出资本息范围内对公司债务不能清偿的部分承担补充赔偿责任、协助抽逃出资的其他股东、董事、高级管理人员或者实际控制人对此承担连带责任的，人民法院应予支持；抽逃出资的股东已经承担上述责任，其他债权人提出相同请求的，人民法院不予支持。

第十五条 出资人以符合法定条件的非货币财产出资后，因市场变化或者其他客观因素导致出资财产贬值，公司、其他股东或者公司债权人请求该出资人承担补足出资责任的，人民法院不予支持。但是，当事人另有约定的除外。

第十六条 股东未履行或者未全面履行出资义务或者抽逃出资，公司根据公司章程或者股东会决议对其利润分配请求权、新股优先认购权、剩余财产分配请求权等股东权利作出相应的合理限制，该股东请求认定该限制无效的，人民法院不予支持。

第十七条 有限责任公司的股东未履行出资义务或者抽逃全部出资，经公司催告缴纳或者返还，其在合理期间内仍未缴纳或者返还出资，公司以股东会决议解除该股东的股东资格，该股东请求确认该解除行为无效的，人民法院不予支持。

在前款规定的情形下，人民法院在判决时应当释明，公司应当及时办理法定减资程序或者由其他股东或者第三人缴纳相应的出资。在办理法定减资程序或者其他股东或者第三人缴纳相应的出资之前，公司债权人依照本规定第十三条或者第十四条请求相关当事人承担相应责任的，人民法院应予支持。

第十八条 有限责任公司的股东未履行或者未全面履行出资义务即转让股权，受让人对此知道或者应当知道，公司请求该股东履行出资义务、受让人对此承担连带责任的，人民法院应予支持；公司债权人依照本规定第十三条第二款向该股东提起诉讼，同时请求前述受让人对此承担连带责任的，人民法院应予支持。

受让人根据前款规定承担责任后，向该未履行或者未全面履行出资义务的股东追偿的，人民法院应予支持。但是，当事人另有约定的除外。

第十九条　公司股东未履行或者未全面履行出资义务或者抽逃出资，公司或者其他股东请求其向公司全面履行出资义务或者返还出资，被告股东以诉讼时效为由进行抗辩的，人民法院不予支持。

公司债权人的债权未过诉讼时效期间，其依照本规定第十三条第二款、第十四条第二款的规定请求未履行或者未全面履行出资义务或者抽逃出资的股东承担赔偿责任，被告股东以出资义务或者返还出资义务超过诉讼时效期间为由进行抗辩的，人民法院不予支持。

第二十条　当事人之间对是否已履行出资义务发生争议，原告提供对股东履行出资义务产生合理怀疑证据的，被告股东应当就其已履行出资义务承担举证责任。

第二十一条　当事人向人民法院起诉请求确认其股东资格的，应当以公司为被告，与案件争议股权有利害关系的人作为第三人参加诉讼。

第二十二条　当事人之间对股权归属发生争议，一方请求人民法院确认其享有股权的，应当证明以下事实之一：

（一）已经依法向公司出资或者认缴出资，且不违反法律法规强制性规定；

（二）已经受让或者以其他形式继受公司股权，且不违反法律法规强制性规定。

第二十三条　当事人依法履行出资义务或者依法继受取得股权后，公司未根据公司法第三十一条、第三十二条的规定签发出资证明书、记载于股东名册并办理公司登记机关登记，当事人请求公司履行上述义务的，人民法院应予支持。

第二十四条　有限责任公司的实际出资人与名义出资人订立合同，约定由实际出资人出资并享有投资权益，以名义出资人为名义股东，实际出资人与名义股东对该合同效力发生争议的，如无法律规定的无效情形，人民法院应当认定该合同有效。

前款规定的实际出资人与名义股东因投资权益的归属发生争议，实际出资人以其实际履行了出资义务为由向名义股东主张权利的，人民法院应予支持。名义股东以公司股东名册记载、公司登记机关登记为由否认实际出资人权利的，人民法院不予支持。

实际出资人未经公司其他股东半数以上同意，请求公司变更股东、签发出资证明书、记载于股东名册、记载于公司章程并办理公司登记机关登记的，人民法院不予支持。

第二十五条　名义股东将登记于其名下的股权转让、质押或者以其他方式处分，实际出资人以其对于股权享有实际权利为由，请求认定处分股权行为无效的，人民法院可以参照民法典第三百一十一条的规定处理。

名义股东处分股权造成实际出资人损失，实际出资人请求名义股东承担赔偿责任的，人民法院应予支持。

第二十六条　公司债权人以登记于公司登记机关的股东未履行出资义务为由，请求其对公司债务不能清偿的部分在未出资本息范围内承担补充赔偿责任，股东以其仅为名义股东而非实际出资人为由进行抗辩的，人民法院不予支持。

名义股东根据前款规定承担赔偿责任后，向实际出资人追偿的，人民法院应予支持。

第二十七条　股权转让后尚未向公司登记机关办理变更登记，原股东将仍登记于其名下的股权转让、质押或者以其他方式处分，受让股东以其对于股权享有实际权利为由，请求认定处分股权行为无效的，人民法院可以参照民法典第三百一十一条的规定处理。

原股东处分股权造成受让股东损失，受让股东请求原股东承担赔偿责任、对于未及时办理变更登记有过错的董事、高级管理人员或者实际控制人承担相应责任的，人民法院应予支持；受让股东对于未及时办理变更登记也有过错的，可以适当减轻上述董事、高级管理人员或者实际控制人的责任。

第二十八条 冒用他人名义出资并将该他人作为股东在公司登记机关登记的，冒名登记行为人应当承担相应责任；公司、其他股东或者公司债权人以未履行出资义务为由，请求被冒名登记为股东的承担补足出资责任或者对公司债务不能清偿部分的赔偿责任的，人民法院不予支持。

五、最高人民法院《关于适用〈中华人民共和国公司法〉若干问题的规定（四）》

（法释〔2020〕18 号被修订的司法解释之一）

（2008 年 5 月 5 日最高人民法院审判委员会第 1 447 次会议通过，根据 2014 年 2 月 17 日最高人民法院审判委员会第 1 607 次会议《关于修改关于适用〈中华人民共和国公司法〉若干问题的规定的决定》第一次修正，根据 2020 年 12 月 23 日最高人民法院审判委员会第 1 823 次会议通过的《最高人民法院关于修改〈最高人民法院关于破产企业国有划拨土地使用权应否列入破产财产等问题的批复〉等二十九件商事类司法解释的决定》第二次修正）

为正确适用《中华人民共和国公司法》，结合人民法院审判实践，现就公司决议效力、股东知情权、利润分配权、优先购买权和股东代表诉讼等案件适用法律问题作出如下规定。

第一条 公司股东、董事、监事等请求确认股东会或者股东大会、董事会决议无效或者不成立的，人民法院应当依法予以受理。

第二条 依据民法典第八十五条、公司法第二十二条第二款请求撤销股东会或者股东大会、董事会决议的原告，应当在起诉时具有公司股东资格。

第三条 原告请求确认股东或者股东大会、董事会决议不成立、无效或者撤销决议的案件，应当列公司为被告。对决议涉及的其他利害关系人，可以依法列为第三人。

一审法庭辩论终结前，其他有原告资格的人以相同的诉讼请求申请参加前款规定诉讼的，可以列为共同原告。

第四条 股东请求撤销股东会或者股东大会、董事会决议，符合民法典第八十五条、公司法第二十二条第二款规定的，人民法院应当予以支持，但会议召集程序或者表决方式仅有轻微瑕疵，且对决议未产生实质影响的，人民法院不予支持。

第五条 股东会或者股东大会、董事会决议存在下列情形之一，当事人主张决议不成立的，人民法院应当予以支持：

（一）公司未召开会议的，但依据公司法第三十七条第二款或者公司章程规定可以不召开股东会或者股东大会而直接作出决定，并由全体股东在决定文件上签名、盖章的除外；

（二）会议未对决议事项进行表决的；

（三）出席会议的人数或者股东所持表决权不符合公司法或者公司章程规定的；

（四）会议的表决结果未达到公司法或者公司章程规定的通过比例的；

（五）导致决议不成立的其他情形。

第六条 股东会或者股东大会、董事会决议被人民法院判决确认无效或者撤销的，公司依据该决议与善意相对人形成的民事法律关系不受影响。

第七条 股东依据公司法第三十三条、第九十七条或者公司章程的规定，起诉请求查阅或者复制公司特定文件材料的，人民法院应当依法予以受理。

公司有证据证明前款规定的原告在起诉时不具有公司股东资格的，人民法院应当驳回起诉，但原告有初步证据证明在持股期间其合法权益受到损害，请求依法查阅或者复制其持股期间的公司特定文件材料的除外。

第八条 有限责任公司有证据证明股东存在下列情形之一的，人民法院应当认定股东有公司法第三十三条第二款规定的"不正当目的"：

（一）股东自营或者为他人经营与公司主营业务有实质性竞争关系业务的，但公司章程另有规定或者全体股东另有约定的除外；

（二）股东为了向他人通报有关信息查阅公司会计账簿，可能损害公司合法利益的；

（三）股东在向公司提出查阅请求之日前的三年内，曾通过查阅公司会计账簿，向他人通报有关信息损害公司合法利益的；

（四）股东有不正当目的的其他情形。

第九条 公司章程、股东之间的协议等实质性剥夺股东依据公司法第三十三条、第九十七条规定查阅或者复制公司文件材料的权利，公司以此为由拒绝股东查阅或者复制的，人民法院不予支持。

第十条 人民法院审理股东请求查阅或者复制公司特定文件材料的案件，对原告诉讼请求予以支持的，应当在判决中明确查阅或者复制公司特定文件材料的时间、地点和特定文件材料的名录。

股东依据人民法院生效判决查阅公司文件材料的，在该股东在场的情况下，可以由会计师、律师等依法或者依据执业行为规范负有保密义务的中介机构执业人员辅助进行。

第十一条 股东行使知情权后泄露公司商业秘密导致公司合法利益受到损害，公司请求该股东赔偿相关损失的，人民法院应当予以支持。

根据本规定第十条辅助股东查阅公司文件材料的会计师、律师等泄露公司商业秘密导致公司合法利益受到损害，公司请求其赔偿相关损失的，人民法院应当予以支持。

第十二条 公司董事、高级管理人员等未依法履行职责，导致公司未依法制作或者保存公司法第三十三条、第九十七条规定的公司文件材料，给股东造成损失，股东依法请求负有相应责任的公司董事、高级管理人员承担民事赔偿责任的，人民法院应当予以支持。

第十三条 股东请求公司分配利润案件，应当列公司为被告。

一审法庭辩论终结前，其他股东基于同一分配方案请求分配利润并申请参加诉讼的，应当列为共同原告。

第十四条 股东提交载明具体分配方案的股东会或者股东大会的有效决议，请求公司分配利润，公司拒绝分配利润且其关于无法执行决议的抗辩理由不成立的，人民法院应当判决公司按照决议载明的具体分配方案向股东分配利润。

第十五条 股东未提交载明具体分配方案的股东会或者股东大会决议，请求公司分配利润的，人民法院应当驳回其诉讼请求，但违反法律规定滥用股东权利导致公司不分配利润，给其他股东造成损失的除外。

第十六条 有限责任公司的自然人股东因继承发生变化时，其他股东主张依据公司法

第七十一条第三款规定行使优先购买权的，人民法院不予支持，但公司章程另有规定或者全体股东另有约定的除外。

第十七条 有限责任公司的股东向股东以外的人转让股权，应就其股权转让事项以书面或者其他能够确认收悉的合理方式通知其他股东征求同意。其他股东半数以上不同意转让，不同意的股东不购买的，人民法院应当认定视为同意转让。

经股东同意转让的股权，其他股东主张转让股东应当向其以书面或者其他能够确认收悉的合理方式通知转让股权的同等条件的，人民法院应当予以支持。

经股东同意转让的股权，在同等条件下，转让股东以外的其他股东主张优先购买的，人民法院应当予以支持，但转让股东依据本规定第二十条放弃转让的除外。

第十八条 人民法院在判断是否符合公司法第七十一条第三款及本规定所称的"同等条件"时，应当考虑转让股权的数量、价格、支付方式及期限等因素。

第十九条 有限责任公司的股东主张优先购买转让股权的，应当在收到通知后，在公司章程规定的行使期间内提出购买请求。公司章程没有规定行使期间或者规定不明确的，以通知确定的期间为准，通知确定的期间短于三十日或者未明确行使期间的，行使期间为三十日。

第二十条 有限责任公司的转让股东，在其他股东主张优先购买后又不同意转让股权的，对其他股东优先购买的主张，人民法院不予支持，但公司章程另有规定或者全体股东另有约定的除外。其他股东主张转让股东赔偿其损失合理的，人民法院应当予以支持。

第二十一条 有限责任公司的股东向股东以外的人转让股权，未就其股权转让事项征求其他股东意见，或者以欺诈、恶意串通等手段，损害其他股东优先购买权，其他股东主张按照同等条件购买该转让股权的，人民法院应当予以支持，但其他股东自知道或者应当知道行使优先购买权的同等条件之日起三十日内没有主张，或者自股权变更登记之日起超过一年的除外。

前款规定的其他股东仅提出确认股权转让合同及股权变动效力等请求，未同时主张按照同等条件购买转让股权的，人民法院不予支持，但其他股东非因自身原因导致无法行使优先购买权，请求损害赔偿的除外。

股东以外的股权受让人，因股东行使优先购买权而不能实现合同目的的，可以依法请求转让股东承担相应民事责任。

第二十二条 通过拍卖向股东以外的人转让有限责任公司股权的，适用公司法第七十一条第二款、第三款或者第七十二条规定的"书面通知""通知""同等条件"时，根据相关法律、司法解释确定。

在依法设立的产权交易场所转让有限责任公司国有股权的，适用公司法第七十一条第二款、第三款或者第七十二条规定的"书面通知""通知""同等条件"时，可以参照产权交易场所的交易规则。

第二十三条 监事会或者不设监事会的有限责任公司的监事依据公司法第一百五十一条第一款规定对董事、高级管理人员提起诉讼的，应当列公司为原告，依法由监事会主席或者不设监事会的有限责任公司的监事代表公司进行诉讼。

董事会或者不设董事会的有限责任公司的执行董事依据公司法第一百五十一条第一款

规定对监事提起诉讼的，或者依据公司法第一百五十一条第三款规定对他人提起诉讼的，应当列公司为原告，依法由董事长或者执行董事代表公司进行诉讼。

第二十四条 符合公司法第一百五十一条第一款规定条件的股东，依据公司法第一百五十一条第二款、第三款规定，直接对董事、监事、高级管理人员或者他人提起诉讼的，应当列公司为第三人参加诉讼。

一审法庭辩论终结前，符合公司法第一百五十一条第一款规定条件的其他股东，以相同的诉讼请求申请参加诉讼的，应当列为共同原告。

第二十五条 股东依据公司法第一百五十一条第二款、第三款规定直接提起诉讼的案件，胜诉利益归属于公司。股东请求被告直接向其承担民事责任的，人民法院不予支持。

第二十六条 股东依据公司法第一百五十一条第二款、第三款规定直接提起诉讼的案件，其诉讼请求部分或者全部得到人民法院支持的，公司应当承担股东因参加诉讼支付的合理费用。

第二十七条本规定自 2017 年 9 月 1 日起施行。

本规定施行后尚未终审的案件，适用本规定；本规定施行前已经终审的案件，或者适用审判监督程序再审的案件，不适用本规定。

六、最高人民法院《关于适用〈中华人民共和国公司法〉若干问题的规定（五）》

（法释〔2020〕18 号被修订的司法解释之一）

（2008 年 5 月 5 日最高人民法院审判委员会第 1 447 次会议通过，根据 2014 年 2 月 17 日最高人民法院审判委员会第 1 607 次会议《关于修改关于适用〈中华人民共和国公司法〉若干问题的规定的决定》第一次修正，根据 2020 年 12 月 23 日最高人民法院审判委员会第 1 823 次会议通过的《最高人民法院关于修改〈最高人民法院关于破产企业国有划拨土地使用权应否列入破产财产等问题的批复〉等二十九件商事类司法解释的决定》第二次修正）

为正确适用《中华人民共和国公司法》，结合人民法院审判实践，就股东权益保护等纠纷案件适用法律问题作出如下规定。

第一条 关联交易损害公司利益，原告公司依据民法典第八十四条、公司法第二十一条规定请求控股股东、实际控制人、董事、监事、高级管理人员赔偿所造成的损失，被告仅以该交易已经履行了信息披露、经股东会或者股东大会同意等法律、行政法规或者公司章程规定的程序为由抗辩的，人民法院不予支持。

公司没有提起诉讼的，符合公司法第一百五十一条第一款规定条件的股东，可以依据公司法第一百五十一条第二款、第三款规定向人民法院提起诉讼。

第二条 关联交易合同存在无效、可撤销或者对公司不发生效力的情形，公司没有起诉合同相对方的，符合公司法第一百五十一条第一款规定条件的股东，可以依据公司法第一百五十一条第二款、第三款规定向人民法院提起诉讼。

第三条 董事任期届满前被股东会或者股东大会有效决议解除职务，其主张解除不发生法律效力的，人民法院不予支持。

董事职务被解除后，因补偿与公司发生纠纷提起诉讼的，人民法院应当依据法律、行政法规、公司章程的规定或者合同的约定，综合考虑解除的原因、剩余任期、董事薪酬等因素，确定是否补偿以及补偿的合理数额。

第四条 分配利润的股东会或者股东大会决议作出后，公司应当在决议载明的时间内完成利润分配。决议没有载明时间的，以公司章程规定的为准。决议、章程中均未规定时间或者时间超过一年的，公司应当自决议作出之日起一年内完成利润分配。

决议中载明的利润分配完成时间超过公司章程规定时间的，股东可以依据民法典第八十五条、公司法第二十二条第二款规定请求人民法院撤销决议中关于该时间的规定。

第五条 人民法院审理涉及有限责任公司股东重大分歧案件时，应当注重调解。当事人协商一致以下列方式解决分歧，且不违反法律、行政法规的强制性规定的，人民法院应予支持：

（一）公司回购部分股东股份；

（二）其他股东受让部分股东股份；

（三）他人受让部分股东股份；

（四）公司减资；

（五）公司分立；

（六）其他能够解决分歧，恢复公司正常经营，避免公司解散的方式。

第六条本规定自 2019 年 4 月 29 日起施行。

本规定施行后尚未终审的案件，适用本规定；本规定施行前已经终审的案件，或者适用审判监督程序再审的案件，不适用本规定。

本院以前发布的司法解释与本规定不一致的，以本规定为准。